希 利 尔 送 给 孩 子

不一样的世界地理

[美] 维吉尔·莫里斯·希利尔 ◎ 著 / 吕聪娜 ◎ 译

哈尔滨出版社
HARBIN PUBLISHING HOUSE

图书在版编目（CIP）数据

希利尔送给孩子：不一样的世界地理／（美）维吉尔·莫里斯·希利尔著；吕聪娜译.—哈尔滨：哈尔滨出版社，2017.4（2017.6重印）

ISBN 978-7-5484-2810-7

Ⅰ．①希… Ⅱ．①维… ②吕… Ⅲ．①地理－世界－青少年读物 Ⅳ．① K91-49

中国版本图书馆 CIP 数据核字（2016）第 240514 号

书　　名：**希利尔送给孩子：不一样的世界地理**
————————————————————————————————————
作　　者：【美】维吉尔·莫里斯·希利尔　著
译　　者：吕聪娜
责任编辑：杨浥新　于海燕
责任审校：李　战
封面设计：鼎夏图书
————————————————————————————————————
出版发行：哈尔滨出版社（Harbin Publishing House）
社　　址：哈尔滨市松北区世坤路 738 号 9 号楼　　邮编：150028
经　　销：全国新华书店
印　　刷：三河市三佳印刷装订有限公司
网　　址：www.hrbcbs.com　　www.mifengniao.com
E－mail：hrbcbs@yeah.net
编辑版权热线：（0451）87900271　87900272
销售热线：（0451）87900202　87900203
邮购热线：4006900345　（0451）87900345　87900256
————————————————————————————————————
开　　本：787mm×1092mm　　1/16　　印张：23.75　　字数：280 千字
版　　次：2017 年 4 月第 1 版
印　　次：2017 年 6 月第 2 次印刷
书　　号：ISBN 978-7-5484-2810-7
定　　价：47.50 元
————————————————————————————————————
凡购本社图书发现印装错误，请与本社印制部联系调换。　服务热线：（0451）87900278

此书献给九岁的孩子们，他们说："我真希望这世界上还有一百多个这样的地方，让你来讲给我们听。"

假设你远离地球，在遥远的太空中的某个角落坐下来，从望远镜中观察我们的世界。

如果你尚未满 15 岁 8 个月零 3 天……

请忽略这篇介绍

前言

Introduction

本书献给这样的孩子们：

他们觉得天上就是所谓的天堂，

地下就是所谓的地狱；

他们都不曾听说过，像伦敦或巴黎这样的城市，

甚至，他们听到丹麦人这个词语时，会把它想象成是一种狗的名字（因为在英语里面，丹麦人对应的单词是 Dane，同时大丹犬的英文名字是 Great Dane，所以好多人看到这个单词就会下意识地认为这是一种狗的名字。——译者注）。

这里将透过一个旅行者的视角展现世界——而并不是旅行推售员的视角。

这里，孩子将会看到地平线之外的地方，从"卡拉马祖一直到廷巴克图"。

这里，不仅仅要展现"世界七大奇观"，还有比七大奇观多七十倍的景观体验。

当我还是个孩子的时候，在新英格兰过感恩节，人们会准备六种果馅派：苹果派、桃子派、越橘派、蛋奶派、百果派和南瓜派。但是每次我只有两种选择，所以我从未得到自己满意的结果。在要讲述的地理地点和主题上，我也面临着同样的难题。在这第一本世界地理概述中，我有太多的"最重要的"地方要讲到，然而可能有些小读者会迷惑，为什么某些国家和某些地方被省略，特别是读者本人生活的地方。

小时候，我认为地理是一门难懂的课题，有着各种令人讨厌的名字——气候和商业，工业和制造业，以及产品，产品，产品。乍看起来，世界上每个地方的特产不是玉米、小麦、大麦、黑麦，就是黑麦、大麦、小麦、玉米，要不就是大麦、玉米、黑麦、小麦。我从读过的地理书中了解，现在的希腊是个例外——因为，我认为，那里不产小麦、玉米、大麦和黑麦。这样说来，地理好像成了关于"胃"的地理（只考虑与吃有关的东西），而它的"头"和"心脏"却被我忽略了。

我喜欢地理图片和地图，但是讨厌那些文字。只有偶尔的描述和叙述的段落还有点可读性，其他的地方都很无趣——随处可见的让人混乱的大标题、二级标题、三级标题；还有，家庭作业、注释、地图知识、给教师的提议、帮助、指导、提问、评论、问题、练习、背诵、课程、图片学习等等。

上学以后，我才知道世界像是一个橘子，而且只有三件事我确认学过并记住了——荷兰的孩子们穿的是木头制成的靴子，爱斯基摩人是住在雪房子里，中国人吃饭用的是筷子。

就像我们学习乘法口诀时一样，地理课上老师也会提问，老师看着书念。

提问："美国人的生活条件怎样?"一个13岁大的邻座男孩，流畅地答道："他们很穷，没有教养，住在破烂的木屋里。"对于这个出乎意料的答案，老师无动于衷地指出："不对，那是另一个问题的答案，'爱斯基摩人的生活条件怎样'?"

后来等我当了老师，给9岁的小学生讲地理时，我就发现他们使用的教科书不是跟工商业有关就是太过于天真。课本里面提到的一些数字符号和专业术语晦涩难懂，9岁的小学生根本看不明白是什么意思，还有那些随便提到的一些其他国家的趣闻逸事，对学习地理来说也起不到什么作用。

作为一名资深的旅行者，世界上很多个地方都有我留下的足迹，你可能不会想到，我走过多少路，我可以很自信地告诉你，那些路程可以整整绕地球五圈了。既然我去过那么多地方走过那么多的路，我想是不是我自己也可以写一本地理书呢?事实证明，我太高估自己了。于是我会在课堂上，抛开教科书上的内容，随便在我的脑海中，择取几个我在旅行中的所见所闻讲给孩子们听，每一次孩子们都听得特别专注。以至于后来我找了一个速记员在我的课堂上，把我说过的每句话都仔仔细细地记下来。但是当我拿着这些记录给另一个班上的学生讲课时，我发现把这些内容写成一本书会比较好。于是在我的课上，我会更加频繁地给孩子们讲我的旅行故事，这样不断地摸索，不断地实验，因为你永远不会知道你说出的话，孩子们会有什么反应。如果不这样，就无法知道到底哪些词语是孩子们能够听懂的，就比如说"叹为观止"和"让人惊讶"这样的词语，他们理解起来一点都不困难，而一些常见的、我们觉得很简单的词语却总是让他们搞不明白。

我曾经在课堂上给小朋友们读过一本专门写给小孩子看的旅行日记，书里面有这样一句话："我们到了，充满疲倦和饥饿，在最近的宾馆里找到了住处。"当我读完这句话的时候，好多孩子都以为旅行者在宾馆里面捡到了很多个25美分的硬币（原著中的quarters既有"住处"，又有"25美分"的意思。——译者注）。还有一次，我给小朋友们讲威尼斯著名的"叹息桥"，我声情并茂地跟他们讲述被判处死刑的罪犯过桥时是怎样的一种状态。出于好奇，讲完这个故事，我便随便问了一句：你们有谁知道它为什么被称为叹息桥吗？一个小男孩说："因为它的形状很大。"一个小女孩听后，嘲笑了男孩的无知，她说道："是因为这座桥有很多个边。"还有一个来自农村的小男孩，觉得大概是因为那些罪犯经常使用镰刀的缘故。最后一个小朋友说："因为这座桥是属于一个叫赛的男人。"（尺寸、边、镰刀的英文和名字"赛"的所有格，都与叹息这个词发音相似。——译者注）。

　　对所有的小朋友们来说，研究地图是一件特别好玩的事情，因为每一张地图都像一个迷宫。可是每次学习新地名的时候都是一个很大的挑战。然而，如果地理知识里面没有名字和地点的话，那它也就不能称为地理了，它就会变成小朋友们心中的童话世界。所以，对他们来说，研究地图和学习新地名是很重要的。当然，如果能将一张大大的世界地图挂在教室的墙壁上，那就是最棒的了。

　　在学习地理这件事情上，小孩子就像探寻宝藏一般，浑身充满了斗志，不断地去探索发现。当时市场上有这样一种剪贴本，是按照国家分类的，小孩子们买回家之后，没有多长时间就会把本子贴得满满当当的，里面的内容更是五花八门：有的是新闻上面的插图，有的是杂志和周末报上面的剪报，还有一些是旅行单位的宣传册。出版社不断地发行一些图书，上面有许多适合小孩子收藏的图片，比如印度的神庙、中国的宝塔、非洲互相追逐的野生动物以及巴黎的公园。除此之外，对于到了一定年龄的男孩来说，收集邮票也是一件特别有意义的事情，因为这个时候的他们，开始有了收藏的习惯，这种收藏带来的乐趣和收藏本身所拥有的魅力是无法抗拒的，就像是我们成年人疯狂地爱着某样东西一样。

事实证明，你如果想要学好地理，那么旅行是最好的选择了。但是，这里提到的旅行可不是像那些忙碌的人一样，去了一个地方还没有了解它的历史和文化，然后就匆匆离开去下一个地方了。那些忙碌的人经常是急急忙忙地叫个车，然后告诉司机说："带我去罗马圆形大剧场和圣彼得大教堂，一定要非常快地到这两个地方，因为我看完之后还要马上离开去车站。"然后司机会按照他们的要求以最快的速度到达目的地，然而等来到圣彼得大教堂后，他们把脑袋探出窗外，带着一脸疑惑问司机："我们现在来到的是大教堂呢，还是大剧场呢？"

在我的家乡，那个小镇上，有一个出了名的长寿老人，但是你能想到吗？他的出名居然是因为他从来没有去过很远的地方，甚至他到过最远的地方离家连10英里都不到。然而在现在的社会中，旅行似乎已经变得很普遍，你去问孩子们的梦想，他们大概十有八九都会说，希望长大后可以环游世界。所以这本书最大的意义就在于，其中会罗列出很多世界上精彩不容错过的地方，这样可以给有旅行梦想的人一些参考。等到将来，这些有旅行梦想的人付诸实践去旅行的时候，就会发现那些参考确实给了他们很大的帮助，让他们可以更合理地去支配时间和安排旅行计划，去欣赏和参观世界上的美景和文化。他们这样做足了准备去旅行的话，就不至于像那些可怜的水手，尽管把世界的每个地方走了一遍，却没能在心底留下什么，到最后陪伴他们的还是那一只鹦鹉和一串玻璃珠子。

"请上车"

请您上车!

　　我还记得在我很小的时候，我家里的保姆经常一有时间就带我去车站看火车。那个时候有一个男人给我留下了深刻的印象，我记得很清楚，我每次看到他的时候，他都是戴着一顶蓝色的帽子，穿着一件整洁的蓝色制服，那件蓝色制服上钉着几枚黄铜扣子。然后他会站在车站门口，用力地喊："有没有去巴尔的摩、费城、纽约以及东北方向的旅客，请马上上车，火车马上就要开动了！"等所有旅客都上车之后，他就会挥动手臂，这就表明火车马上要开动了。然后我就会很好奇地问保姆他是谁。保姆告诉我他就是列车长。

　　每次从火车站看完火车回到家后，我就会兴致勃勃地戴上我的帽子，学着那位列车长的样子，用尽全身力气喊："有没有去巴尔的摩、费城、纽约以及东北方向的旅客，请马上上车，火车马上就要开动了！"就这样喊完一遍又喊一遍，反复地喊这句话，我却一点都不觉得烦，直到我的家人实在忍受不了的时候，对我大声地说："上帝啊！快点让他停下来吧！我们实在受不了了！"

尽管如此，当时我的心里已经种下了一颗小小的种子，长大后我一定

火车的发展

第一辆蒸汽机车的发明者是英国人理查·特里维西克，第一辆具有商用价值的蒸汽机车是乔治·斯蒂芬孙在1829年制造的火箭号。后来还出现了柴油机车，如今普遍使用的电力机车是在1879年开始运行的。

火车的发明和发展，逐渐改变了人们以牲畜为主要动力的出行方式，如骑马等。我国早期的火车叫作绿皮车，这是因为我国早期的火车车厢的颜色是绿色的缘故。

要当一个真正的列车长，戴着精致的蓝帽子，穿着整洁的有黄铜扣子的蓝色制服。虽然现在的我已经是一个大人了，但是那个小小的愿望我仍然记得，我仍然想扮演一次列车长，不是那种真正的列车长，而是这本书的列车长，这本书的向导，在这本书里，会带你们去巴尔的摩、费城、纽约以及东、西、南、北方向的所有地方，带你们去环游世界。去领略世界上每个地方的人文风采。

目录
Contents

透过望远镜看世界
The World Through a Spy-Glass

你从来没看到过自己的脸。

你可能感到惊奇并立马反驳我说这不可能，但这就是事实。

当然，你可能会看到自己的鼻子。

当你嘟起小嘴巴时，你还会看到自己那可爱的小嘴唇。

要是你调皮地伸出舌头，你当然还会看到自己的舌头。

但是你的眼睛永远无法离开你的身体来观察自己的整张脸。

当然，你知道自己的脸是什么样子的，因为你每天照镜子的时候，都会在里面看到自己的脸。但镜子里面的那个人并不是你自己，他仅仅是一个镜像，是一张图片。

正是这个缘故，世界上没有一个人能完完整整地看到我们现在生存的地方，看到它的所有。

也许你能看到你周围的一点点空间，假如你爬到了一座高楼上，你看到得就会多那么一点点；假如你再爬到一座高山上面呢，你看到得就会更多那么一点点；再假如你坐到飞机上面呢，你看到得就会更多了。

但是，你要想看到整个地球呢？你只能去一个更高更远的地方，一个比所有人去过的或者能够去的更高的地方。你必须超过白云，超过蓝天，去一个比星星还要高的地方。可是，没有人能够做到。就算你坐飞机也到不了那么高的地方。

整个世界不会像你在镜子里面看到的自己那样完整，那么，地球到底是什么样子的呢？

大海里的鱼妈妈可能会跟她的孩子们这样讲："世界就是一个大浴缸，里面全都是水；我当然知道世界是什么样子的，因为我哪儿都去过。"大概除了水，她就不认识其他的东西了吧。

沙漠里的骆驼妈妈可能会跟她的孩子们这样讲："世界就是一个大沙漠，里面全部都是沙子；我当然知道世界是什么样子的，因为我哪儿都去过。"

生活在冰山上的北极熊妈妈可能会跟她的孩子们这样讲："世界就是一个冰雪王国，里面不是冰就是雪；我当然知道世界是什么样子的，因为我哪儿都去过。"

森林里的熊妈妈可能会跟她的孩子们这样讲："世界就是一个大大的森林，里面长着各种各样的树；我当然知道世界是什么样子的，因为我哪儿都去过。"

同样，以前的时候，大人们经常会跟他的孩子们这样讲："世界啊，就是一座大大的岛屿，就好像一个用泥巴制作的超级大馅饼，上面有水、有沙子、有冰川，还有各种各样的树，你如果抬起头，会看到我们的头顶上有一种叫作天空的东西；我当然知道世界是什么样子的，因为我哪儿都去过。"

如果有个小孩特别疑惑地问："这个用泥巴制作的像大馅饼一样的地球，是被什么托起来的呢？"大人们就会很认真地回答道："当然是四头大象了。"

如果小孩继续追问道："那大象是踩在什么上面的呢？"大人们又一脸诚恳地回答道："当然是一只大海龟了。"

如果这个孩子穷追不舍，又继续问道："大海龟是踩在什么上面的呢？"这时候没有人能回答出他的问题，因为大人们不会像小孩一样想得那么远。所以最后就只剩下大海龟自己在那儿站着了。

　　刚才我提到的这种说法，就是很久以前，当孩子们向大人提问世界是什么样子的时候大人们的回答。但如果抛开这些，你大胆地想象一下，如果你有足够的能量，走到很远很远的地方，爬到很高很高的位置，一个比天空还要高的位置。然后，坐在那里，把脚垂下来，低头看你脚下的这片土地，你觉得它会是什么样子的呢？我知道它是什么样子的，虽然我没有坐在那么高的地方看过它。

　　如果你站在很高很远的地方，站在比蓝天还遥远的地方，在那里你拿着望远镜看世界的话，世界就像是一轮满月，圆圆的、白白的，但是这种圆不是像盘子那种平面的圆，而是像一个球那样立体的圆。而它的白并不是普通颜色里的白，而是发亮的白。那是因为太阳会把光芒洒在地球上，照亮地球，就好比到了晚上，汽车的大灯也会把路面照得很亮很亮。不过，太阳并不能一次把光芒洒满地球的每个角落，所以有的地方还是黑暗的，但是不要担心，因为**地球在围绕着太阳不停地转**，所以地球的每个面都会被照亮的。

　　你们知道吗？世

地心说

　　地心说又名天动说。最初，地心说是由米利都学派形成初步理念的。后来，古希腊学者欧多克斯将地心说提出。之后，地心说又经过亚里士多德、托勒密进一步发展，最终，地心说逐渐建立和完善起来。地心说认为，地球是静止不动的，是宇宙的中心，其他的星球都围绕着地球而运行，虽然这些说法都是错误的，但是，它的历史功绩是不可磨灭的。

日心说

日心说又名地动说，与地心说相对立。日心说认为太阳才是宇宙的中心。这一学说由哥白尼提出，这一学说沉重地打击了教会的宇宙观。哥白尼堪称欧洲文艺复兴时期的一位巨人，用尽毕生精力研究天文学，为人们留下了宝贵的天文学财富。

从地心说到日心说

现在我们都知道是地球围绕着太阳转，但在很久以前，人们认为地球才是宇宙的中心，所有的天体都在围绕地球转。地心说体系是由托勒密完成的。日心说则是在文艺复兴时期发展起来的，其中哥白尼所做的贡献最大。

望远镜的发展

望远镜是一种观测远方的工具，最早的望远镜是荷兰的汉斯·利普希用玻璃镜片发明的折射望远镜。后来人们改进了物镜，发明出了反射望远镜和折反射望远镜。

界上有这样一种物品，它可以让其他东西看起来更大更近，它就是**望远镜**。如果你拿着望远镜来观察世界的话，就好像地球上的人们看月亮一样，就会看到在地球的这一面有两块大大的伤疤，它们的形状没有规律而且看起来很奇怪；而在地球的另一面，你会发现有四块奇怪的伤疤，比那两块还要大两倍呢。这些形状奇怪的伤疤其实就是我们脚下的土地，就好像我们被统称为"人"一样，它们有个共同的名字，叫作大陆，当然为了区分它们，我们还给每个伤疤起了一个好听的名字。如果把这些名字都印在大陆上方 1 000 英里的地方的话（不过这只是想想而已，根本做不到的），你在用望远镜看地球的时候，就会发现地球的

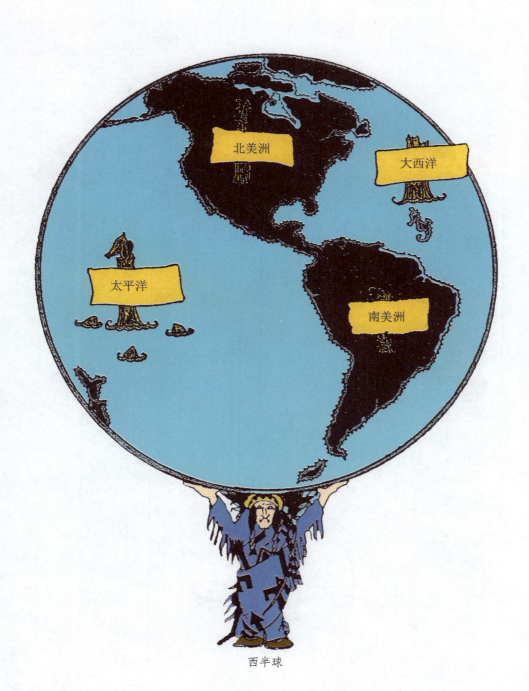

西半球

东半球

这一面写着：

北美洲

南美洲

要是你不离开，一直等着地球转啊转，转到那一面也被太阳光照亮的时候，你就会在望远镜里看到更多的名字，它们有叫欧洲的，有叫亚洲的，有叫非洲的，还有一块很小的伤疤叫作大洋洲，在地球的最下面的那块伤疤叫作南极洲。

我们大家都知道，硬币是有两个面的，所谓"正面"，就是上面印着一个人的头像的那一面；而"反面"就是与"正面"相对的一面，当然上面也有别的图案。为了更清楚地认识和区分地球，我们也可以把它分成两个面，当然这两个面不能用"正反面"这样的词语表达，那么我们就把其中的一面叫作"东半球"，另一面叫作"西半球"吧。好吧，你可能觉得这样叫起来有点复杂，那就简单点好了，就叫它"半球"，本来"半球"就是这样的意思嘛。所以地球西边的半个球上面有两块大陆，而东边的半个球上面有四块大陆。

当然了，地球还有两个端点，一个是顶端，一个是底端，它们的名字叫作极地，虽然这两端并没有杆子（"极地"的英文单词是"pole"，而 pole 也有杆子的意思。——译者注），有的只是厚厚的冰雪，因为这两个顶端的温度很低，常年都非常寒冷，所以都被冰雪覆盖着。

地球上面除了这七块大大的伤疤和冰雪极点外，剩余的部分就都是水了。那些围绕着大陆的水被叫作"海洋"。而这些海洋都是混在一起的，没有什么篱笆墙把它们隔开，尽管如此，每部分水也都有自己的名字。

就好像我们人的左右手一样，你大概 6 岁的时候就能把它们分清楚了吧。那么你现在能分清楚东西南北吗？这可能要等你 9 岁之后才能做到了。不过你应该知道，太阳升起的那个方向是东方，而太阳落下的那个方向是西方。如果你现在站着不动，右手边是东方的话，左手边就是西方，你面前的地方是北方，而身后面的地方自然就是南方了。

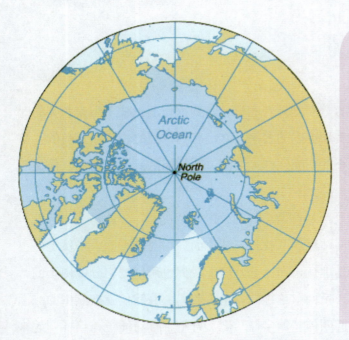

北冰洋

北冰洋还有一个名字叫作北极海。北冰洋面积仅有1310万平方千米，是世界上最小的大洋。北冰洋的平均深度为1205米，最深的地方有5527米，是世界上最浅的大洋。北冰洋的位置大致以北极为中心，位于地球的最北端，所以也是世界上最冷的大洋。古希腊人曾经把北冰洋称为"正对大熊星座的海洋"，北冰洋的洋名Arctic就源于希腊语，意思是正对着大熊星座的海洋。

南冰洋

南冰洋也被称为南大洋或者南极海，是世界上第5个被确定的大洋。南冰洋位于太平洋、大西洋和印度洋以南的海域，是围绕着南极洲的海洋，也是世界上唯一一个完全围绕地球而没有被大陆分割的大洋。

在南美洲和北美洲的东面是大西洋，西面是太平洋。有一个海洋全部都在东半球上，它就是印度洋，当然这个名字和美国的印第安人是没有关系的。而被叫作北冰洋的大洋是在地球的顶端，地球的底端呢，就是南冰洋了，它把南极洲包围了起来。南冰洋和北冰洋所在的位置太寒冷了，里面的水大部分都结成冰了，所以它们基本上都是由冰块组成的。如果我们想让天空中的人看清楚这些海洋，就要把它们的名字做成大大的标志插在海洋中，因为我们不能在海面上印上文字。

你们可能会想，在展示地球的时候，我为什么要把北美洲放在地球的上面？其实，这并没有什么特殊的原因。当然，我也可以把地球翻转一下来向你们展示，这是没有任何问题的，因为地球从来就没有上面下面这样的说法和区别。我猜想，北半球之所以经常被放在上面，可能是因为研究地理和绘制地图的那些人都居住在北半边吧，所以他们才会把自己生活的地方放在上面来展示给人们。

　　我刚才所讲到的就是我们现在生活的地球。你可能想问我："除了我们现在生活的地球外，世界上还有别的地球吗？"有些人猜可能会有——那些夜晚在天空中发着光的星星或许就是别的地球呢，或许那些星星上面也都生活着人类。但是事实上，没有人能说得清到底是不是这样，因为就算是最厉害的望远镜也不可能看到星星那么远的地方，也不可能看到星星上面都有什么，所以，我们只能想象了。

第2章

世界是圆的，因为我绕着它
跑过一圈

The World is Round for I've Been Round It

你离家出走过吗？

我这样做过，在很久以前，那时候的我比现在的你年纪还小。

因为我想亲眼看看地球。

我从妈妈口中得知，地球是一只巨大无比的球，如果我朝鼻子正冲着的方向笔直地走下去，我将环绕地球一圈，最后回到出发的地方。

于是，在某个清晨，我没有向任何人告别就跑出了家，踏上了我的环球之旅。

然而，没走多远天就暗了下来，我被一名长相和善的高个子警察叔叔送回了家。

后来，我长大了，在没有结婚之前，我再次出发去环游地球。这次我不是步行，而是搭乘火车，朝着日落的方向前进。夜晚来临，我没有遇到和善的警察叔叔，没有人将我送回家。于是我继续前行，日复一日、周复一周、月复一月——今天坐火车，明天坐轮船，后天坐汽车，有时候还会坐在动物背上——我始终朝着日落的方向不停地走，在地球上，这个方向被叫作"西方"。

一路上，我经过了广袤的田地、茂密的森林、朴实的小镇与繁华的大都市——我走过桥梁、翻过高山、穿过山洞——我到达某个浩瀚的大洋，然后搭乘轮船前往陆地——来到一个陌生的国度，那里的居民和我一点也不同，他们的穿着十分怪异，居住的房屋也是奇形怪状的，说着我听不懂的语言；我见到许多新奇的小动物、花花草草；我跨过一个又一个大洋和陆地……最后，经过了许多许多个月，在不变的方向下，我真的回到了原点。所以，我相信地球是圆的，因为我绕着它走过——不过它并不是标准的圆形，而是扁扁的、胖胖的，就像鸡蛋一样。由于它太过庞大，因此看起来完全不像一个球。

我朝着日落的方向前进，绕地球转了一圈后，回到了出发的地方，由此我相信，地球是圆的

这趟环球之旅大约耗费了我大半年的时间——不仅时间久，而且路程特别长——超过 25 000 英里（25 000 英里 ≈ 40 234 千米，——译者注）。当然，并不是所有人都像我一样花费这么久的时间，比如格拉夫·齐柏林号航母，它只花了三个星期就绕地球转了一圈。两个飞行员从纽约出发，环绕地球用了不到九天时间。若是乘坐美国空军的战斗机连续飞行，环绕地球一圈的时间会更短，大约一天多就可以了。

一个人如果从清晨日出时出发，始终跟着太阳走，在日落时将地球的一面走完，然后继续跟着太阳走下去，把另一面也走完，那么在第二天早上，他就能回到一开始出发的地方。这样的话，他就在一天之内绕着地球走了一圈。但是要想实现这一目的，他必须以 1 000 英里／小时（1 000 英里／小时 ≈ 1 609 千米／小时，——译者注）的速度马不停蹄地狂奔，这样他才能跟

上太阳的脚步。

地球外部环绕着一层物质——你也许认识它——**大气层**，地球上所有的物体都被它所覆盖，就像海洋中的一切物体都被海水包裹着一样。也许你不清楚，大气层只是裹住了地球，并没有将

大气层

我们的地球就是被一层很厚的大气层所包围着。大气层由多种成分组成，其中，氮气占 78.1%，氧气占 20.9%，氩气占 0.93%，此外，还有少量的二氧化碳、稀有气体和水蒸气。大气层的空气密度是随着高度的变化而变化的，越高空气密度越小，也就是说，越高空气就越稀薄。大气层的厚度大概有 1 000 千米，但是并无明显界线。随着高度的不同，大气层会表现出不同的特点，高度由低到高分别为：对流层、平流层、中间层、暖层和散逸层。

大气层不仅支撑着飞机在天空飞行，还保护了生物免受紫外线辐射的伤害。大气层中还包含供植物光合作用的二氧化碳和供有机体呼吸的氧，是地球上所有生灵的好朋友。

整个天空填满。就像鱼儿活在海水中一样，我们人类和动物住在大气层中。距离地面越近，大气层就越厚，反之，大气层就越薄。飞机之所以只能在几千英里高的天空中飞行，就是因为有空气支撑着它，以推动螺旋桨工作，就像水推动轮船的桨一样——若是超出飞行高度，飞机就会失去支撑的媒介。若是喷气式飞机，那就更离不开空气了。总而言之，一旦失去大气层，飞机就飞不起来；同样，失去了水，蒸汽船也无法航行。

当然，也有能在大气层外飞行的物体，比如火箭，它不需要空气推动。你有没有想过乘坐火箭探索外太空？你想不想去月球观光？如果你到达了月球，你会发现那里死气沉沉的，没有空气，也没有生命迹象。但是，如果你的火箭可以到达其他星球，说不定会发现一些生命体——可能是一些植物，甚至是动物——这谁也说不准。

1969 年，人类乘坐阿波罗 11 号飞船首次登上月球。很多人都记住了第一个登上月球的人——美国宇航员阿姆斯特朗，那么你知道谁是第二个登上月球的人吗？许多人总有这样的坏毛病，很容易记住第一

阿姆斯特朗（左）和奥尔德林（右）

名而忽略第二名。第二个登上月球的人叫奥尔德林，他同样是个英雄。这一次，就让我们牢牢记住他吧！

在地球上，有些非常非常高的山，山顶几乎超出了大气层的包围，因此那里的空气十分稀薄，人们只有带上氧气罐才能登上山顶。

你看不到空气——有时候你可能觉得自己能看到，其实你看到的并非空气，它可能是云或者烟。当空气流动起来，就会形成风，它能吹走你的帽子，

　　这个时候你就能感觉到它。风还可以吹得窗户呼呼作响，这时你可以听到它。但无论如何，你看不到它，没有人能看到它。

　　最初的地球和我们现在看到的地球完全不同，在亿万年以前，它是一个火球——一个燃烧着的、温度非常高的巨大火球。那个时候地球上还没有生命，后来火球不再燃烧，变成了一个岩石球，但温度依旧很高。当时地球上没有水，因为水一接触到很热的东西就会被蒸发——就像水滴到火炉上会变成蒸汽一样。所以，那时地球被厚厚的蒸汽团所包围。随着地球的温度逐渐降低，蒸汽团变成水降落到地面——雨一直下个不停，在地表形成了巨大的海洋。

　　地球的温度继续冷却，当温度降到一定程度后，地球开始收缩、枯萎，

地球是如何形成的

地表变得皱皱巴巴。就像杨梅干的表皮一样，你见过杨梅吗？它在新鲜的时候是光洁、圆润的，变干后表皮就会皱缩。当地表上的褶皱被抬高后，露出海洋表面的部分就形成了陆地上的山脉，这些山脉十分巨大。

当时地球还是个巨大的、燃烧着的火球；随着温度不断下降，天空开始下雨，海洋出现了；地球继续冷却，变得皱皱巴巴；褶皱从海底冒出来，形成了陆地和山脉。

直到今天，地球依旧在收缩，有时候我们会感到地面在震动、摇晃，这就是地球在收缩的证明，而这种地质活动则被人们称为地震。不过，现在的地震远没有以前的地震程度强烈，当初陆地从海洋中升起来时所发出的巨响如雷鸣般震彻宇宙，触动着各大星球，如同世界末日一般，地球经历着爆炸、断裂，在不断呻吟。

当然，没有人亲眼看到这一切，我们只是猜测——陆地从海洋底部崛起时也许没那么剧烈，就像小草从土壤中长出来一样，可能是柔和、缓慢、悄无声息的。没人知道真相。我们可以肯定的是，大陆的的确确是从海洋中钻出来的——我们在山顶上发现了贝壳，众所周知，贝壳生活在水中，由此可以断定，那个时候山顶还浸泡在海洋中。

在地底下
The Inside of the World

我在很小很小的时候拥有十分强烈的好奇心，我的保姆是这样认为的。

一天，我们俩漫步在城市的街道上，走在人行道上时我问：

"珍妮，人行道下面有什么？"

"就是些泥土而已。"她回答。

"那泥土下面又有什么呢？"

"还是泥土，更多的泥土。"她回答。

"那，那再往下呢？"我继续问道。她的答复让我很不满意。

"哦，没什么了——我不清楚——你为什么这么爱问呢？"她不高兴地嘟囔道。

我坚信下面肯定有某种东西，而且我非常想弄清楚里面是什么——我的好奇心的确很大。

有人曾告诉我，坏小孩死后会去到很深的地下——那里可能是个大山洞，或者是别的什么地方，我想知道这是真是假。

还有人说，中国人住在地球的另外一端，他们头朝下行走，就像天花板上的苍蝇那样。我想知道这是真是假。

因此，我下定决心要将地球挖穿，我相信只要一直一直向下挖，总能到达地球的另一端，到时候我就能弄清事实的真相了。要知道，那个时候我的年纪非常非常小，下定决心后，我就在自家后院的葡萄架下开挖了，我拿着一把小铲子一点点地挖着。我没有将这件事告诉任何人，在完成这项工作之前我打算先对外保密。日复一日，我就这么挖呀挖，起初挖出来的泥土很松软——这一点也不费劲——后面的泥土就变得坚硬，挖起来也困难多了。这时坑的深度刚好与我的腰齐平。

我用小铲子挖呀挖，我想只要挖穿地球，就能到达地球的另一端了

　　一天晚上，我的爸爸突然问我："你在后院挖坑做什么？"

　　我的秘密工程被发现了。当我说出自己的计划时，他没有哈哈大笑——至少笑的时候没有发出声音来——而是问我有没有想过要挖多深。

　　"你能把坑挖得像**华盛顿纪念碑**一样深吗？"他问道。

华盛顿纪念碑

华盛顿纪念碑位于美国华盛顿市中心，是一座地标性的建筑物。它始建于1833年，其间因为战争而停工，后来1876年重新复工，1884年最终建成。人们建造这座纪念碑是为了纪念美国第一任总统乔治·华盛顿，纪念碑内部装有高达50层的、能直达顶端的高速电梯，人们可以进入纪念碑内部观光。如果你有机会参观华盛顿纪念碑，还会在内部发现许多有意思的事物呢！

　　也许吧，但我并不确定，我见过华盛顿纪念碑，那实在太高了。

　　"人们可以挖出非常非常深的井，这些井要比华盛顿纪念碑深好几倍，"爸爸对我说，"但是这种深度远远不够将地球挖穿，没有人将地球挖穿过。就算要挖到**地球中心**，也需要一个比华盛顿纪念碑深几千倍的坑。在地球的这一端向地心连一条直线，再笔直地延伸到地球的另一端，这段距离大约有8 000英里，在穿越地球的途中你会遇到许多岩石——是的，地下大部分地

地球的中心是什么样子？

　　1864年，法国著名作家儒勒·凡尔纳出版了一本书——《地心游记》，这本书讲述了一段由羊皮纸引发的地心冒险故事，作者用扣人心弦的语言为人们呈现出一个神奇玄妙的地心世界。尽管这样的世界只是作者的想象，但是大家能从书中获得许多丰富的科学知识，并领会主人公坚韧不拔的刚强意志，如果你也对地球的中心感兴趣的话，那就到文学的海洋中畅游一番吧！

方都是岩石，非常多的岩石——就是这样。"

"你不是说没有人能挖穿地球吗？那你又怎么知道从地球的一端到另一端有 8 000 英里呢？"作为一个好奇的小孩，我继续好奇地问道。爸爸是怎样回答的我现在已经记不清了，那个时候我的理解力有限，弄不明白到底怎么回事。我现在跟你解释这个问题，不知道你是不是能听得懂。

接下来我就说一说，为什么人们不用挖穿地球就能知道地球的直径是多少。这是一种十分有趣的现象：任何一个球，无论大小，

儒勒·凡尔纳

它身上最大的那个圈长度大约是直径的 3 倍多。很奇怪不是吗？为什么是 3 倍多，而不是 4 倍或 5 倍？当然，要是你觉得十分疑惑的话，可以亲自动手量一量，拿一只苹果或橘子，先测出它的周长，然后将它一分为二，再测一下它的直径，将周长和直径一对比就知道了。

地球是一个巨大无比的球，现在我们都清楚这一点，那么它也像其他球一样，周长的长度大约是直径长度的 3 倍多，我们环绕地球一圈的距离大约是 25 000 英里，这个数据已经被人们测量过了，由此我们可以算出，地球的直径大约是 8 000 英里，球的周长是直径的 3 倍多嘛，8 000 英里的 3 倍多差不多就是 25 000 英里。在这里，我们谈论的话题就不是地理学而是数

学了。"环绕一圈"和"穿过地心"都不是正规的地理学术语，要想正规一点，我们得说"周长"和"直径"——当然，它们表达的意思都是相同的：地球的周长为 25 000 英里，直径为 8 000 英里。

像烤土豆被烧焦的外皮一样，地球的表面环绕着一层岩石。分层是地壳最为突出的特点，就像果酱蛋糕似的，分成不同的层，不过地球的层是由沙子、贝壳、煤、石子等物体构成的。如果我们能将地球切开，就会看到图中所呈现的画面，这是一张地球截面图。

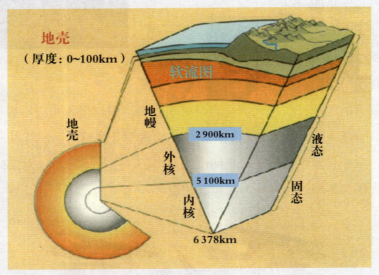

如果我们能把地壳切开，就会看到地壳是一层一层的，像果酱蛋糕似的

在图中我们可以看到，地球的岩石中夹着**煤**，就像蛋糕夹着果酱，除此之外，不同的岩石层中还藏着金、银、钻石、宝石、石油等不同的物质。在现实生活中，人们会在岩石层中打井，寻找矿产、油田，就是出于这个原因。

穿过岩石层再向下挖，就看不到其他层了——在坚硬的石头下面，地球的温度会逐渐升高，那个部分自始至终都处于高温状态，温度从来没有降低过。在那里，岩石处于一种熔化状态，与我们常见的坚硬的岩石完全不同。

在生活中，只要看到烟囱，我们就能联想到烟囱下有炉子；如果烟囱冒烟，说明炉子里生着火。你知道吗，地球上的某些地方也像烟囱一样会冒出

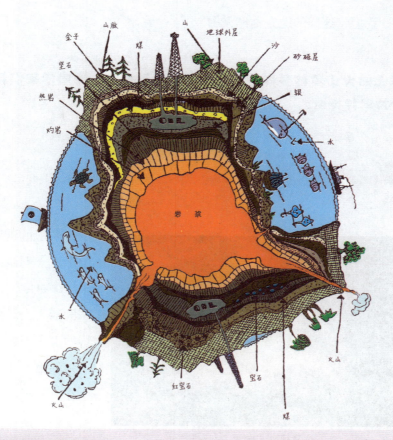

煤是如何形成的？

在亿万年前，死亡的植物残骸大量堆积在地层中，经过一系列复杂的生物化学、物理化学作用后，这些植物最终变成了能够燃烧的煤。下面，我们就用一幅图来掌握煤的形成过程吧！

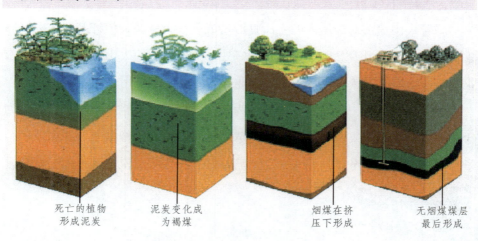

死亡的植物　　　泥炭变化成　　　　烟煤在挤　　　无烟煤煤层
形成泥炭　　　　为褐煤　　　　　　压下形成　　　最后形成

烟和火，我们将这样的地方称作**火山**。

地球上的火山多种多样，根据它们的活动情况，地质学家们将火山分为三种类型：

◆活火山——正在喷发或预期可能再次喷发的火山。这类火山的活跃度较高。

◆死火山——在史前喷发过，但在人类历史时期一直处于"死亡"状态，从来没有喷发过的火山。这类火山通常已经失去了活动能力。

◆休眠火山——在人类历史时期喷发过，但在很长一段时期内处于相对静止的状态的火山。这种火山通常仍具有活动能力，此外还有一些暂时无法判断是否具有活动能力的火山，它们也属于休眠火山。

埃特纳火山喷发

图上的这座火山位于意大利西西里岛东岸，是欧洲海拔最高的活火山。关于埃特纳火山喷发，人类已知的第一次喷发发生在公元前475年，喷发程度最猛烈的一次是在1669年。自18世纪以后，埃特纳火山的活动次数变得更加频繁，就拿2007年到现在来说吧，埃特纳火山的喷发次数已经超过了20次！

尽管火山喷发对当地人的生命财产造成了很大威胁，但许多人依旧坚守故土。其实，火山喷发也带来了一些好处，例如肥沃的火山灰土壤促进了农业发展，壮美的自然风光带动了旅游业等等。

最后，我还有一些好奇的地方：为什么地球的主要构成物质是岩石？为什么不是铜、玻璃或陶瓷？为什么地球像一只球，而不像盒子、线团或者鞋子？如果你也觉得奇怪，那就开动脑筋好好想一想吧，说不定你能帮我解开困惑呢！

没有尽头的长队
The Endless Parade

你有没有见过游行？就是那种队伍很长的游行？我之前就看到过一次，那个长长的队伍走了整整一天。踏步，踏步，踏步，踏步，一个钟头接一个钟头，走了整整一天。我这辈子都没有见过那么多的人，我想应该比十万人还要多呢。地球上怎么会有这么多人呢，这看起来有点不可能。但是如果让地球上的所有人都站在一起排成一队进行游行的话，那就不是一天能走完的了，或许需要一辈子的时间吧。因为在地球上有着比 20 亿还要多的人。

每时每刻的每一分钟都会有 100 个新人——小宝宝——出生在这个世界上；就是现在你看书的时候，已经又有很多小宝宝出生了；钟表每嘀嗒一声，就会有人死亡，就会有人从这个世界上消失。但是在一天中，出生的人永远比死去的人多得多，所以这个世界上的人才会变得越来越多。

在这个地球上生活着的人们，他们的个子和形状基本上都一样。而那些长得像教堂那么高的巨人，或者长得像手指那么小的小矮人，也只是出现在我们听到的童话故事中。世界上的所有人，没有上身长着翅膀而没长手臂，下身长着轮子而没有长腿。所有的人都有一个头、一只鼻子、一张嘴，都有着两个耳朵、两只眼睛、两只手和两条腿。然而，在这比 20 亿还要多的所

你可以想一下，如果地球上的人一个挨一个排着队走的话，可能永远都走不完了

有人中间，没有长得一样的两个人，没有一个人长得和另外一个人完全一样。就算是双胞胎也不可能长得一模一样。

人和人之间最主要的区别就是皮肤的颜色。在地球上的所有人中，大部分都是白色的，也有黑色皮肤的人，但还有一部分人的皮肤不是黑色也不是白色，而是黄褐色的。人们把这三种不同肤色的人称为"种族"。我爸爸常常会说，"如今对所有种族来说都是好日子。"我听到这话的时候，以为他在说什么赛马比赛或者划船比赛，然后我就会问"什么比赛啊"，他就会笑眯眯地说："不管是白人还是黑人，反正是对所有种族来说都好的日子啊。"

本来世界上所有的种族都有属于自己的住所，但他们中的大部分人都不是固定的，他们有的迁徙到了别的地方。而我现在居住的地方大部分都是白人，当然也有一小部分是黑人和黄种人。

假设你天生就是个黑人。

假设你天生就是黄种人或者红种人。

假设一出生就在

非洲，

或者亚洲，

或者澳大利亚。

假设生你的是另外的爸爸妈妈。

假设你在另外一个世界出生，

而不是现在的世界。

假设你根本就没有出世，

那么现在你会在哪里呢？

在地球上，人们能生活的地方只有六个大陆，每个大陆上又有很多个国家，国家并不代表着乡村。一个国家意味着一个统治者统治之下的乡村、城镇、城市和国家。在这个世界上有太多的国家和地区，它们当中的一些国家，小的只有几千人，有些大的国家能容纳数十亿的人口，我所在的国家——美国，上面居住着一亿五千万人（现在美国的人口有 3 亿多。——译者注），

亚洲是地球上最大的大陆

但我们国家并不是人口最多的，还有一些国家的人口比美国还要多。在地球另一面的中国，人口比美国多3倍多。而在地球另外一面的印度，是人口第二大国。这两个国家都坐落在亚洲——地球上最大的大陆（亚洲的英文单词是Asian，在六个大洲中字母是最少的。——译者注），虽然名字是最短的，但是人口却是最多的。

每个国家都有一位统治者，正如每个家庭里都有一个爸爸，或者是每个足球队都有自己的队长。一些国家的统治者叫国王，一些叫总统，还有更多的是国王和总统以及其他的人一起治理。

一位国王之所以成为国王，是因为他的爸爸也是国王，同样的原因，他的儿子也会成为国王。一个总统之所以成为总统，是由这个国家的人民选举出来的，就好比一支足球队的队长是由这支球队的队员选出来的。我们把投票称为选举，一个国王可以一生都是国王，但是总统只有那么几年是总统。

国王的国家被称为王国。如果有个人同时统治着很多个国家，那么这个人就被称为帝王，这些国家就被叫作帝国。有总统的国家叫作共和国，美国就是一个共和国。总统或者国王以及与他们共同治理这个国家的人统称为政府。政府除了制定一些规定外，还做着两件其他人都不能做的事情，那就是发行这个国家的货币和邮票。每个国家之间的钱币以及邮票都不是通用的，语言也是如此，这个国家的语言并不是另一个国家的语言。

　　世界上有很多的人说着很多不同的语言，就算在同一个国家里面，也会有很多不同的语言。在这个世界上，有 3 000 多种语言，你仔细想一下，3 000 多种是一个多么庞大的数字啊。或许，你只是会其中的一种语言，听不懂也不会说其他的语言。在美国，几乎所有的人都是讲英语的，这样说来可能有点奇怪，因为英国也是一个说英语的国家。但是，如果你去欧洲的话，你在路上走一天，进到商店里旅馆里，你就会发现，那里有很多不同的语言。

　　我刚好出生在美国，身边的人们都说英语，所以我学习到的语言自然也是英语，假如我出生在亚洲，是一个黄色人种的话，那么我学到的语言可能就是汉语了；再假如我要是出生在非洲，是一个黑色人种的话，那么我学到的语言可能就是一种我也不知道是什么名字的语言了。我认识一个能说 12 种语言的人，我还听说，有一个能说 100 多种语言的人。要是你知道，除了自己本身会的语言，再去学习一门其他的语言基本上要花费几年的时间的话，你可能就会觉得特别惊人了。有许多语言的字母和英语一样，它们被称为罗马字母，那是因为罗马字母最开始是被罗马人使用的。不过像汉语、日语以及其他的语言就不是这样的，他们还有属于自己语言的字母。

第5章

十三俱乐部
The 13 Club

如果一个人想用自己的名字来命名一座图书馆、博物馆或医院,那也许要花费上百万美元。北美和南美两块大陆是世界上横跨东西最长的大陆,也是用一个人的名字来命名的,而这个人却没花一分钱、没做任何事,什么东西也没贡献过,甚至没有提出过任何条件,但人们将会一直那么叫下去的。这个非常普通、鲜为人知的人叫作美戈。

你有没有听过这样一首歌?开始是这样的:"我的祖国,美丽的自由之乡,我为你歌唱。"那你是否知道我的祖国指的是什么?它是非常小的一部分,属于北美洲的一部分。

在你的口袋里有没有一枚5美分的水牛硬币?假如没有的话,你可以向其他人借来一枚看看。硬币的正面画像是一个**印第安人**,这是通过他的头发

印第安人

印第安人并不是一个民族或者一个种族,而是除了因纽特人之外,对所有美洲土著的统称。现在,印第安人分布在美洲各国。起初,印第安人只是欧洲人对美洲土著的统称,后来通行于世界。

看出来的。美国硬币上的画像不是白人，而是印第安人，你能猜到这是为什么吗？

硬币的反面是一头水牛的画像，为什么既不是一匹马，也不是一头奶牛？你能猜到是什么原因吗？

原来，很久以前，有许多的印第安人和水牛生活在这里，当时白人、马或者奶牛，这里全部都没有。现在，美国的印第安人与水牛已经特别特别少了，所以，印第安人和水牛的画像印在硬币上是用来提醒我们，印第安人是美国最早的原住居民，水牛是最早的动物。

假如你认真地看硬币上面的字，就会发现上面写着**"美利坚合众国"**的字样。它是美国的全称。我们一般都会说美国，抑或简称为 U.S.A，因为每次都要说美利坚合众国，名字就太长了。

你有没有见到过这样的一幅画？有一个男人，个子高高的，头上戴着一顶帽子，上面全是星星，身穿长长的燕尾上衣和一条

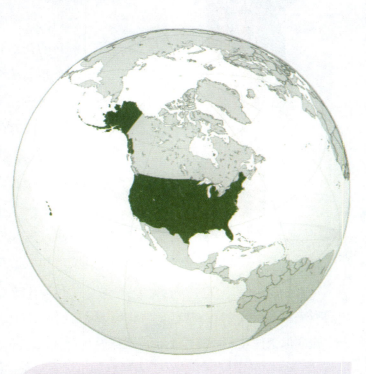

美利坚合众国

美利坚合众国，简称美国，是世界上国土面积第四大国，是美洲第二大国家，领土包括美国本土、北美洲西北部的阿拉斯加和太平洋中部的夏威夷群岛。

红白相间的条纹裤子，整身衣服看上去如同是用国旗做成的。事实上，历史

我们把这个身穿国旗的老伙计称为山姆大叔

上并不存在这样的真人，可是他却成了美国的象征，就像是把美国省略为 U.S. 似的，不过，还有人说山姆大叔的缩写就是这样的，我们把这个身穿国旗的老伙计称为山姆大叔。

美国的国旗看上去犹如打满补丁的被子一样，美国的州就是这些尺寸和形状都不一样的补丁。所有的州都是连在一起的，就是这个州和那个州两者可以连成一体的意思。实际上，这些州中间根本就没有什么线。画在地图上的这些线，在实际的地面上就是用石头做上了个标记而已。所以，当你从一个州踏入另外一个州的时候，也许你并不知情。村庄、城市和城镇在每一个州都有。我住在马里兰州的一个城市中，也许你住在另外一个乡村、城市或城镇。不过，我们住的地方都是美国的某个州，除非你是住在……等一下我再跟你说几个城市，它们不属于任何一个州。

有一些州的边界是笔直的，有一些州可能有一个、两个或更多个弯曲的边界。有一些州非常小，有一些州则非常大。得克萨斯州是最大的州，位于接近中央的下面，但是我们不说下面，而是说南面。罗得岛州是最小的州，其实它并不是岛。它位于中部上面偏右的地方，但是我们不说中部上面偏右，而是说东北方。得克萨斯州几乎有 200 个罗得岛州那么大。换句话说，一个得克萨斯州可以装下 200 个罗得岛州。

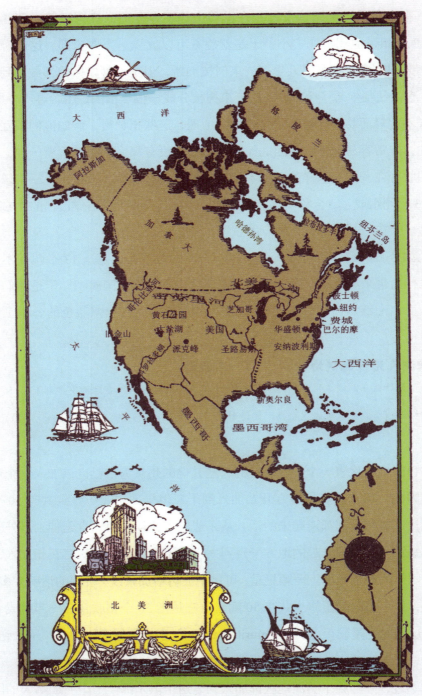

美国仅是北美洲的一小部分，在地图上如同打满补丁的被子一样，那些补丁
就是组成美国的州

很多年前，美国这个国家在世界上是不存在的，只有沿着大西洋海岸的 13 个州，他们都非常小，于是就想着可以成立一个俱乐部。这起源于一个悠久的故事，有个男人想把一束树枝折断，但是不管如何他都做不到。因此，有人便帮他想了个办法，把一束树枝分成一根一根的，然后再一一折断，这样不就轻而易举地做到了？相同的道理，这些州觉得，假如他们相互是分开的，非常容易被打败，因此如同一束树枝没有那么轻易被折断一样，只要他们联合在一起，这样的话就不会轻易被敌人打败了。于是，十三俱乐部就由 13 个州组成了，合称美国。他们把"联合就是强大"当作自己的座右铭，就是"聚在一起就会有力量"的意思。

如今，"13"经常被人们当作不吉利的数字，但是这 13 个州并不怕因为这样而带来坏运气。一个新的国家怎么也需要有面国旗吧，于是他们制作了一面由七红六白组成的共 13 道条纹的旗帜，还在旗帜蓝色的一角上用一

欧洲人为什么认为数字"13"不吉利

为什么在欧洲文化里 13 会被视作一个不吉利的数字呢？在欧洲有耶稣 12 门徒、奥林匹斯 12 主神，而且一年有 12 个月，人们还划分了 12 星座，因此他们认为 13 破坏了一个完美系统的完整性，最终形成了 13 恐惧症。

颗白色的星星代表一个州。北美的一些其他的州认为自己也该加入这个俱乐部。因此，越来越多的地方开始加入到十三俱乐部中，一直到共有 50 个州为止。这些州全部都连起来的话，从东边的大西洋向西一直延伸到另外一边的太平洋，从太阳升起的地方一直到太阳落下的地方。每次有新州加入，就会在国旗的左上角加上一颗星星，可是不会再增加条纹，否则的话就太多了。于是，如今美国的国旗上共有 50 颗星，它是指 50 个州联合在一起组成了美国。这同时也是硬币上有"e pluribus unum"字样的原因，它是"从一到多"的意思。

不过，并非整个美洲地区都加入到了这个俱乐部。一个叫**加拿大**的国家在美国的北部，一个叫**墨西哥**的国家在美国的南部。这两个国家的人也都属

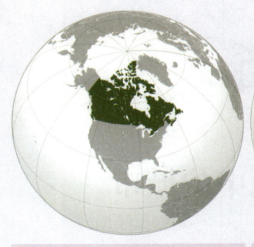

加拿大

　　加拿大是北美洲最北部的国家，首都是渥太华，有"枫叶之国"的美誉。

墨西哥

　　墨西哥也是北美洲国家，全称为墨西哥合众国，首都是墨西哥城，北部与美国接壤。

于美洲人，可是他们的统治者和美国的不一样，原因是他们属于不同的国家。

　　虽然留在美国的印第安人已经非常少，但是我们依然会用他们的名字来为一些州命名。看你是否可以在地图上指出有哪些州是印第安人的。马里兰和弗吉尼亚肯定不是印第安名，它们都是女孩的名字；纽约、新泽西和新罕布什尔州等，用"新"字开头的州一定也不是，它们是按照其他国家原来的名字取的；不过，如明尼苏达（它是"蓝天和水"的意思）、俄亥俄（是"漂亮的河"或者"巨大"的意思）等，还有很多其他州都属于印第安语。

建在湿地中的城市
A City Built in a Swamp

你头上戴的帽子（Cap），含有"头"的意思。

上尉（Cap-tain）含有"头"的意思，他是一群士兵的"头"。

首都（Cap-ital）也含有头的意思，它是一个国家或者一个州的头（心脏）。

当我还是小孩的时候，在美国的首都住着，可我并没有在美国的国会大厦住着（首都capital和美国的国会大厦capitol，它们只有一个字母之差，读音却一样，很容易混淆。——译者注）。听着这些非常有趣吧，不过这是千真万确的，两个单词拼写不同，capital是指一座城市，而capitol指的是一栋建筑，当然我不可能在国会大厦里住着，就算是总统都不可以在那里住。

在美国建立之初，人们必须要找一个适合做首都的地方。备选的地方共有八个，最终，最适合建首都的地方被选为一块沼泽地，理由是当时那个地方是最接近国家中心的。之后一座叫华盛顿的城市被建在了那里，它是根据乔治·华盛顿的名字来命名的，理由是美国的第一任总统是乔治·华盛顿。在我还是个小孩子的时候，华盛顿还有一个被称为"沼泽洼地"或者"水池"的地方，如今不知道是不是还有人这样叫。现在，世界上最漂亮的城市之一就是华盛顿，这里有怡人的公园和宏伟的建筑。乔治·华盛顿住在弗农山庄，

美国首都

美国的首都经历过多次变迁，宾夕法尼亚州的费城、兰开斯特、约克，新泽西州的普林斯顿、特伦顿，马里兰州的巴尔的摩、安纳波利斯和纽约州的纽约都曾是美国的首都，最终才定都华盛顿哥伦比亚特区。

是离弗吉尼亚差不多 10 英里的一个地方，而不是住在华盛顿。现在，华盛顿距离国家的中心已经超过了 1 000 英里，就快变成美国的边界了。首都还在原来的地方，而国家的中心却变了。

在美国，名字叫"华盛顿"的城市共有 28 个。在地图上看，首都华盛顿似乎是在马里兰州，但事实并非如此。它不隶属于任何一个州，每个州的首府都有属于自己的领地，所以这块地方叫作哥伦比亚特区，抑或简称为 D.C.。哥伦比亚特区的名字是根据发现美洲大陆的哥伦布的名字取的。假如你想写信给首都华盛顿的某个人，你

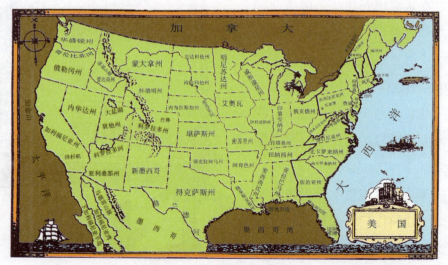

美国地图　首都华盛顿过去位于美国中心，现在已变成了国家边界

美国国会大厦

美国国会大厦位于美国的首都华盛顿——哥伦比亚特区，是美国国会的所在地。在美国人眼中，国会大厦是民有、民治、民享政权的最高象征，他们称美国大厦为 Capitol。

一定要认真地在华盛顿的后面加上 D.C.，否则，你的信很有可能无法及时被送达，因为有太多的城市叫华盛顿了。

在我还是个小孩的时候，我认为世界上最美丽的建筑就是**国会大厦**。后来我的观点有所改变，那是等我几乎观赏完全世界所有最美的建筑以后。我见到过一栋建筑，它美得简直可以被称为天堂里的建筑。以前，在沙堆里我

我觉得国会大厦是世界最美的建筑物

尽自己所能搭建过一个国会大厦，首先，用湿沙子把鞋盒填得满满的，之后再将沙子从鞋盒里倒出来，我小心谨慎地将鞋盒扣过来以防沙子散开，然后又用相同的方法，用茶杯做成了一个圆屋顶。

原来，我认为其他国家的国会大厦应该也都有圆顶，一直到最近我才知道，最早有圆顶的建筑并不是国会大厦，而是教堂，并且，有很多国会大厦的屋顶也不是圆的。在我还是小孩的时候，经常喜欢爬到圆屋顶上——那上面可是没有电梯的——俯瞰整座城市，看着下面街道上熙熙攘攘的人群，小得如同蚂蚁似的。

拜占庭式屋顶

洋葱式圆屋顶

多种多样的屋顶

　　屋顶的式样有圆拱、尖拱、平顶之分，其中罗马式和拜占庭式风格的建筑以圆拱为主。尖拱是在圆拱的基础上发展出来的，尖拱解决了建造过程中需要大量木架支撑的问题，尖拱主要运用在哥特式风格的建筑上。此外，在圆拱的基础上还发展出一种有特色的圆顶，就是洋葱式圆屋顶。

参议院

　　美国参议院，全称为美利坚合众国参议院，是美国国会的两院之一，另一院是众议院。

　　在美国，每个州无论人口多少，在参议院中都有两位议员作为代表，全院有 100 名议员。

　　有一栋非常大的叫**参议院**的房子在国会大厦的一边，还有一栋叫**众议院**的大房子在国会大厦的另一边。在参众两院里，人们坐在桌子旁边，如同学

众议院

　　美国众议院，全称为美利坚合众国众议院，也是美国的立法机构——美国国会的两院之一，与参议院并称为两院。美国各州在众议院中拥有的席位虽然是以人口为基准的，但是至少每个州都有一名议员，议员的总数经过法律明定有 435 名。

校里的小孩上课似的。美国的法律便是由这些人制定的，所有的美国人都必须遵守。参议员是指在参议院的人，众议员是指在众议院的人。不管是男人，还是女人，都可以做参议员和众议员。

　　不管是像**得克萨斯州**那样大的州，还是像**罗得岛州**那样小的州，每个州参议员的名额就只有两名，而且只有这两名参议员才可以进入华盛顿的国会。

得克萨斯州

得克萨斯州，简称得州，是美国排名第二的大州，排名第一的是阿拉斯加州，也是美国南方最大的州。

罗得岛州

罗得岛州的全名为罗得岛与普罗维登斯庄园州，因为名字太长，所以一直被简称为罗得岛州。它不仅是美国名称最长的一个州，也是美国最小的一个州。

华盛顿国会还有来自于每个州的众议员，但是每个州众议员的数量都是根据州里的人口数量来定的：如纽约州的人口数量较多，则在国会的众议员数量就多；有一些州的人口数量非常少，则就只有一名众议员在国会。国会是参议院和众议院的总称，在国会举行会议的时候，就会有一面旗帜在国会大厦上升起。

看一下这本书或别的一些书的前面，你就会看到书上写有"版权"的字眼。从国会大厦过去，穿过一个公园，就可以看到一座特别巨大的有着金色圆屋顶的建筑，那就是国会图书馆。在美国，不管是谁想出版一本书，都会先送到这个图书馆两本，之后图书馆就会将"拷贝的权力"授予他，这也就是说在没有得到国会图书馆许可的情况下，任何人都没有复印或印刷那本书的"权力"。全世界其他任何图书馆的藏书都没有国会图书馆里的多。

看一下你家里的相机、电视机抑或是一些其他机器，看可不可以在上面发现"专利"一词。国家里无论谁发明研究出了新的或有用的东西——哪怕是一支钢笔、一个老鼠夹抑或是一架飞机，都会先送一个模型到华盛顿的另外一栋大楼去申请专利，那栋大楼就叫专利局。假如这的确是新发明的东西，并且过去没有人做出过一样的东西，专利局就会把生产和销售这种东西的排他性权利授予这个发明者，以后不管是谁都不允许再生产和销售同一种东西，这就叫专利。有一些看起来非常奇怪的模型，有一个人发明了一种蒸汽机，这种蒸汽机是用铁脚走路的。小时候，我就发明了一种"瞬间弹回"的手帕，只要我用手帕擤完鼻涕，就立刻有一根皮筋将它拉回我的口袋中。但是，我并没有去申请专利。

宾夕法尼亚大街

　　宾夕法尼亚大街是连接白宫和国会大厦的一条街道，总长 9.7 千米，其中白宫到国会大厦这一段（长 1.9 千米）被认为是城市的心脏，是美国官方游行和民众抗议的地点。

　　游行！士兵！音乐节！飘扬的旗帜！经常会有一些规模庞大的游行队伍从华盛顿的一条宽阔的街道上经过，这条街道叫**宾夕法尼亚大街**，或把它直接称为"那条街"，其实所有的人心里都明白。实际上，应该称它为"游行街"。那条街一直从国会大厦延伸到 1 英里以外的财政部，财政部看上去是一座犹如银行的建筑，它就是 10 美元上的图案。财政部是保管钱财的，一般人们就用 U.S. 两个字母来代表美国（United States），同样的道理"美元"也可以用这两个字母来表示，将两个字母叠加在一起同时切掉"U"的一大半，就变成了"＄"。

　　在另外一栋楼里面制造纸币和邮票。

　　带着你参观的导游会这样介绍："你有没有在那边看见摇着印刷机手柄的那个人？他可以用一天的时间创造一百万美元！"

　　"哇！那世界上最富有的人肯定就是他吧？"

　　"噢，不是！他一天就只挣 50 美元。"

　　在一个叫铸币厂的地方制造金币、银币或者铜币，并不是在华盛顿。

　　我小时候有一个非常旧的书柜，里面放着一个鸟窝、一块"金"石头、一个海星和一些贝壳等，它被我称为"我的博物馆"。华盛顿也有一个叫**美**

国国家博物馆的巨大博物馆，有许多从世界各地搜罗来的奇珍异宝都被放在里面。

在美国，那里有很多的白色房子，但是，其中白宫是最不同凡响的，位于财政部的旁边，因为总统住在这里。它的图案就被印在 20 美元的上面。新当选的总统由白宫的后门进入后花园，便可以看到一座纪念碑，它是为了纪念美国第一任总统华盛顿而建造的。华盛顿纪念碑足足高达 555 英尺 (1 英尺约合 30.48 厘米——

美国国家博物馆

这是一个在 1910 年开放的、占地约 3.3 万平方米、全年免费参观的博物馆，它的访问量在世界上排名第三。馆藏有超过 1 亿的标本，包括动植物、古生物化石、陨石和文物。

白宫

白宫，也称为白屋，是美国总统的办公室和官邸，也就是美国总统居住和办公的地点。

白宫　有一天，你可能会住进那里……

华盛顿纪念碑　看上去它足足有 1 英里高

译者注），是全世界最高的单块石刻作品。它犹如一根巨大的手指一样，看上去足有 1 英里那么高，可是，它连一座小山的高度都没达到，实际的高度只是 1 英里的十分之一。人类怎么可能比得上造物主上帝呀，和上帝的杰作一样高的建筑是我们永远无法造出的。虽然那里有电梯，但是我仍然喜欢爬楼梯上去，一次可以跨两个台阶——这样做的目的仅仅是因为好玩，想和电梯比比速度，看一下自己有多快，是不是可以超过电梯，这是男孩们都喜欢做的。下来的时候，我可以一次跳六级台阶，要快过电梯，但是上去时就比不过电梯了。爬上去的时候，我常常被累得气喘如牛。

　　在华盛顿纪念碑的前面有一个长长的水池，它如同一面镜子，在水池里面可以看到纪念碑的倒影。有一座四周环绕着柱廊的大理石建筑，位于水池的另外一头，它就是为了纪念美国第 16 任总统**林肯**而建造的。这应该是世界上为纪念某个人而建造的最为壮丽的建筑了。这座建筑的图像就被印在 5 美元的钞票上，而林肯像则在钞票的背面。林肯是在一间非常小的木屋里出生的，他的家是特别小的，小到可以被轻轻松松地装进你的房子里。任何人都不会有林肯那么可怜、那么贫穷、那么没机会，但是他最后却当上了美国的总统。在他任职总统的期间，美国是分为南北两个部分的，而且南北两个部分还爆发了激烈的战争，险些就分裂了，美国的统一就是由

林肯

林肯全名为亚伯拉罕·林肯，是美国历史第16任总统，也是十分著名的一位总统，他还是伟大的政治家、思想家。在他任总统期间，美国内战爆发，林肯废除了黑人奴隶制，颁布了《宅地法》、《解放宣言》，坚决反对国家分裂。内战结束后不久，林肯遭遇刺杀不幸身亡。林肯是第一个遭遇刺杀的美国总统，也是第一个共和党籍的总统。

林肯维护的。因此，人们为他建造了这座美丽的建筑。只有一尊在椅子上坐着的林肯雕像被摆放在这座建筑里。他在那里坐着，并凝望着下面前来瞻仰他的人们，那座雕像中似乎存活着他的精神。

林肯纪念堂是为纪念林肯而建造的四周被大理石柱廊环绕的漂亮建筑

第 **7** 章

玛丽的领土、弗吉尼亚的领地
和佩恩的森林

Mary's Land, Virginia's State, and Penn's Woods

马里兰州

　　马里兰州这个名字的由来和玛丽皇后有关。玛丽皇后是英格兰国王查理一世的妻子，查理国王曾恩赐过土地给巴尔的摩男爵，后来男爵特意用皇后的名字命名封地。

　　你曾经用陀螺交换过弹珠吗？或是用苹果交换过橘子吗？很久以前，那时还没有美国，没有华盛顿，只有印第安商人，他们居住在一条流经华盛顿的小河的沿岸。这些印第安人坐在独木舟上，穿行在小河上，与其他的印第安人做买卖，用自己的东西去交换所需的东西：珠子交换毛皮，弓交换箭，玉米交换土豆。在印第安语言里，买卖人被叫作"波托马克"，因此我们也就以印第安商人的名字命名，将这条河称作波托马克。波托马克河把两个州隔开，这两个州都是用女王的名字命名的：马里兰州和弗吉尼亚州。波托马克河上的印第安人乘着独木舟向河下游划行，来到一片宽广的水域。这片水域非常大，像海洋一般，所以他们叫它"河流的母亲"，在他们自己的语言里叫作"切萨皮克"。你能在地图上看到它。切萨皮克湾不是海洋，但它是美国最大的海湾。

你吃过蜗牛、乌龟或青蛙吗？一些人喜欢吃，印第安人发现切萨皮克湾里面生长着**牡蛎**，刚开始没人知道牡蛎能吃，因为它们看起来并不好吃。有一天，一个印第安人非常饿，就打开一个牡蛎，把里面的肉吃了。这才发现原来牡蛎非常美味，而且也不会对人体造成伤害，所以其他人也都开始吃牡蛎。现在几乎每个人都喜欢吃牡蛎，不管是生的还是熟的。牡蛎也在世界上其他的地方生长，但人们都说切萨皮克湾的牡蛎是最大最美味的。牡蛎一般在 7 月开始生长，长够 8 个月的牡蛎味道最好，吃牡蛎的最好月份是第二年的 3 月。

牡蛎什么时候适合吃

牡蛎最好吃的时间是 3 月，那么不好吃的时间是几月呢？是 5 月到 8 月，此时正是牡蛎的繁殖季节，它的肉质会变差。牡蛎在世界上受到各地人的喜爱，吃牡蛎还有一个好处，如果幸运的话可以在里边吃出珍珠来。

在"母亲河"的附近有两座城市，一个叫安纳波利斯，另一个叫**巴尔的摩**。

安纳波利斯

"安纳波利斯"意味着"安娜之城"，这也是以女王的名字命名的。这三个地方——安娜之城、玛丽的领地和弗吉尼亚的领土，都是以女王的名字来命名的。安纳波利斯是马里兰州的首府，如同华盛顿是

45

巴尔的摩

　　巴尔的摩不仅是美国马里兰州最大的城市，也是美国大西洋沿岸重要的海港城市。

美国的首都一样。在安纳波利斯，有一所为防止发生海上战争，专门训练水兵和海上作战的学校，它的名字叫美国海军学院。能在这里学习的都是从美

美国海军学院

国各个州选出的最优秀的男孩。他们会学到关于船、战争和地理的知识；他们也参观其他国家，去学习如何指挥轮船作战。

　　作为马里兰州的最大城市——巴尔的摩，它的名字来源于一位英国男爵的名字。美国的第一条铁路就出现在巴尔的摩，这条铁路从巴尔的摩延伸到

约翰斯·霍普金斯大学

约翰斯·霍普金斯医院

俄亥俄州，被叫作"巴尔的摩—俄亥俄铁路"，我们简称它为"巴俄铁路"。巴尔的摩最著名的是约翰斯·霍普金斯大学和约翰斯·霍普金斯医院。来自全世界的优秀人才都到霍普金斯大学学习，来霍普金斯医院治病的人也来自世界各地。

马里兰州北边有一个州，那里全是森林，它曾属于一个叫"宾"的人，因此命名为**宾夕法尼亚**，意思是"宾的森林"。在宾的森林出现之前，这里还有另一片森林——

宾夕法尼亚

宾夕法尼亚州是一个具有历史意义的州，该州在建立之初崇尚政治和宗教的自由民主，在美国独立中也起到中流砥柱的作用，宾州的费城更是通过了《独立宣言》和第一部联邦宪法。

树木繁盛，生机勃勃。几个世纪过去了，这些森林消失了，它们被烧毁，然后埋在地下变成了黑色的岩石。又过了很久，人们挖出了这些黑色的岩石，发现与其他的岩石不一样，它们是可以燃烧的。它们当然可以燃烧，因为我们现在知道了，它们其实是硬化的木头，也就是我们现在说的煤。

煤有两种。一种叫作硬煤，另一种叫作软煤。可不要认为软煤软得像垫子，实际上它非常容易碎裂。二者之中，硬煤是最好的，它产自于宾夕法尼亚的东部地区；软煤则产于西部，燃烧后会产生更多烟尘，当然价格也更低。

在宾夕法尼亚挖煤的矿工有成千上万人，他们在地底下工作，对他们来说，每天都是黑的，他们挖出煤，然后通过燃烧蒸汽机运转起来，我们的屋子就能取暖。他们工作了一年又一年，所以现在宾夕法尼亚州的地下都是巨大的空洞。

煤炭在地下，分布在岩层之间，就像巧克力蛋糕上一层层的巧克力。宾夕法尼亚州还有铁矿资源，铁矿是混在岩石里的，它不像煤炭那样层层分布，这样的岩石叫铁矿石。为了从铁矿石中提炼出铁，人们会在铁矿石的下面生火，让铁矿石中的铁融化，形成铁水，流到置于地面的凹槽中，铁水凝固后就是铁。

从铁矿石里提炼铁，必须加热，要加热就要有煤这种可以燃烧供热的东西。可是有些地方不能够同时出产这两种东西——要么没有煤，要么没有铁矿石。这就好像是一些孩子想要玩棒球，可是他们只有棒，没有球，另一些孩子有球却没有棒子。但是匹兹堡——宾夕法尼亚州西部的一个州，这个地方既有铁矿石又有煤。这就像是孩子们有了棒也有了球。

当地的人先从铁矿石中提炼铁，再把铁制成钢，再用钢铸成铁轨，建造高的建筑物的横梁和跨河大桥。

有一个城市用《圣经》中的名字命名，它就是"**费城**"。意思是"兄弟

费城

　　费城位于美国宾夕法尼亚州东南部，是美国最老的城市之一。在华盛顿建市之前，费城曾经是美国的首都，在美国历史上有着十分重要的地位，是最具有历史意义的城市之一。

的爱之城"。费城是宾夕法尼亚州最大的城市。事实上，它也是美国第三大城市。但我不知道现在还是不是。在华盛顿总统还没出生之前，费城曾是美国的首都，但现在它已经不是美国的首都了。这里有栋叫作"独立大厅"的老建筑物，厅里放着一个大钟，美国刚建立的时候，钟总被敲响，现在这口钟已经不响了，也许再也不会响了，但是它比美国其他的钟更珍贵。

现在这口钟已经不响了，也许再也不会响了，但是它比美国别的钟更珍贵

　　世界上最大的"浴缸"离费城很近。这是个海洋"浴缸"，叫大西洋城，在新泽西州的沿海区域。来自全世界的人们都去那里享受盐浴和太阳浴，或是去娱乐。那里有一条人行道，长几英里，是用宽木板铺成的。在人行道的两边有各种娱乐设施。如果你想看看这个人行道，就去大西洋城吧！

如果你想看看这个人行道，去大西洋城吧！

第 **8** 章

帝国之州
The Empire State

"帝国"是几个国家合并在一起的总称。纽约州就常常被叫作"帝国之州"，因为那里有很多人，人们做生意赚了很多很多的钱，富有程度堪比几个国家。

纽约是纽约州东南面的角落里的一个城市，它是世界上第二大城市。相

纽约

纽约是纽约都会区的核心，位于美国东海岸的东北部，是美国最大的城市，也是美国人口最多的城市。

比于其他城市，纽约有着更多的商店、更多的旅馆、更多的人以及更多的高大建筑物，它也比世界上的其他城市更有钱。纽约取名于一个沿海城市——约克，但是如今的纽约是原约克城的一百倍那么大。这里有太多的百万富翁，当然也有很多一无所有的人。来自于各个大洲的人，都想到纽约成为百万富翁。一些人会想当然地认为纽约的街道都是用金子铺满的，所以当他们真的来到这里的时候，难免会失望。

　　纽约城的主要部分，是一座被印第安人称为**曼哈顿**的岛。它是白人从

曼哈顿

　　在美国纽约市 5 个行政区中，曼哈顿是人口最稠密的一个，也是最小的一个，它主要由一个岛组成。

　　曼哈顿是纽约市中央商务区的所在地，也是世界上摩天大楼最集中的地区，世界 500 强中绝大部分公司的总部都在这里。曼哈顿还是联合国总部的所在地。世界上最重要的金融中心华尔街也位于曼哈顿。

纽约有很多的摩天大楼

印第安人手里买下来的，只花了 24 美元，当时并不是给的他们钱，因为印第安人不知道什么是钱，美国人给他们的是一些珠链，大概值 24 美元。现在你站着的随便一小块土地，都比当时买下的整个岛值钱得多，这可是小钱做的大买卖。在这块土地上，所有者拥有地上和地下的一切东西，从地球中心的下面一直到天上。正因为这里的土地非常贵，所以纽约的建筑物都是直冲云霄的。"摩

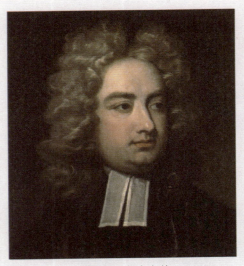

乔纳森·斯威夫特

天大楼"，我们是这样叫的，因为五十层大楼和一层楼的占地面积是一样大的。

在我看来，这世界上没有什么建筑能比纽约的巨型建筑物更壮观了。它们是如此不可思议、令人惊叹！你读过《格列佛游记》吗？那里提到了大人国，大人国里住的都是巨人。纽约的大楼岿然不动，不惧狂风暴雨和雷霆电击，它们注视着高楼下面来来往往、川流不息的人们，正是这些人，用只有五个指头的手，建造了它们。纽约的格言是"追求卓越"，还有一种说法是"高大的橡树都是从小种子中萌芽的"。其中一栋最伟大的建筑物有六十层高，都是用硬币制成的，而且是用一元店里面的五分十分的硬币建造的。纽约最令人惊叹的建筑被叫作帝国大厦，有102层高，比纽约的其他建筑物或者说比全世界的建筑物都高。

《格列佛游记》

《格列佛游记》是乔纳森·斯威夫特写的一部游记体讽刺小说，描述了主人公格列佛船长游历各国的所见所闻，意在表达对英国统治阶级昏庸腐败的痛恨。这是一本神奇的书，在那里你可以见识到大人、小人、飞岛这些奇幻的事物。

还有几栋高的建筑物，可以称作是全世界的"国会大厦"。第二次世界大战后，世界上绝大多数国家都想找到一种途径来避免第三次战争的发生。每个国家都派代表参加大会，就像每个州派出代表去国会开会一样。在会上他们会讨论各国感兴趣的话题。当一些国家之间发生矛盾的时候，可以通过会议的方式解决矛盾、避免战争，这就是联合国。联合国觉得纽约城是最适合举行会议的地方，而且还能进行商业探讨，所以便在那里建立了办公室。当这栋建筑被用于联合国召开正式会议时，同时会有26种语言进行广播。

联合国大会

　　在联合国会议上每个发言者都讲他们自己的语言，为了能听懂所有与会人的语言，每个人都要戴耳机，里面配有翻译员的声音，即时把发言译成你能听懂的语言。当然了，翻译人员最少会两种语言，他们听到一种语言，然后翻译成另一种语言，通过麦克风传到与会者的耳机里。几百万人会在电视上看联合国举行的会议。

她鼻子的长度大概有 4.5 英尺，这样的鼻子嗅觉该多敏锐啊！

　　在纽约港的小岛上屹立着一座巨大的铜像——**自由女神像**。自由女神手中紧握的是一个燃烧的火炬。她的手很长，足足有 16 英尺多！设想一下和她握手的感觉，肯定很奇妙。她一个指头就有 8 英尺，如果这样的手指，戴上戒指，得要多大个的戒指啊！她鼻子的长度大概有 4.5 英尺，如果她能闻到气味的话，那应该什么微小的味道都能嗅到。她的嘴的宽度有 3 英尺，如果她会说话，声音一定很洪亮！自由女神像的内部是空的，你可以试

自由女神像

　　自由女神像是美国独立战争 100 年后，法国赠送的礼物。女神皇冠上的尖芒是七大洲的象征，左手托着《独立宣言》，右手举着火炬，脚下是被敲碎的镣铐，象征着摆脱了暴政的束缚，获得了自由。

着爬到她的头或手臂里面去，她的火炬里面的空间，就足够站好几个人。每次轮船经过自由女神像的时候，甲板上的人们就会高声欢呼，"快看，是自由女神像"，"我们到家啦"，"我们来到了自由的国家"。每当人们坐船离开美国时，都会向自由女神像挥手，跟她告别，其中的一些人大概再也不会回来了。

曼哈顿岛的一边是哈得孙河，另一边是东河。一座桥横跨在河上，用铁链子拉着桥身，没有柱子支撑，这种桥叫作"锁链桥"。横跨在东河上的锁链桥叫布鲁克林桥，它是以长岛上的布鲁克林城命名的，长岛在桥的另一端。锁链桥以前只被用于横跨小溪流，布鲁克林桥是第一座最大最长的以悬索的方式建成的桥。它被高高地

哈得孙河

悬跨在空中，在水面之上，最大的船都能轻松地穿过它。

起初人们有点害怕穿过布鲁克林桥，他们说："这座桥是用绳索吊起来的，就算用的是铁链子，也会垮塌的。"当卡车和汽车在桥上奔驰时，确实有点晃，但是桥本身仍完好无损。还有一些桥被建在东河和布鲁克林河上，这些桥都通往纽约城。人们在哈得孙河的底部挖

起初，人们有点害怕穿过布鲁克林桥

了通道，这些通道被叫作"隧道"，因为他们就像铺在河底的大管道。

世界上两个最著名的街道，就在曼哈顿岛和它北部不远的地方。一条叫作百老汇大道，另一条叫第五大道。一开始，百老汇大道只是条小街道，但它看起来很宽，所以人们给它取了这样的名字。但是如今的百老汇大道

百老汇大道

已经非常长了，我们都能叫它"长街"了。百老汇大道的一部分路晚上灯光璀璨，几千个电灯和电子显示牌一起闪烁，因此这段路通常被叫作"白色大道"。第五大道是时尚的汇集地，那里有最多、最时尚也最贵的商店，所以第五大道代表着时尚。纽约的街道都很拥挤，大部分的人都是坐地下火车从家出发，去公司上班。这种地下火车，我们叫它"地铁"。

第五大道

从1810年公园剧院和1821年的百老汇两家剧院在百老汇大道成立之后，越来越多的剧院落户在这里，凭借广泛的影响力，百老汇成为美国戏剧和音乐的中心。这里上演的剧目题材、风格、元素、艺术形式包罗万象，因此，融合、吸收各种艺术的精粹也成了百老汇的艺术精神。

中央公园

　　中央公园位于美国纽约市曼哈顿区，东西两侧分别被十分著名的第五大道和中央公园西大道所围合，是世界上最大的人造自然景观之一。

　　尽管纽约城的土地比世界上其他任何地方的土地都值钱，但是纽约仍建造了两个很大的公园，供市民欣赏自然风光。**中央公园**的长度有50个街区那么长，在宽度上也有几个街区宽。布朗克斯公园里有个奇妙的**动物园**，在那里可以看到很多大型的、稀有品种的动物。它们都是狩猎者从丛林中、山上、沙漠里和远在千里的广阔土地上带来的。

　　一个跨海而来的人，到了纽约，用了一天的时间来欣赏景物。晚餐前，他想要开车出去看看**尼亚加拉瀑布**，因为他听说那是世界上最壮观的瀑布。但他被告知，需要坐一晚上的快速列车才能到达尼亚加拉瀑布，为此他很不解。

　　"尼亚加拉瀑布不在纽约吗？"他问道。

　　"在啊，"有人回答着，"但是不在纽约城。它在纽约州的另一端。"

　　在纽约州西部的边缘，有两个面积很大的湖，它们用印第安的名字命名——伊利湖和安大略湖。在地图上，伊利湖的位置在安大略湖的

布朗克斯动物园

　　布朗克斯动物园是世界十大动物园之一，其中的动物种类繁多，包括一些濒临灭绝的动物，例如扬子鳄。

尼亚加拉瀑布

尼亚加拉瀑布是世界上最大的跨国瀑布，也是美洲大陆最著名的奇景之一。

伊利湖

安大略湖

南端，但它的实际海拔更高一些。所以伊利湖的湖水从高处的悬崖落下，落到了安大略湖中，这样就形成了尼亚加拉大瀑布。尽管世界上还有其他更高更宽的瀑布，尼亚加拉瀑布仍是最壮观、最有名的，人们从世界各地赶来参观。瀑布的水流击落在崖底，发出巨大的响声，声音在几英里以外都能听到，在阳光的照耀下，从瀑布底部溅起的水雾中，总是能看到彩虹。每天都有几千人来参观瀑布，每千人中——

有358人说："简直太奇妙了！"

有247人说："简直太壮观了！"

有136人说："简直太美丽了！"

有93人说："简直太令人愉悦了！"

有45人说："简直太好了！"

有24人说："哇！"

剩下的人会说："啊！"

尼亚加拉瀑布的底部是一个巨大的水桶，用来接瀑布流下来的水，这个巨大的水桶的底部有可以转动的轮子。这些轮子是电动的，它利用水流让轮子转动起来发电。这里发的电不仅可以供给电车、磨坊、附近的水牛城的街灯用，而且有些很远的

瀑布的水流击落在崖底，发出巨大的响声，声音在几英里以外都能听到

地方也还能用上呢。

　　每个人都想尝试从瀑布上跳下来，尽管原因各不相同。其中一些人真的去跳了，至少有一个人真的这么做了，并成功地完成了跳跃。但是伊利湖上的船想去安大略湖的话，可不能从瀑布上跳下去，所以人们在尼亚加拉瀑布的周围挖了一条河，在河中设计了台阶式缓坡，从

韦兰运河

而连接了伊利湖和安大略湖。伊利湖上的船就可以通过这条河开往安大略湖，也能从安大略湖往上游开，到达伊利湖。这条人工河叫作"韦兰运河"。

　　船会下台阶，这听上去很奇怪，但它不仅能开下去还能开上来。水中的台阶叫作"水闸"，水闸就像巨大的浴缸一样。在你的浴缸里你可能也玩过玩具船吧。如果你玩过就会知道，当你向浴缸蓄水时，船会随着水面的升高而升高；你把浴缸中的水放掉，船也会随着水面的降低而下降。

　　运河中水闸的运作原理就像水缸和玩具船。如果你的船想去下面的湖，水闸就会放水，水面一低船就会跟着下降。当船到达底端的时候，水闸的门就会打开，船就会进入低一些的运河。如果船想开到上面的河里，底端的水闸口会打开门，门随后会关上开始蓄水。水面升高船只随之上升，水可以移动任何的船，不管是小船还是大轮船。水，只是简单的水就可以升高或是降低大型汽船，这件事机器可办不到，它移动大型战舰就像是托起一片羽毛那么轻松，也就像你们用手托起雪花那么轻松一样。

　　如果船只想去纽约城，当然几乎所有的船都会想去纽约，首先要穿过韦兰运河，经过水闸到达安大略湖，然后再到圣劳伦斯河，圣劳伦斯河并入安

圣劳伦斯河

大略湖流向大西洋，然后沿河岸航行直到纽约城，这被叫作驳船运河。它是世界上最长的运河之一。

杨基人的地盘

Yankee Land

新英格兰

一双鞋、一顶帽子、一辆汽车，如果它们用了一年了，我们就不称它们为"新"的了，但有一个地方它在美国已经存在了三百年了，我们仍叫它"新"的。大约三百年前，人们从英格兰横穿海洋，到了美国的东北角，在那建立了他们的家。纽约北面的六个州就是他们定居的地方，被称为**新英格兰**。印第安人叫那些白人为"英国人"，但他们只能发出"英格兰人"或是"杨基人"的音，就像一个孩子试着发"兄弟"这个单词的音却说成了"好朋

新英格兰

新英格兰地区从北至南包括缅因州、佛蒙特州、新罕布什尔州、马萨诸塞州（麻省）、罗得岛、康涅狄格州。其中，马萨诸塞州（麻省）的首府波士顿是这一地区最大的城市和经济文化中心。新英格兰地区的教育环境是全美国乃至全球最好的。

友"这个词。所以我们仍用"杨基人"来称呼新英格兰人。我们能把新英格兰这六个州一起放到美国西部的任何州里去；新英格兰州虽然很小，但它的作用却很大。

新英格兰州最大和最重要的城市是波士顿，这是根据古英格兰的一个小

波士顿

镇命名的。许多人叫波士顿为"轮毂"，意思是世界上其他地方都围着波士顿转。轮毂是轮子的中心，围绕着它轮子才能旋转。当然了，地球是围着南极和北极旋转的，那里才是世界真正的轮毂，所以人们说世界围着波士顿转是开玩笑的。

硬的岩石和寒冷的天气对种植都很不利。新英格兰的冬天就非常寒冷，地面也有很多岩石，多到人们随意从地里捡来一些就能做石栅栏。寒冷的天气和富岩的地质，让那里的作物很难生长。但在新英格兰州有很多很多的瀑布，瀑布能带动轮子发电，让工厂制造很多的东西，所以生活在那里的人们就负责给美国其他地方的人制造东西，这些东西品种繁多，各式各样，但制造的并不是铁轨、桥这样大的东西，而是我们日常生活用得到的小东西，像别针、手表、钟表、靴子、鞋等等。原来这种利用轮子发电运转的工厂叫作"磨坊"。现在大部分的瀑布都被用来发电，这些电被用来进行工业制造，这些工厂仍被叫作"磨坊"。

新英格兰地区制造我们日常生活用得到的东西，像别针、手表、钟表、靴子、鞋等

我小时候能想到最幸福的事就是光着脚丫。在一些国家，不管你是贫穷还是富有，都要光脚走路。但在美国几乎每个人都要一直穿着鞋。在新英格兰，那里为美国的每一双脚都制造出合适的鞋。鞋会磨损，所以这就是磨坊一直持续经营的原因。一个以印第安名字命名的州——康涅狄格州，那里出产别针，它们的产量足以供应美国的每一个男人、女人、孩子，每人每年用

一百个都足够。为什么需要这么多的别针呢,你能想出来吗?它们又不像鞋会坏,但它们会丢,每年会丢掉上亿的别针呢。

还有钟表和手表,他们制造了好几百万个,尽管一个钟表或一块手表可以让一个人用一生。小手表戴在手腕上,小的钟表挂在壁炉上,大的钟表挂在钟塔上。

还有线团,一个磨坊一天制造的线能绕地球一圈,大概有 40 000 千米那么长。

华盛顿山

你去哪度假?去海滩,去山上,或是去农场?新英格兰州是度假胜地,许多其他国家的人来这度假。因为这里有很多的湖、瀑布、美丽的露营地和钓鱼的地方,在缅因州的森林里还能打猎。在新罕布什尔州有片叫白山的山脉,山脉中有一座山是以我们第一任总统的名字命名的,叫"华盛顿山"。这是美国这个地区最高的山,因为它最高,所以人们都喜欢攀越它。在佛蒙特州,这个州名的含意是"绿色的山脉",那里真有一座绿山山脉,虽不如白山山脉海拔高,但也非常壮观。沿着新英格兰州的海岸有许多地方,人们在那里消暑,因为在美国一些地方很热的时候,另一些地方却很凉快。

新英格兰州的人们最自豪的是他们的学校和大学。他们在磨坊里制造东西,在学校和大学里培养人才。美国最著名的两个大学都在新英格兰州,耶鲁大学在康涅狄格州,哈佛大学在马萨诸塞州。哈佛大学是美国历史最悠久的大学。

哈佛大学

美国富商耶鲁因为给一所大学大量捐款，所以他的名字成了这所大学的名字。由于初期传教和传播欧洲文明的目的，耶鲁大学早期的重点学科是古典学科，美国内战后改为注重专业训练和本科教育，并成为"常青藤联盟"的八大成员之一，如今已是很多美国学生和国外留学生心目中的圣地。

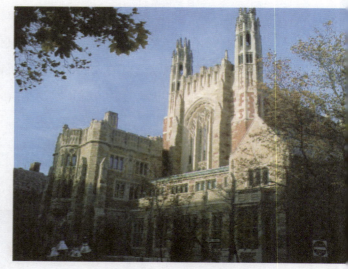

耶鲁大学

和耶鲁大学一样，哈佛大学在美国本土也拥有悠久的历史。它诞生于 1636 年，名字取自于约翰·哈佛牧师，他捐赠了自己一半的财产和所有的图书，因而获得了学校和殖民地议会的尊敬。哈佛大学凭借众多领域的学术地位和影响力，被认为是全球顶尖的教育机构之一。

马萨诸塞州像一个长长的弯曲的手指，像是指引着人们穿过大海到达马萨诸塞州，这块土地叫作"科德角"。这是以当地盛产的鳕鱼命名的，这里的水域有大量的鳕鱼，大量的鳕鱼被抓上来晒干后运往世界各地。

马萨诸塞州

科德角

　　科德角不但受英国人喜欢，而且世界其他地方的人们也为之着迷，纷纷赶来。说着各种奇怪语言的人们都来到新英格兰的工厂和磨坊里工作，所以现在有四分之一的新英格兰人并不是从英国来的，他们并不是"杨基人"。

一些人很喜欢爬山

第 10 章

五个大水坑
Five Big Puddles

你曾经好奇过吗？一只蚂蚁肯定认为我们是大巨人，因为我们一不留意就会踩在它们的窝上，那在它们的眼中，一个水坑是什么样的呢？

在美国北部边缘，有五个大水池，至少从地图上看像是水池。仿佛是一个巨人将一把大伞立在水中，伞上的水流下来，汇聚成了水坑。我们称这些水坑为 **"五大湖"**，它们是美洲最大的湖泊，不过在一个巨人眼里，如果他的腿有 1 英里长的话，他会觉得这些都是小水坑。这些湖中的两个 —— 最小的两个，我给你们讲过了 —— 就是伊利湖和安大略湖。另外两个湖的名

五大湖

　　五大湖是世界上最大的淡水水域，淡水量占世界上地表淡水的 1/5。由于特殊的气候，这里即使到了寒冬，湖面也不会彻底冰冻，而且还形成了一些"水果带"，可以种植南方才能生长的水果。

密歇根湖　　　　　　　　　　　　　　　　　休伦湖

字也来自印第安语，一个是密歇根湖，它的意思是"大湖"，另外一个是休伦湖。五大湖中最大的湖是苏必利尔湖 (Superior)，意思是更大的湖，正如

苏必利尔湖

我们形容一个男孩球踢得更好，考分更高一样，我们也会用到这个词——优秀的（superior）。密歇根湖是五大湖中唯一完全属于美国的湖泊，因为它完全在美国领土内。另外四大湖只有一半属于美国的北部，另一半属于加拿

大，因为这几个湖位于两个国家的交界地区，美国就拥有这些湖的一半，加拿大拥有这些湖的另外一半。

苏必利尔湖不但是最大的湖，而且也比其他四大湖的地势更高。苏必利尔湖的湖水经由一条叫"苏圣玛丽"的运河，在那里倾泻而下，形成巨大的瀑布，因为河水是跳跃着流下来的，因此人们称之为"苏圣玛丽急流瀑布"，河水最终流入休伦湖中。这些瀑布虽并不像尼亚加拉瀑布那么高，但船也无法直接顺流而下，因此人们在那里建了一条有水闸的运河，帮助船只自由上下。因为有太多的船途经这里，一条运河已经不够用了，所以人们不得不围绕苏圣玛丽瀑布，建造了五条运河。苏圣玛丽瀑布在法语里叫圣特马昂瀑布，这个很难读，人们叫它苏瀑布、苏河、苏运河。

有些在五大湖上航行的船跟海里的船一样规模宏大，这些湖就像小的海洋一样，当你远航时，也会几乎看不到陆地。当然，湖泊上也会有大浪和暴风雨，就像航行在海上一样。区别仅仅在于湖里的水是淡水，不是咸水。

许多人坐大船去短途旅行，就像是在海上一样，为了娱乐休闲；但大量的船从湖的一端到另一端，并不是为了娱乐而是为了商业贸易。这些商船运载货物，我们称它为"货运"。用船运输货物比用火车运输的成本低，因为一艘大船比一列火车装的货物多，船还不用在铁轨上行进，火车却需要铁轨。当我们用火车运载货物的时候，我们也叫作货运，这听起来很奇怪。每个人都想用船来取代火车运输，因为用船更便宜，但是你想用船就得靠近海岸。

幸运的是美国的 50 个州，其中有 8 个都在五大湖附近。尽管其中一些州只有小部分连接着湖。密歇根州与五大湖联系最密切，除了安大略湖那四大湖都距离密歇根州很近。

你还记得吗？印第安人中的波托马克人是伟大的商人，他们在河里来来往往地做生意，交换着自己想要的东西。五大湖的印第安人也曾经这么做。现在白人的大船比那时的独木舟要大几千倍。这些大船载满货物在做生意。它们来来往往，从河的一端穿行到另一端。在不同的地方卸下人们需要的货物，再装满其他的货物运回去。

大多数的船是从杜鲁斯开始航行的，杜鲁斯在苏必利尔湖的一端。火车

杜鲁斯

从西部城市杜鲁斯运来小麦，其他的火车从附近的矿场运来铁矿。湖边的大型机器用它巨大的铁臂，把小麦和铁矿装到船上，直到船被装满。就像你用两个手指把你的玩具车从一辆玩具火车上拿下来一样。还有的船在密歇根州收集铜矿石和钢铁后，沿着苏圣玛丽运河到达一个叫底特律的地方，它位于休伦湖和伊利湖之间，然后把货物卸在那里。或是把铁矿运送到水牛城，它位于克利夫兰和伊利湖之间。大多数的船都不经过尼亚加拉瀑布，它们会装载上送往新英格兰州的货物还有送去美国东部的货物和运往宾夕法尼亚州的煤矿，最后都返回杜鲁斯。

底特律

底特律是由一个毛皮商人建立起来的城市，它的名字来源于一位法国伯爵，有"海峡之河"的意思。底特律还有个雅称，叫作"世界汽车的中心"，然而这座以汽车闻名的城市因为财政问题，竟然在2013年破产了！

当冬天到来的时候，这些

来往于河上的商业活动都会停止，因为这些地区在这个时候非常寒冷，河面会结冰导致停运。

小宝宝们每秒都在出生，就像在底特律，汽车每分钟都会被生产出来。底特律出产世界上大多数的汽车。进入汽车制造工厂的一端是钢铁、木头、皮革等等，在另一端汽车就被制造出来了。每小时都有数百辆汽车被生产出来，然后用船运往全世界。

　　我现在坐着的这把椅子是用来自密歇根州的木材制造出来的，这椅子在我出生之前就有了。密歇根州距离我现在的地方大概 1 000 英里远。密歇根州的上空被森林和树覆盖着，那里的木材特别适合做家具。但更多的家具是在一个叫大急流的地方制造的，这里出产的家具比世界上其他地方都多。你家里也许会有大急流那里制造的家具，找找看，看你家的家具底下有没有印着"大急流域制造"的商标。许多家具都是那里生产的，人们砍伐那里的树木几乎快把树用光了，只剩下一些树桩留在那里。那里的人们已经学会了如何制作家具，现在他们会从我国的其他地方向密歇根州运送木材。

　　有两个州，它们的边界相连，就像两个孩子挤在一个小窗口往外看，它们一起看向密歇根州。它们叫伊利诺伊州和印第安纳州，简写为"伊印州"。美国的第二大城市就位于伊印州，在密歇根湖的南端，它有个印第安名字叫作"芝加哥"。与世界上其他城市比，更多的火车和汽车来往于芝加哥。大部分穿行于美国的火车都在这里出发和停靠。装载着货物和满载乘客的火车来来往往，穿行于不同地区。

　　世界上的动物种类繁多，但只有三种动物的肉人们比较喜欢吃。这三种肉就是牛肉、羊肉和猪肉。芝加哥饲养着上百万只动物供美国人消费！在芝加哥附近或远一些的地方饲养着这三种动物。养殖这些动物就要供给它们饲料，最好的饲料就是玉米。所以整个美国都在种植玉米就是为了养这些牛、羊和猪。艾奥瓦州的玉米产量高于别的州，所以那里被叫作"玉米之州"。

　　一些玉米被运到芝加哥，但是运送更多的是未宰杀的动物。玉米是用来饲养动物的，而这些动物被活着送往芝加哥，并在那里进行宰杀。在它们被宰杀之前都要保持体重。它们从芝加哥被装进冷冻汽车或轮船，然后再送去别的地方，甚至送往欧洲。芝加哥有世界上最大的熟食商店，我晚餐吃的烤牛肉就来自于芝加哥。

我晚餐吃的烤牛肉就来自于芝加哥

第11章

百流之父
The Father of Waters

美国最大的海湾是切萨皮克湾，人们称之为"百河之母"，我们曾经讲到过。那么美国最大的河流是密西西比河，我们叫它为"百流之父"。虽然我们叫它"父亲"，但它并不是男性。它是"小姐"这个单词组成的哦。在印第安语中，Miss 被写作 issippi，是这样拼写的：三个字母 i，两个字母 s 和两个字母 p，非常好记。

如果我让你画一条河，和一棵没有树叶的树，你也许会这样画这棵树：一根主干，有一些大的支干，支干上还有很多小的分支，小的分支上还有更小的树枝，就像左边的图一样。你也许会画一条波浪线来代表河，不是吗？事实上，画树和画河都差不多，因为它们都有一个主干，还有支干，然后是很多分支和更小的分支，尽管你在地图上可能看不到河流的所有分支。

这就是树和河的主要区别：

画一棵没有叶子的树，它有一根主干和一些大的支干，支干上还有很多小的分支，小的分支上还有更小的树枝一棵树的分支是从底部到顶部。

一条河的支流是从上游流向下游。如果一条河只是一条直线，没有任何

密西西比河

支流，那它的终点和起点将会一样宽。正是支流让河变得更大。美国最大的河就是**密西西比河**，它的起点位于美国的北端，是从明尼苏达州的一个小湖发源的，那个小湖叫作艾塔斯卡湖。密西西比河横贯南北，流经了几乎整个美国，因为不断有支流汇合进来，所以密西西比河不断地变大变宽，最终它到达了海洋的一角，我们称那里为"墨西哥湾"。密西西比河把美国分成了两部分，但这两部分的面积可不一样大，西部那块的面积是东部面积的两倍。

密西西比河向南滚滚而去，最终汇入墨西哥湾，一路平缓而流，直到墨西哥湾的入海口才有了很大落差，河水一倾而下。人们在那里建了很多磨坊，那里的磨坊都是用瀑布落下的水流发电运转的。这些磨坊与新英格兰州的不一样，他们不生产东西，而是把小麦磨成面粉做成面包，在密西西比河的发源地，那里的小麦比美国甚至比世界上任何地方的小麦更好、产量更高。

我住在城市里，6英亩地对我来说是很大的一块地方了，600英亩地看起来就是一块巨大的地方了，6 000英亩地就更无边无际了。在明尼苏达州有一些种小麦的农场，一个农场就有6万英亩地！那些农民不可能用手或是用马去种小麦，因为土地面积实在太大了。所以他们利用机器种植，一排十个犁一起工作，利用这些机器把收割的小麦聚集起来，再把麦穗从麦秆上分离出来，把小麦磨成面粉之前这些工作是必须完成的。

密西西比河的两岸有两个几乎面积差不多大的城市。这两个城市用桥连

接着，因为它们的面积差不多，所以叫作"双子城"。其中一个城市叫**明尼阿波利斯**，意思是"水城"，就好比安纳波利斯是"安娜之城"的意思，另

明尼阿波利斯

一座城市则是**圣保罗**。你们注意到了吗？五大湖和密西西比河周围的城市都取名于印第安人或圣人的名字。那是因为最早来到这个城市的人当中，有一些是在印第安人中传播基督教的牧师，所以他们为所有地方起的都是印第安人或是基督教圣人的名字。

圣保罗像

圣保罗

　　圣保罗是有着犹太人血统的罗马公民，曾是基督教的反对者，后来受到耶稣的教化，成为信仰耶稣的信徒，此后一直致力于基督教的传播，并发展了大量信徒，还编写了《新约》的大部分内容。在基督教成为世界性宗教的过程中，圣保罗的贡献功不可没。

　　在全世界，面粉产量最高的地方就是水城——明尼阿波利斯。我用"在全世界"这个词会非常频繁，我接下来只用头一个字母表示——i 代表"在"，t 代表"那"，w 代表"全部的"，w 代表"世界"，所以 i.t.w.w. 就表示在全世界。明尼苏达州是全世界最好的面粉制作地，明尼苏达州和附近几个州是全世界小麦长得最好的州。

　　密西西比河向南汇入墨西哥湾，它流经了很多城市，其中最大的一个城市是**圣路易斯**，它的名字是另一个基督教圣人的名字。在密西西比河两大支

圣路易斯

流附近有两条河，一条是密苏里河，这条河从西面流过来；还有一条河是俄亥俄河，从东面流过来，这两个河的名字都是印第安名字。密苏里河是很大的支流，以至于分不清它是密西西比河的支流，还是密西西比河是它的支流。如果你能找到密苏里河从哪里发源的，然后沿着流向，一直找到它并入了密西西比河的入河口，你会发现它比密西西比河还要长，大概有 4 000 英里，所以在总长度上来说，密西西比河和密苏里河合并在一起，就是全世界最长的河。

　　随着支流的增多，密西西比河变得越来越大、越来越宽。当春天到来，因为冰雪融化和雨量增大，流入到河的支流里的水越涨越高直到最后冲垮大堤，然后城市就会发生洪水灾害。所以，为了防止洪水的发生，人们开始围着河边建造大堤，以确保河水不会溢出。我们叫这些大堤"防洪堤"。但是有时候因为水势太过凶猛，这些防洪堤也无法阻挡它们，所以河水就会冲破堤坝流向城市，城市就会发洪水。一旦发洪水，农场、房屋以及居住在城镇上的人们都会受牵连，洪水会冲垮房屋，冲散人们和动物，并破坏数以万计的农场和人们的其他财产。

　　密西西比河在临近尽头的流域，会流经新奥尔良城，最终汇入墨西哥湾。河流在尽头汇入海洋的地方被叫作"河口"，我不知道为什么把那里叫作河口，因为我觉得河口处应该是有水流入的地方而不是流出的地方。密西西比河有很多的河口，因为河水中带着大量的淤泥，所以这些淤泥在河口处堆积下来，形成了几个小岛。这样一来，河水不得不绕过这些小岛流向墨西哥湾，因此也就有了好几个河口。

　　密西西比河是从美国的北方发源的，那里冬天非常寒冷，但随着河水流得越来越远，到了南部地区，气候就变得温暖起来。这片温暖的地区叫作"迪克西兰"。密西西比河流经的末端城市**新奥尔良**，全年都很暖和，即使在圣

新奥尔良

　　新奥尔良是美国的一个大港口，同时它也是文化、旅游、美食的胜地。然而，新奥尔良是个修建在沼泽地上且海拔很低的城市，2005 年在飓风卡特里娜的袭击下，它损失惨重，造成人口大量迁移。后来，新奥尔良进行了灾后重建工作，邀请了世界上知名的设计师设计抗台风的房屋和吸水路面，还建造了新奥尔良防潮闸以减弱潮汐的威力。

新奥尔良

诞节的时候也会鲜花盛开。在河水的发源地附近，你会看到白人在岸边的田间劳作，但当河水流到了迪克西兰地区，你就会看到越来越多的黑人在田地里耕作。迪克西兰地区种植的主要作物就是**棉花**，正如歌中唱的那样，"迪

棉花

棉花的原产地在印度和阿拉伯，在15世纪传入英国，又随英国殖民者传入北美殖民地。棉花是一种浑身是宝的植物，它可以纺成纱线、编织衣物，籽可以榨油，棉花油还有除皱的效果。据说，美元中有75%的成分来自棉花呢。

克西兰，在那遥远的南方，是棉花盛开的地方。"这里的棉花产量是世界上最多的。美国起初是没有棉花的，一开始从其他地方引进到马里兰州时，人们只是为了观赏它美丽的花。

棉花长在低矮的枝干上，带着白色的小花苞，每个花苞里都有白色的棉球和小种子。棉花被采摘后，要从棉花中将种子拣出来才能做棉线，然后再做成棉布、棉衣、棉毛巾等。你能想到一种棉花制品吗？棉花做的东西曾经是很贵的，因为需要耗费大量的时间来分离棉花和种子，后来一位男教师发明了分离棉花和种子的机器，人们称这种机器为"轧棉机"，黑人把它叫作"三角起重机"。总而言之，现在棉花制品已经非常便宜了，我们也很难设想没有棉花的时候是一种怎样的生活了。原来这种植物只是一种观赏花，现在却被用于制作多种多样的物品，这就是它为什么被称作"棉花大王"的原因。

第 12 章

青春泉
The Fountain of Youth

鸟儿们会在冬天飞到南方温暖的地方，美国北部的一些人也是这样。佛罗里达州是美国最南端角落里的一个州，从形状来看它就像只小狗爪子，人们把佛罗里达称为"鲜花之都"，意味着这里到处都是鲜花。在去往鲜花之

冬天，鸟儿们会飞到南方温暖的地方

都的路上，你能看到美国其他 49 个州的汽车牌照。人们会在冬天去佛罗里达州享受阳光，1 月在大海里游泳，完全不用担心会打战、打喷嚏和流鼻涕。这里是冬季的天堂，正如新英格兰是夏天的天堂一样。我认识一个人，他家住在巴尔的摩，但他在佛罗里达过冬，在新英格兰度夏，其实一年中他在巴尔的摩只住几个星期而已。

迁徙是鸟类的生存本能，候鸟是随冬夏交替周期性迁徙的鸟。因为有些

地方冬天天气寒冷，不适合鸟类的生存，所以鸟儿需要经常来回搬家。具有迁徙本能的还有蝴蝶、乌龟、鱼等，人们给鱼的迁徙取了个特定的名字叫"洄游"。

第一个到美国的白人就去了佛罗里达，因为他被告知那里有青春泉。青春泉就是个喷泉，但它有一种神奇的力量，如果年老的人在里面沐浴或是喝下喷泉里的水就会变得年轻。其实没有人在佛罗里达或是其他地方找到青春泉，但许多老年人在佛罗里达度过冬天之后都觉得自己变年轻了。

并不是每个在佛罗里达的人整个冬天都在享乐，许多人还需要工作。他们要经营旅店，因为许多外地人会来这里住宿。还有大量的人忙于种植"新鲜蔬菜"，然后把它们装船送到寒冷的北部城市，否则那些北部城市里的人，冬天就只能吃罐头和冷冻的蔬菜了。我们常说篮球时间、风筝时间、足球时间和棒球时间，同样在佛罗里达不同的季节不同的时间，也会出产不同的水果和蔬菜。佛罗里达的大部分地区都很温暖，这里很少或几乎见不到冰雪霜冻，所以一整年都会有新鲜的水果

罐头是如何发明的

罐头的发明者是法国厨师尼古拉·阿佩尔。当时法国将领拿破仑四处征战，常常受到食物变质的困扰，于是他向科学家悬赏，寻找保存食物的方法，阿佩尔在贩卖水果时发现，经过加温并用玻璃瓶密封保存的食品不易变质，受此启发，最终发明了罐头。

和蔬菜。农民们把应季的蔬菜装上船运往别的州，这样，北部地区的人们在圣诞节就会有新鲜的草莓吃，一年之中都可以吃到竹笋、生菜和萝卜。

橘子和葡萄柚是佛罗里达出产的最主要的水果，这两种水果只能在没有霜冻的地方生长。葡萄柚的果实就像一大串又大又黄的葡萄，这就是人们把它叫作"葡萄"柚的原因。起初人们觉得葡萄柚太苦不好吃，不像橘子那么甜；但后来人们慢慢开始接受它，佛罗里达出产的葡萄柚比世界上其他地方都多。

在还没有佛罗里达州时，美国也没有伸向大海的"爪子"。这块像"爪子"

的土地是慢慢形成的：很久以前，海水流速缓慢，水温温暖，于是那里住着成千上万上亿的小动物们，有的就像小果冻一样，有的身体里有坚硬的东西，有的外面有贝壳。这些小动物死后，身上的贝壳就散开了掉落到海底。这些软软的、细碎的小东西慢慢堆

佛罗里达出产的葡萄柚比世界上其他地方都多

积起来，时长日久、经年累月就形成了小岛，这个小岛就是佛罗里达州。佛罗里达州的土地很适合种植作物，人们有时会挖出泥土卖给其他州的人，让他们去种植蔬菜，那样菜会长得更好。

很多年以前世界上还没有人的时候，整个美国还在海洋的底部，大部分州跟佛罗里达州的形成方式一样，是由小骨头、贝壳和海洋生物组成的。这种小骨头和贝壳组成的岩石，被叫作"石灰岩"，你如果用火烧它的话会产生石灰。石灰岩其实就是骨头，海洋动物的骨头。我们知道地壳运动会发生沉降，有些地方会上升，上升的地方就形成了美国。正因为美国原来是在海洋底部的，所以我们在很多高海拔的地方甚至是高山的顶上，都能找到贝壳和鱼骨头的化石。大理石是最美丽的石头，是一种石灰岩，也是骨头形成的。我们用大理石建造房屋、宫殿、雕像、墓碑，这些东西也可以理解为是从骨头石化来的。

许多去佛罗里达的人都会停下他们的旅途去观赏风景，最壮观的景致就在弗吉尼亚州和肯塔基州的溶洞。溶洞里面布满了石灰岩。"景观"就是巨大的洞，在肯塔基州这些洞都非常大，它们叫作"猛犸洞"。这些洞不是人工开凿的而是由于水的作用形成的。水，你知道的，水能溶化盐；但你可能不知道，水还能溶化石灰岩。这些洞中的岩石都是石灰岩，猛犸洞就像一个巨大的地窖，这个洞又大又深，能把有着高耸建筑物的城市放到洞里面去。在那里很容易就会迷路，需要来回找上好几公里。有人在里面迷了路，一直

猛犸洞就像一个巨大的地窖

到死去就再也没有出来，他们的骨头是在多年后被发现的。

洞顶端的水一滴一滴地落下，每个水滴中都含有石灰岩，天长日久，那些坠落的小水滴在洞顶形成了下垂的石柱。水滴顺着石柱继续往下滴落，落到了洞的地面上，地面上也慢慢形成了石柱，上面的石柱越来越长，下面的石柱越来越高，时间长了就会连在一起了。洞顶的水滴还会在洞的底部形成池塘，在这些池塘的水中生长着一种与地面上的水中不同的鱼。因为它们生活在黑暗的洞中，眼睛就没有作用，所以经过了很多很多年，最终它们变成不长眼睛的瞎子了。它们虽然看不到，但是会用头部的某个部位（就是原来长眼睛的地方）来感知事物。

第 13 章

大篷车
The Covered Wagon

很久以前，密西西比河还是美国遥远的边缘地带。密西西比河的另一端一片荒芜，几乎没有人跨越整个美国去太平洋。在密西西比河的西部有野蛮的印第安人、野兽和高山。那为什么人们还要去那里呢？什么样的人会去那里呢？他们是狩猎者，要去打野生动物，还有一些传道士想去那里传播基督教，还有一些人只是出于好奇，他们想去看看外面的世界。

有一天，一个人告诉另一个人，另一个人再告诉其他人，一传十、十传百，都说在加利福尼亚州有金子，在太平洋沿岸的陆地上有大量的金子。人们所要做的只是拿盆从河里捞沙子，再从沙子里分离出金子和水。

金子！金子！这就像是有些人在喊着火了！着火了！成千上万的人丢下他们的工具，停下他们的耕作，穿上他们的鞋，在货车上装上被褥和食物，在货车顶上搭

他们把床褥和食物装上马车，向西部奔去

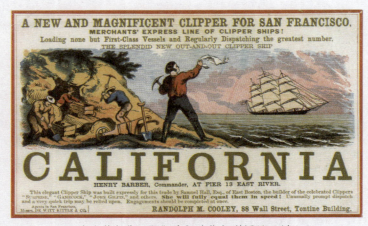

A NEW AND MAGNIFICENT CLIPPER FOR SAN FRANCISCO.
MERCHANTS' EXPRESS LINE OF CLIPPER SHIPS!
Loading none but First-Class Vessels and Regularly Dispatching the greatest number.
THE SPLENDID NEW OUT-AND-OUT CLIPPER SHIP

CALIFORNIA

HENRY BARBER, Commander, AT PIER 13 EAST RIVER.

This elegant Clipper Ship was built expressly for this trade by Samuel Hall, Esq., of East Boston, the builder of the celebrated Clippers "Surprise," "Gamecock," John Gilpin," and others. She will fully equal them in speed! Unusually prompt dispatch and a very quick trip may be relied upon. Engagements should be completed at once.

RANDOLPH M. COOLEY, 88 Wall Street, Tontine Building.

淘金热初期，人们乘船驶往加利福尼亚州

个棚子拿上枪，然后加入到去西部淘金的热浪里。那里没有路、没有桥，也没有路标，没人告诉他们正确的路，那里荒无人烟，他们花了几个月又几个月的时间一直在路上。有的人因为疾病死去，有的人被印第安人杀害，有的人掉进了川流不息的河中，有的人迷失了方向被饿死或渴死，但还是有很多人最终到达了加利福尼亚找到了金子，改变了他们的命运。那是1849年，去西部淘到金子的这些人被叫作"四九淘金者"。

从那时候起，美国开始在全国范围内修建马路和铁路。那些荒芜之地被建成了大城市，那些野蛮的印第安人变得温和。美国给了印第安人大量的土地以补偿从他们那里夺走的土地。这些给印第安人的土地被叫作"预留地"，因为这些是预先留给他们的，就好像电影院里会给某些人提前留出的"预留座"一样。

去太平洋海岸的第一条铁路是位于芝加哥和旧金山之间的中间线路，但是你现在可以从北部、中部、南部都坐火车从芝加哥到太平洋海岸。"四九淘金者"坐着大篷车走上好几个月才能到达的地方，我们现在坐飞机不到一天就可以到达。

过去人们常说："去西部吧，年轻人，如果你想改变命运的话！"确实也有无数的人去了西部，但不是为了寻找金子而是为了找农田，那个时候，美国政府承诺只要去西部从事农业种植就可以得到免费的土地。一些人去了俄克拉何马州、得克萨斯州或其他的地方，这些州都在密西西比河的沿岸。

结果，人们在他们的农田里发现了石油，这些石油从地下不断地冒出来，使得土地再无法进行耕种，当地的水源也被污染了，马和牛都没水喝了。于是这里的土地都被荒废了，由于觉得这里的土地不好，许多农民离开这里搬到别的地方了。

世界上有三种油——植物油、动物油和矿物油。你玩过一个游戏吗，名字叫"动物、植物和矿物"，这是个很不错的游戏。游戏中有个"老头"喊"植物"，你就必须在他数到十之前说出一种植物的名字，任何植物都行，比如说"土豆"就可以。或者他喊"矿物"或"动物"，在他数到十之前，你必须说出一种矿物或动物的名字。需要说明一下，这个游戏里的"矿物"指的是除动植物外的任何东西。不管他说的是"动物"、"植物"或"矿物"，你回答"油"肯定都正确，因为它是世界上为数不多的能同时划到三个种类中的东西之一。

从植物中提取出来的油，比如橄榄油；从动物里提取出来的油，比如鱼肝油，都是很好的食物。但从矿物里提取出来的油，却可以燃烧产生光和热。后来人们发明了汽车，然后从矿物油里提炼出的汽油可以让汽车奔跑。另外还有很多其他的东西，都是用矿物里提炼出来的油制成的，比如药品、燃料，甚至是香水。

那些原本以为石油破坏了他们的土地的人们，现在却意识到石油更有价值，石油可比他们养鸡、养猪或种玉米和小麦赚钱多了。于是他们就开始挖油井，然后用油泵把油抽出来，以获得这种矿物油。不过，还有一些地方根本不用挖井，油就会自己喷出来，我们称这种地方为"自喷井"。

这种从地下岩石里冒出来的油，我们叫它石油，意思是岩石里的油。一些石油加工厂的名字用"彼得"（pete）作简称，那是因为彼

石油

得的意思是岩石。

把橄榄油、大豆油混在一起，怎么才能把它们分开呢？这就要用到分流的技术了。因为不同的油有不同的沸点，加热到不同的温度就会有对应沸点的油变成气体飞出去，石油也是这么分流的，可以分出汽油、柴油等。石油是贵重的资源，很多国家还为了它打仗呢。

如果你坐火车沿着中部路线穿过艾奥瓦州，你会看到无穷无尽的玉米地，它是一个"玉米州"。接下来，你会穿过内布拉斯加州，那里的地势一直向上倾斜，越来越高，直到你到达了科罗拉多州。科罗拉多州的意思是"红色"。它在美国最高的山——落基山的脚下。科罗拉多的州府是丹佛，丹佛距芝加哥和天平洋的距离差不多。

攀登派克峰可能会出现的高原反应

这是人在低压低氧环境下产生的反应，严重了会形成高原病，并发展成肺水肿和脑水肿，威胁到人的生命。当人出现呼吸困难、心跳加速等症状时，可以多食用少油脂的碳水化合物，因为这类食物的氧化作用需要的氧气较少。

如果你愿意的话，可以从离丹佛不远的地方出发，爬落基山，然后登上落基山的顶峰。当然你要有一颗好心脏。第一个尝试登落基山峰顶的人叫派克，但是他没有坚持到底。尽管如此，这座山峰依旧被人们命名为"派克峰"。当我还在上学的时候，经常练一个绕口令"派克峰（Speak Pike），派克峰（Speak Pike），派克峰（Speak Pike）"，一遍又一遍，说得越快越好，尽量不把它念成"派克的峰（Pike's Peak）"，但事实上，我们念不好，你也念不好！派克没有登上顶峰，但是现在每年都有上千人爬上峰顶，他们像是为了向人们展现"绝技"，看一下自己用几个小时可以登到顶峰。派克峰实在太高了，以至于夏天也会像冬天一样被白雪覆盖。地势越高，空气也就越稀薄，因此很多人在峰顶都会出现呼吸困难的症状。他们不能站立，只能坐下来，就像刚跑完步或是像跃出水面的鱼一样，大口大口地喘气。此时，他们的心脏越跳越快，耳朵都能听到心跳的声音，有的甚至会晕过去。现在有一条公路和一条铁路都能通到山顶，如果不想爬山的话，你就可以通过坐车登上派克峰了。然而，这条铁轨非常险峻，如果用一般的铁轨的话火车就会像雪橇一样滑落，所以一种小的齿轮被安置在铁轨中，这样火车的车轮就能卡到这个齿轮里，也就不会滑出去或是掉下山去，而是会沿着齿轮轨道上下。

有一条铁路可以通到山顶

第14章

仙境

Wonderland

《爱丽丝梦游仙境》是个童话故事，但在美国西部真的有个仙境。其中一个奇景是一条河，叫"科罗拉多河"，但它不是在科罗拉多州，而是在亚利桑那州。

这条河流入世界上最深的河谷的底部，这条河谷有一英里深，被西班牙裔居民叫作峡谷。如果你站在**科罗拉多大峡谷**的边上往下看，1英里的地方的水流宛如一条细线，科罗拉多河奔流在峡谷的底部，由河水长年累月地冲刷形成了科罗拉多大峡谷。如果我们下到1英里外的下部，从峡谷里看这个世界，世界会是什么样的

《爱丽丝梦游仙境》

　　《爱丽丝梦游仙境》是英国童话作家路易斯·卡洛尔创作的儿童小说，这部小说讲述了一个叫作爱丽丝的小女孩掉进兔子洞，在仙境中经历了一系列奇妙的冒险。

呢？我问过我的导游，这峡谷两端大概距离多远。

科罗拉多大峡谷

科罗拉多大峡谷是科罗拉多河的杰作，美国国家公园建造了一座玻璃观景桥，让游客在惊险刺激的体验下，见证自然的杰作和人类的智慧。

"哦，"我的导游答道，"大概有十到十二个叫喊声那么远。"这对我来说是个新鲜的距离，因为我并不知道一个叫喊声有多远。我的数学常识告诉我，12英尺是一步长，三步1码，但没人告诉我几步是一"叫喊声"。你能从峡谷的另一端看到高1英里的岩壁。它不是像普通建筑物那样有着普通的灰色，它更像是上帝的墙，由层层岩石堆砌而成，在阳光的照耀下，每一层岩石都会呈现不同的颜色，黄色、红色、绿色、橘色、紫色的光影。所有的这些岩石都曾经在深海底部，它们都曾是石灰岩和砂岩。岩石中的矿物质，在水的作用下，会呈现不同的颜色，如果岩石中含有铁，遇到水后，就会变成铁锈的颜色；如果岩石中含有铜，遇到水后，就会变成绿色。

我曾经买过一支纪念铅笔。在笔的顶端有个小孔，当你用一只眼看小孔里面的时候，你会看到科罗拉大峡谷的全景图。这太不可思议了，但是它确实是那样的，伸手量量它的尺寸，一英里又一英里，那全景图竟然都放在了一支小小的铅笔里。

科罗拉多河的支流，流入了一些小峡谷，在峡谷的崖壁上有一些房子，这是人

这河谷有 1 英里深

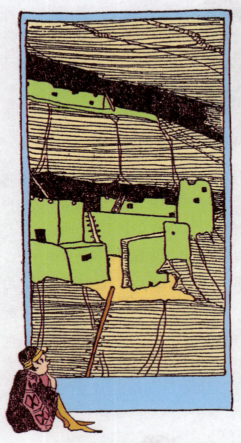

在峡谷的崖壁上，还有房子

们在岩石上挖的洞。很久很久以前的人们，我们叫"悬崖居民"，建造这样的家，是因为这些洞能够躲避敌人的攻击，非常安全。

如果做一个大的跳跃，从科罗拉多大峡谷的北面跳过去就是犹他州，那里有个壮观的湖，这个大湖与五大湖不同。五大湖的水是淡水，而这个大湖中的水是咸的，所以它被叫作"大盐湖"，实际上它是一个小的海洋。因为它和海洋一样，小河会流入大盐湖，但却没有河水流出。

是什么让它很咸？

因为它含有同海水一样使水咸的东西。

那是什么让海水很咸？

是盐分。地面含有盐分，流经地面的河水会带走这些盐分最终注入海洋。如果你曾经尝过泥土你就会知道。但是我不确定你尝过，除非你跌倒了，嘴里或嘴唇上沾了土。当河水流经这些含有盐分的土地时，盐分也随之流走，最后进入大海。它们每次只带走少量的含盐的土，你根本尝不出来，但是河水长年累月地这么流淌着，每次都带走咸味的土，日积月累，盐就被大量带到了海中和大盐湖中，海水和大盐湖水只会不断注入而不会流出，水分蒸发进入空气盐分却被留了下来，所以海水或者大盐湖水会变得越来越咸。

大盐湖正变得越来越咸，它的含盐量已经高过海水了。由于盐水的密度更大，所以浮力也比淡水大，甚至能让人或任何东西在里面浮起来。湖水含盐量越高，人越容易漂浮起来。所以在大盐湖你不用担心不会游泳，你只需要站在水里或坐在水里或是躺在水里就可以。就像你坐在沙发上一样，你可以坐在水里读报纸或吃午餐，但是你要注意别把水溅到眼睛里，如果你的皮肤上或手上有小伤口，盐水会让你感到很疼。总有一天，海水会变得跟大盐湖水一样咸，因为海水正在以很慢的速度渐渐变咸。到那时候，就算翻船了人们也不会遇难，因为他们会像木塞一样漂浮在海面上。

黄石公园

　　科罗拉多大峡谷北面不远的地方，也就是怀俄明州的一角有一个地方，在地图上看起来就像是一个"州中之州"，被叫作**黄石公园**。那里有很多奇妙的景观。有奇形怪状、滑稽好玩的东西，也有美丽迷人的东西，美国政府认为人们肯定会来参观，所以在这个州的一角建成了这个公园。这里的马路平坦宽敞，宾馆整洁舒适，非常适合人们来旅游。这里不允许狩猎，野生动物和鸟类可以自由出入，不用担心被猎杀。黄石公园里有熊，但因为禁止狩猎或射杀，这些熊变得很温顺，人们甚至可以到很近的地方给它们拍照。

　　这个地区常年高温，即使地下也很热。如果有人想请我喝一杯泉水，我期待的是一杯清凉可口的水，但如果让我喝的是黄石公园里的水，那可能会烫伤我的喉咙，因为黄石公园地下有大量的熔岩，就像火上放着盆子一样，它们能把里面的水加热。

　　黄石公园有一个叫作"黄石湖"的大湖。你站在湖边上钓一条鱼，不用把鱼从钩子上摘下来，直接把它放到旁边的滚烫的泉水中就能煮熟了。有些地方的水，由于地下蒸汽的作用，隔一段时间会喷出来一次，这种泉水被叫作"间歇泉"，这些喷泉中有的非常美丽，有的非常壮观。其中有一个叫"**老忠实泉**"，它每隔一小时左右喷发一次，十分有规律。喷发时，就像一个巨大的水龙头向空中喷出漂亮的水花一样。自从被发现以来，它就这样日复一日准时出现，从未停止，比人类还要老实信守承诺，所以被称为"老忠实泉"。

喷发中的老忠实泉

第15章

拥有许多"之最"的西部

The 'Est, 'Est, West

　　有一个地方，那里的一切事物都是最好的、最大的、最优的、最高的、最可爱的——所以，他们常说那里拥有最香甜的橘子、最大的西梅、最可口的葡萄、最挺拔的树木、最巍峨的山脉，还有最舒服的天气——那么，这个地方是传说中的天堂吗？当然不是天堂。那个地方就是拥有许多"之最"称号的美国西部。

　　加利福尼亚州得名于一个古老的童话中的小岛的名字，不过，加利福尼亚确实是一个充满童话的地方。人们在加利福尼亚的小河里淘到了金子，这听起来就像是一个童话，很难相信吧？但这的确是一个真实的故事。对于居住在东部地区的人们来说，许多关于加利福尼亚的故事，现在听起来依旧像听童话一样。令人难以置信的是，加利福尼亚的树木如此之高——高耸入天；如此之大——人们需要在粗大的树干上挖掘隧道，汽车才可以从中穿过；

加利福尼亚

如此之老——在耶稣出生前，这些树木就已经存在了！这是真的，加利福尼亚确实有这样的树木，这些树木被称为大红杉。这些树木是地球历史变化的见证者，如果它们可以像童话故事里一样，开口对我们说话，那将是多么美好！这样的话，我们一定能听到很多很多故事呢！

这里除了死亡之谷之外还有一个硅谷，死亡之谷会让很多生物死掉，但硅谷不是因为遍地是硅而得名。硅谷是个科技中心，早先它是研究、生产硅半导体的中心，如今它是电子业和计算机业的摇篮。

让我们认真数一下在加利福尼亚有多少个"之最"吧！

加利福尼亚是美国最长的州。若是把加利福尼亚州拿起来，再将它置于太平洋海岸，整个加利福尼亚州将从最南端的佛罗里达州延伸到最北端的纽约。这是第一个"之最"。

美国最高的山脉——**惠特尼山**就位于加利福尼亚。这是第二个"之最"。

美国海拔最低的地区也在加利福尼亚境内。它是一个山谷，这个山谷低于海平面 200 多英尺。山谷的底部又干又热——也就是山谷的最低点——因

惠特尼山

此，除了角蟾和蜥蜴之外，任何动植物都不能在这里生存。这种干热的环境是角蟾和蜥蜴最为喜爱的——越是炎热，它们生长的速度越快。还有些人说即使是在火中，角蟾和蜥蜴也能生存下去——但那只存在于童话故事中。人们将这个地势最低、最炎热的山谷称为死亡谷。人们通常对这个山谷敬而远之，去过的只是一少部分前去那里淘金的人，但是最后他们也因迷路没有走出来；还有一些人是为了去死亡谷的对面，不过，他们还没有走出山谷，就已经被热死或是渴死了。这就是我们称它为"死亡谷"的原因。刚讲到的这些就是加利福尼亚的"三个"之最——最长、最高、最低的地方。

除了死亡谷，加利福尼亚还有一个非常美丽的山谷，名叫**优山美地**，这

优山美地

优山美地除了美丽的山谷和瀑布，还有奇异的山丘和高大的树木。著名的半圆丘在阳光的照耀下，不同的时候显示出不同的颜色；高大的世界椰树的树皮还有很好的抗火性；人们挖的树洞还能让车马通过。当然挖洞的做法非常不对，如今人们已经把它们保护起来了。

个山谷幽静深远，许多江河的溪流从高处流进这个幽谷。其中一个瀑布还未落地就化为了水雾，好像一幅巨大的新娘的面纱，因此，这个瀑布被称为"新娘面纱瀑布"。优山美地瀑布众多，其中有六条瀑布比尼亚加拉瀑布还要高。两处瀑布从山顶到谷底的落差为 0.25 英里，是美国最高的瀑布。优山美地拥有最美丽的山谷、美国最高的瀑布。加利福尼亚又增加了两个"之最"。

除了以上提到的这些"之最"以外，加利福尼亚还出产最香甜的橘子、最酸爽的柠檬、最大的美国柚子。也有人说，最初这些水果不是产于加利福

尼亚的，它们只是来到了加利福尼亚。在白人来美国定居之后，美国才开始种植橘子和柠檬。第一个登上加利福尼亚土地的白种人来自太平洋彼岸的一个国家——西班牙。西班牙是盛产橘子和柠檬的大国。西班牙人将橘子和柠檬的植株从西班牙带到了美国加利福尼亚和佛罗里达，在这些地方开始种植橘子树和柠檬树。

　　来美国定居的西班牙人的房屋建造风格与西班牙国内也十分类似，白墙红瓦，并将院子建在房屋中间。他们仿照西班牙名给这些城市命名——洛杉矶，在西班牙语中是"天使之城"的意思。他们还按照许多圣人的名字给城市取名，如：**圣弗朗西斯科（旧金山）**就是以圣弗朗西斯命名的；圣巴巴拉

圣弗朗西斯科(旧金山)

是以圣巴巴拉命名。来美国定居的这些西班牙人大多数都是牧师，所以他们在这片土地上各处都修建立了教堂。

　　现在，"天使之城"是太平洋沿岸最大的城市。世界上最大的电影制作基地（又一个最大的地方）好莱坞就紧挨着它而建。我们都知道一年之中有365天，但是听说好莱坞一年阳光普照的日子有400天（*这是一种夸张的说法，形容好莱坞的晴天非常多。——译者注*）——这简直就是一个童话中才有的地方！天气好的时候，大部分时间都是在拍电影；好天气只是好莱坞适合拍电影的原因之一，另外一个原因就是在好莱坞附近有很多不同的自然景观。如果他们想拍摄航海或者沉船的镜头，那么附近就是海。如果他们想拍摄沙漠的镜头，并且沙漠里要有骆驼和阿拉伯人，那么在附近的海岸上就可以拍摄了。如果他们想拍热带国家的风景，这里就生长着棕榈树和美丽的鲜花。

如果他们想拍摄冬天的景色，只需要去附近的山上就可以拍摄了，那里常年都是白雪皑皑，为冰层所覆盖。

圣弗朗西斯科（旧金山）位于洛杉矶的北海岸，大小和洛杉矶差不多，它本来可能会更大一点，可惜在很多年前，一场可怕的**地震**摧毁了这座城市。虽然地震仅持续了

好莱坞是世界上最大的电影制作基地

地震

20 世纪，圣弗朗西斯科（旧金山）总共经历过两次大地震。第一次发生于 1906 年 4 月 18 日，震级为 7.8 级，死亡人数在 3 000 人以上，波及加利福尼亚州的其他地区，以及俄勒冈州和内华达州。也就是在这次地震中引发了大火，对旧金山造成了严重的破坏。

另外一次，发生于 1989 年 10 月 17 日，震级为 6.9 级，死亡人数在 270 人以上，波及旧金山到萨克拉门托的大部分地区。

几分钟，但是就在那几分钟里，这座城市塌陷了。地面裂开，所有的建筑物都倒塌了，就好像孩子们玩的积木房子一样，成千上万的人们在地震中遇难。但是最糟糕的就是地震打翻了火炉和油灯，城市在大火中几乎化为废墟。那时的人们都丧失希望吗？根本没有。他们将保险赔偿金筹集起来重建了这座城市。

圣弗朗西斯科（旧金山）拥有世界上最优良的海港。这个海港是一个很长的海湾——长度有 50 英里。来自太平洋的船只通过金门在这里靠岸。由于旧金山是建在许多的小山上，所以山路非常陡峭，汽车难行驾驶。不过在这里修建的房屋视野非常好，大海、海湾、金门都能尽收眼底。**金门大桥**是

金门大桥

一个很大的悬索桥，它比布鲁克林大桥还要大很多。

　　各个国家的船只在**旧金山的港口**往返穿梭，有些船只跨过太平洋抵达对面的国家，如中国和日本。从前有许多中国人来到美国并在旧金山定居。旧金山有一个城市叫唐人街，在那里有中国式风格的房屋、商店和剧院。许多日本人也从日本来到美国，在此定居后他们买了很多农场种植水果和蔬菜。

旧金山的港口

第16章

拥有许多"之最"的西部（续）
The 'Est, 'Est, West(continued)

有一个谜语，什么东西没有腿，但是能跳得和华盛顿纪念碑一样高呢？猜一猜，一会儿我会告诉你答案。

什么可以跳到华盛顿纪念碑那么高？

在俄勒冈州和华盛顿之间有一条河，这条河是以哥伦布的名字命名的，叫作哥伦比亚河。在这条河里有一种很大的鱼叫作鲑鱼。鲑鱼一般生活在海里面，比较适宜咸水环境，但是当鲑鱼妈妈产卵的时候，为了寻找一个安静的地方产卵，它们就会顺着瀑布从很高的地方，跳到这条哥伦比亚河里。那么，它们如何才能到瀑布上呢？它们是跳到瀑布上的。你可能会很好奇鲑鱼没有腿到底是怎么跳的，这的确很罕见，但是它们确实能跳，也跳过。鲑鱼把它们的尾巴弯曲成一种弹簧状，然后再向上轻跳，就跳到瀑布上了。鲑鱼可以跳到和华盛顿纪念碑一样高。

"这些瀑布都和华盛顿纪念碑一样高吗？"

　　"不是的，这些瀑布都是很低的。"

　　"但是你为何说鲑鱼能跳到华盛顿纪念碑的高度呢？"

　　"鲑鱼确实不能跳那么高，但是华盛顿纪念碑根本不会跳啊。"哈哈，这只是一个脑筋急转弯。

　　成千上万的鲑鱼聚集在一起形成鱼群，当这些鱼群游到了哥伦比亚河里的时候，渔民们就会用渔网捕捞鲑鱼，但是渔民会留下大部分鲑鱼，这样这些鲑鱼妈妈就可以在这条河里产卵，生下更多的小鲑鱼了，然后小鲑鱼再从河中游向大海里，它们在大海里生活成长，直到这些小鲑鱼妈妈也可以产卵的时候，它们又分别顺着瀑布游到河里，其中有一些被渔民捕捞走了，还有一些被留下来哺育小鲑鱼。鲑鱼肉是粉色的，这种颜色被我们称为鲑肉色。鲑鱼肉能够被制成罐头。你平常吃的鲑鱼罐头很可能就是用哥伦比亚河里的鲑鱼制造的。

　　苹果是世界上最古老的水果，也就是在伊甸园中夏娃给亚当吃的苹果，由此可知苹果出现在人类诞生之前。但是人们相信产自华盛顿的苹果，要比当初夏娃给亚当的苹果美味得多。华盛顿特区的人们为了购买 3 000 英里外的华盛顿州的苹果，要横穿整个国家，是什么支撑他们这样做呢？是为了可以买到比普通苹果更好的苹果。这些苹果被称作"司谷卡"（skookum），这是一句印第安语，意思是"极好的"，西北部的

华盛顿州的苹果非常好

苹果

　　美国除了好吃的苹果，还有好玩的苹果。苹果公司是一家生产笔记本、手机等电子产品的科技公司，它的创始人是史蒂夫·乔布斯。这一品牌灵感来源于另一个著名的苹果，那就是砸到牛顿的苹果，牛顿为此发现了万有引力，而乔布斯创造了智能产品。

印第安人形容女孩或者苹果非常好时，就用这个词。

在华盛顿和俄勒冈州有许多茂密的森林。这些森林的树木被砍伐后，制成建造房子用的木材，以及我们写字用的纸张。那我怎么知道我用的纸就是来自俄勒冈州的呢？那是因为我可以拿着一张纸对着光照，然后在这张白纸上会看到印有"俄勒冈州"的水印。

在美国的西北角有一片区域，它原来不属于美国，但现在却是美国的一个州了。这个地方被叫作"准州"，也就是**阿拉斯加**。北美洲最高的山脉就位于阿拉斯加，它叫作麦金利山。阿拉斯加的气候十分寒冷，距离美国中心非常远，并且很难到达那里，然而美国耗费了数百万美元将阿拉斯加买了下来，买它并不是因为这里有最高挺的山脉，而是因为这里盛产鱼类和动物皮

奇特的阿拉斯加

　　阿拉斯加是美国一个比较奇特的州，它不和美国的任何一个州相连。阿拉斯加本来是俄罗斯的殖民地，当时俄国和英法发生了克里米亚战争，为了防止殖民地被英国夺走，俄国把这块土地以每平方米 4.74 美元的价格卖给了美国，虽然当时决定购买土地的国务卿遭到了美国人的埋怨，但后来他们幸运地发现这里盛产金子，因此得了天大的好处。

毛，后来人们还在这里淘到了金子。

金子是一个有魔力的东西。1849 年，当淘金者听说在阿拉斯加可以淘到金子的时候，成千上万的人立刻放下手中的一切活计，拿着铁锹就去那里挖金子了。他们挖到金子后，用筛子从水里过滤出来，希望在新年之前可以赚一笔财富。很多愚蠢的人没有带任何食物就来到阿拉斯加了，他们似乎不知道可以找到金子的地方没有食物，也没有可以买到食物的商店。有些比较明智的人，走的时候都随身带着食物罐头，当愚蠢的淘金者挖到金子后，这些明智的人就用他们的食物交换愚蠢的淘金者挖到的金子。一瓶豆子罐头的要价比平常贵几百倍，但是那些愚蠢的淘金者由于太饿，不得不买他们的食物。因为挖到的金子不能吃，他们要是再不吃东西，就只能饿死在那里了。所以这些明智的人回来的时候带的是愚蠢的淘金者挖的金子，而那些愚蠢的淘金者能回到家就已经很幸运了。

阿拉斯加的某些地方盛产鱼类，那里的鱼可以被捕捞上来充当食物，印第安人就生活在这里的小村庄中。在每个小村庄的中心，都竖着一根长长的柱子，柱子上刻画着不同形式的鸟类或动物图案，并喷涂着颜色，这些动物的脸都又大又丑，样子很滑稽，这种柱子就是图腾柱。每个部落或家族都用某种鸟或动物作为吉祥物，比如鹰或者熊，就像你可能称你的俱乐部为"狮子俱乐部"或是"猫头鹰俱乐部"，图腾柱就是某个部落的象征。

图腾柱

你可能会在夜晚突然看到北部的天空上挂着美丽的光束，那种光束就好像火焰一样，从地面直射到夜空。你可能和我一样，第一次在小时候看到这种情景时，还以为是世界末日到来了呢，整个世界好像被掩埋在火光里，即将爆炸了。这种壮美的景观被称为"北极光"，这种景观在阿拉斯加经常会见到。有时候，在遥远的南部一生也仅能见到一两次。对于没有见过或者听说过北极光的人来说，第一次见到这种景象可能会非常害怕，但是北极光跟天空中美丽的落日和彩虹一样，对人们是没有伤害的。

北极光是怎么来的呢？这是一个很难回答的问题。它的形成可能与电和太阳黑子有关，你曾听说过太阳黑子吗？就是有一个黑点出现在太阳里，并在太阳表面慢慢移动。我们看不到太阳黑子是因为太阳光线太强了，因而不能直视太阳。人们通过有暗色镜片的特殊望远镜来观测太阳黑子的活动，暗色的镜片可以保护人的眼睛，这样他们就可以看到这些黑点，并用特殊照相机拍成照片。太阳黑子出现之后，通常就会出现极光景观。

这些就是我所知道的，也许它并不全面，无法回答我们对北极光所有的疑问。一个小女孩曾经问我："我们的想法是什么做成的呢？"这就像北极光的问题一样，也是一个难以回答的问题。

第17章

隔壁的邻居问题多
Next-Door Neighbors

俗话说"篱笆需要筑得牢，邻居需要处得好"，但是是否能够睦邻友好，这也取决于是什么样的邻居。在美国的北部有一个比美国国土面积更大的国家加拿大。加拿大与美国的交界范围从大西洋一直延伸到太平洋沿岸，如果有一个篱笆的话，这条篱笆长度应为 3 000 英里长，但是实际上不可能存在这样的篱笆——除了一条虚构的边界线什么都没有。虚构的边界线就是画在地图上的线而非真在地上画的。这两个国家在虚构的边界线处竖立了一块石碑，并在石碑上写着"加拿大和美国双方一致同意永不交战"，这是一个"君子协定"，这个石头被称为和平石。

小孩们经常说"谁捡到的东西就归谁所有"。最初是法国人发现了加拿大，但是英国人认为英国更有权得到它，所以英国开始同法国作战，并将加拿大从法国人手中夺了回来。这是发生在很久以前的事情了，但是现在许多法国人仍然生活在加拿大，并且在魁北克这个城市中，说法语的人远比说英语的人多。

我曾经有一条**纽芬兰犬**，纽芬兰犬被毛厚实、体型庞大，一顿能吃一个成人的饭量。纽芬兰犬来自大西洋沿岸的加拿大纽芬兰岛，一个英国人在纽芬兰发现了它，因此给它起名为纽芬兰犬，现在纽芬兰属于加拿大的一部分。

纽芬兰犬

纽芬兰犬厚直的皮毛有防水效果，它游泳的本领是天生的，因此是很好的水中救援犬。冷静、忠诚、聪明的特性，让纽芬兰犬成为人类理想的保姆犬。其体型过于巨大，容易造成误伤，所以有些城市禁止饲养纽芬兰犬。

就在纽芬兰的沿岸有一片很浅的海域，叫作"大浅滩"。"大浅滩"处于水下，是捕鱼的理想场所，但是人们去那里捕鱼并不是为了消遣，而是为了做生意。成千上万的小船在这里往返穿梭，直到小船被捕捞的鱼塞得满满的，他们才会离开。"大浅滩"上经常起水雾，因此前面的路很难被看清楚。有时还会有大型汽船跨越大西洋来到这里，船上的人还没看到小船，就已经被水雾挡住了视线，一不留意就会撞翻小船，使小船和人一起沉入海底。

加拿大国土面积很大，但是人口数量稀少。在整个加拿大居住的人口还不到纽约人口数量的两倍。大多在加拿大生活的人都尽可能到靠近美国边界的地方居住，因为在冬天，越往北走就会越寒冷。靠近美国边界的加拿大人和美国人有着相似的生活习惯，他们还种植同样的农作物。比如，除了美国之外，加拿大种植的小麦数量比世界上任何国家都多。

加拿大太平洋铁路公司是加拿大最大的铁路公司，加拿大的铁路布满整个国家，从太平洋一直到加拿大沿岸的温哥华。但是即便到了海上，交通仍然畅通，大型的汽船可以跨过大西洋和太平洋，在海上进行运输。在这条铁路沿线，加拿大太平洋公司还拥有很多酒店。有一段铁路沿线景色非常优美，你可以欣赏铁路沿线美丽的山脉和湖泊。位于落基山脉的路易斯湖泊，由于风景优美，成为很多人的度假胜地或是蜜月旅行目的地。

几乎没有一位女士喜欢野生动物，比如狐狸或者野狼，但是一旦它们死后，女士们就非常喜欢它们的皮毛，并不惜高价竞相购买。在加拿大有一个几乎和墨西哥海湾一样大的海湾，它就是哈得孙湾。哈得孙湾是以发现这个海湾的人的名字命名的，他和发现哈得孙河的人是同一个人，但是哈得孙湾和哈得孙河没有任何联系。哈得孙湾在整个冬季都是冰封的，它的周围也非常寒冷，以至于没有人在那里居住。除非一些人不得不去那里，人们去那里的主要原因就是打猎。在那么寒冷的国度，动物们不能像我们一样可以购买外套，它们只能靠自身厚厚的皮毛来抵御严寒，皮毛也是它们最好的外套。猎人们诱捕一些野狼、狐狸等动物，把它们打死并剥掉它们的皮，然后再卖给那些愿意出高价购买的女士。这些捕杀动物并倒卖皮草的人都是来自哈得孙湾公司。

　　美国有很多州，加拿大也有不同的省，但是在加拿大就仅有十个省份。最主要的一个省就是安大略省，得名于安大略湖。然而，除了密歇根湖之外，安大略湖还与其他所有的大湖相毗邻。加拿大的首都温哥华，就位于安大略省。加拿大曾属于英联邦国家，英国会派遣一位总督横跨大洋到加拿大，参与管理国家事务。

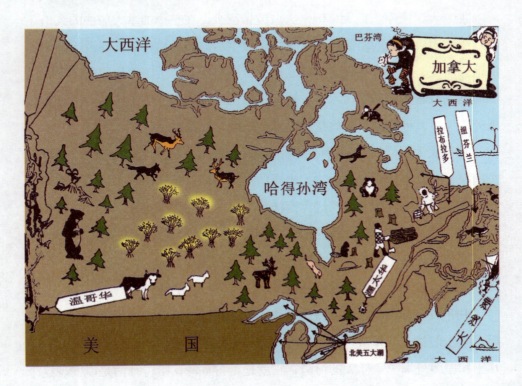

加拿大越是往北天气就变得越冷，最北端的天气由于太过寒冷，一般的树木都不能在那里生长，只有一些比较特殊的树木，比如云杉和松树，才能在遥远的北方生长，这些树常年不落叶，四季常青，因此被称为"常青树"。

常青树的木材质地柔软，可以用来造纸。像橡树和枫树等树木，在遥远的加拿大北部就不能生长，因为那里冬天非常寒冷，到了冬天它们的叶子就会掉光了。橡树和枫树的木材质地一般都比较坚硬。这种硬质的木材通常主要用来制造家具，但是常青树的木材质地柔软，一般是被磨碎了制造**纸张**。

书籍和报纸的纸都是用这些木材造成的。一个大城市每天发行的报纸，就能用光几英亩的树木。仅仅一个城市的街区，每一天，每一种报纸的发行

纸张

世界各地区各民族的先辈们都曾进行过纸的发明创造，比如埃及的莎草纸、墨西哥的阿玛特纸和中国的丝絮纸，以及帕珈马人的羊皮纸等。然而那时候的纸各有缺点，比如埃及的莎草纸使用植物嫩茎编织而成，只适合在干燥少雨的地方使用。中国汉朝的蔡伦在先人的基础上对纸进行改进，采用树皮、麻头等原料造纸，节约了成本，简化了工序，使得中国造纸术在世界内广泛流传。

量，就能用掉比这个街区面积还要大的树木面积。这下你应该知道，在加拿大砍伐树木的速度有多快，才可以满足美国新闻报道的需求了吧。日复一日，一英里又一英里的树木被砍伐光了，它们被磨成浆，制成纸，然后再被运到我们手中，如此我们便能见到各式各样的报纸。就像人们吃小麦，动物吃玉米一样，印刷机必须靠吃树木作为它们的每日一餐，年复一年，始终不停。

我曾在第一节地理课上学的是关于爱斯基摩人的知识，爱斯基摩人居住

在用冰雪建造的房子里，在冰洞里钓鱼。加拿大东北角的拉布拉多地区就是爱斯基摩人其中的一个居住地。爱斯基摩人与印第安人有血缘关系，而且他们都与中国人存在很远的血缘关系，以后我再给你慢慢地讲更多的故事。

日复一日，一英里又一英里的树木被砍伐光了

第**18**章

战神之国
The War-God's Country

汤米·丁克正在桌边吃一片黄油面包，他小心翼翼地轻咬着的边缘部分，并且看着他咬过的地方若有所思。

"你到底在干什么？"他的父亲问。

"我把面包咬成一张北美洲的地图。"汤米回答。然后他小心翼翼地把手中的面包放到桌布上。"这个角落是阿拉斯加，这个角落是拉布拉多，佛罗里达州在这个角落，还有佛罗里达对面就是尤卡坦州。"然后他把一小块面包搓成条状，放在另一个角上，说，"还有这里就是加利福尼亚。"

"吃饭的时候不可以玩食物，"他父亲说，"如果你能告诉我加利福尼亚的海湾在哪里，我就不阻止你了。"

"不在加利福尼亚，"汤米说，"您考不倒我的！加利福尼亚海湾和加利福尼亚——这两个地方都位于墨西哥。"

墨西哥

　　曾有许多神秘而古老的文明诞生在墨西哥这片土地上，如公元前的奥尔梅克文明、提奥提华坎文明，以及被人们熟知的玛雅文明等。玛雅文明是最具传奇色彩也最神秘的文明，这个文明在天文、历法、艺术等方面取得了辉煌的成就，但它在其他方面却很落后，人们本来是有机会揭秘这一切的，可惜很多资料都被损毁了。

　　"对！"他的父亲回答，"我小时候，在上课的时候，老师曾问过我这个问题，因为课前没有复习，我直接告诉他就在加利福尼亚州。"

字母"G"就是墨西哥湾

　　"你的老师曾经给你看过这个吗？"汤米问。他用左手食指和拇指弯曲成字母"G"的形状。"字母'G'就是墨西哥湾，"汤米说。"佛罗里达在我的这个手指上，尤卡坦州在我的大拇指上，还有这里是墨西哥。你看到了吗？"

　　"我上学的时候，老师不会用这样的方法教我地理。"他的父亲说。

　　"你的老师现在也不知道这个方法，这是我自己想出来的。"

　　也许你曾听人们说某些地方就像"神的国度"。

　　好吧，被称为"神的国度"的这个国家就在美国南部，但它是"战神的国度"。这个国家就是墨西哥，印第安人是以战神"墨西卡利"的名字命名的。

　　当你从美国跨过边境走进加拿大的时候，人们很难辨认出你是另一个国家的人——因为人们的肤色、语种都相同。但是当你从美国跨过边境去了墨西哥，人们就非常确定你是来自不同的国家了——因为墨西哥人和美国人肤色、语种都不同。墨西哥过去曾属于大西洋对面的西班牙，不过现在墨西哥独立了。

　　我曾经给你讲过，在加拿大和美国的边境有一块"和平石"，自从这两个国家意见达成一致之后，就从未发动过战争。但是在墨西哥的边境没有"和平石"，并且美国和墨西哥之间的战争很频繁。我们的得克萨斯州、新墨西哥州和亚利桑那州，曾经都是属于墨西哥的领土。在得克萨斯州和墨西哥之间有一条河叫里奥格兰德河，也就是**格兰德河**，意思就是"壮丽的河流"。墨西哥气候干燥，格兰德河流经墨西哥这个气候干燥的国家的时候，一年中大部分时间都是干涸的；这个时候，人们可以从美国徒步经过格兰德河去墨西哥的某些地方。

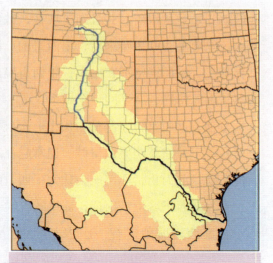

格兰德河

美国人称它为格兰德河，墨西哥人称它为北布拉沃河。格兰德河的源头在美国科罗拉多州落基山脉的圣胡安山，全程3 051千米，是北美第五长河。夏季容易因暴雨形成水灾，更改河道，留下的冲积地是美墨两国争抢的肥沃土地。

白种人第一次来到美国的时候，整个美国到处都居住着印第安人。后来白种人开始驱逐这些印第安人，一直把他们都赶到遥远的角落和一些偏僻的地方，现在美国居住着极少的印第安人，除了在马戏团或者是在5美分硬币上能看到他们的头像外，现在的小孩子们几乎从未见过印第安人。当白种人第一次来到墨西哥之后，整个国家都居住着印第安人。即使到了现在，墨西哥的印第安人仍然比白种人多。许多西班牙白种人和当地的印第安人结了婚，所以有些墨西哥人成了西班牙人，但是那里更多的是印第安人，还有越来越多的西班牙人和印第安人的混血后裔。

美国人说英语，生活习惯与英国人相同。最初来到墨西哥的人是西班牙的白种人，所以他们说西班牙语，他们的生活习惯也和西班牙人相同。

西班牙人初到墨西哥的时候，发现那里的印第安人都戴着银项链、银手镯和其他银饰品，由此他们得知墨西哥盛产银子。这些西班牙人其实是去寻找金子的，但是银子是仅次于金子的贵金属。既然在那里发现了银子，于是他们就开始开采银矿，并且到了现在，甚至此刻还在一直开采。白种人在来到这片土地上400多年之后，墨西哥的产银量仍然很大，仅次于美国，位居世界第二。银矿通常都在山里，墨西哥境内的马德雷山脉，与美国连绵不断的落基山脉相连，属于同一个山系。

　　墨西哥的首都位于马德雷山上一个碗状的山谷中，现在你都不用再记一个新名字了，它就叫墨西哥城。通常越往北走，天气就会越冷，但也不全是这样。到目前为止，你可能会认为墨西哥的南部会非常炎热，事实并不是如此。因为墨西哥城位于山顶，那里的气候一年四季都很温和。

　　在墨西哥城附近有一座古老的火山，这座老火山还有一个奇怪的名

波波卡特佩特火山

　　波波卡特佩特火山是墨西哥最活跃的火山，它和伊斯塔西瓦特尔火山及奥里萨巴山是墨西哥仅有的三座冰川山峰。但随着火山活动的加剧，2001年，这座火山的冰川特征消失了。

字——**波波卡特佩特火山**。听起来好像是波波卡茶壶。你可能很好奇为什么会给它起一个这么难记的名字，人们是根据印第安语给它命名的，波波卡特佩特意思就是"冒烟的山脉"。一般我们认为波波卡特佩山以南会很暖和，但是由于这座山很高，山顶常年冰雪覆盖。波波卡特佩山是一座休眠火山，不会喷发，但是它一直喷吐着像云层一样浓浓的硫黄烟，并且山口堆积了很多硫黄。印第安人通常从波波卡特佩山的侧面爬上去，然后再爬到山口里面去收集硫黄。硫黄通常用于造火柴、制药和其他东西。

　　墨西哥海湾沿岸炎热潮湿，不利于身体健康，如果不是必要，很少有人

墨西哥与中美洲

去那里居住；但是人们在当地地底下发现了一片很大的油田，并在地上建了很多油井来开采石油，这块油田沿岸附近的城市就是坦皮科。油田距离海边很近，所以有很多油船装满油之后，把石油运到美国和世界其他的地方。用油船海运要比用火车陆运便宜很多，一条油船所承载的石油比一千节火车车厢承载的还要多。

在墨西哥的地图上，像大拇指形状的地方就是尤卡坦州。在尤卡坦州生长着一种植物，它的叶子形状就像剑，叶子里有一种叫"剑麻"的纤维，看上去像很长的灰色发丝，剑麻通常被用来做麻绳和细绳。在尤卡坦州还有一种植物，它的汁水可以用来制作口香糖。

第**19**章

很近，但又很遥远
So Near and Yet So Far

　　我的墙上贴着一张地图，上面可以清楚地看到两个大大的名字，那就是北美洲和南美洲，它们听起来像一对兄妹的名字。这对兄妹既像被造物主拉到一起，又像天各一方。一小块叫中美洲的陆地把它们连接在一起，中美洲最狭窄的地方就是地图上像叶子的茎一样细长的部分——中美洲的巴拿马地峡。

　　巴拿马地峡的一面是大西洋，另一面是太平洋，两个大洋之间的距离看起来很近，但又很遥远。船只不能穿过巴拿马地峡，因此从大西洋到太平洋必须绕很长的水路，从南美洲的最顶端到最南端，绕道数千英里。但是北美洲的最北端根本没有路，因为去那里的路途中有陆地和冰川。对于一艘船来说，绕过这么远的路程太可怕了，但是不得不绕，因为船只不能从中美地峡穿过去。就好像你骑着摩托车来到了小河边，但是河上没有桥，河边立着一块牌子，上面写着"请绕行10 000英里"。我想这应该是最长的绕道了。人们都不愿意绕道而行，而是试图寻找一条近路。有人建议通过地峡把船运到另一面的大海上去。他们说："首先找一个巨大的起重机，把船从这边海里吊起来，然后再用另一个巨大的起重机把它放到另一边的海里。但这还不如在地峡挖一条运河简单，这样船只就可以直接驶进另一面的大海里了。不过，这在地图上看起来很容易——只要用剪刀剪一下，或者用小刀刻一下就行了，但实际上这条狭长的地峡横跨 30 多英里，并且一路上还要经过很多山脉，开凿起来十分困难。

中美洲发生过很多次地震，当时有人想，如果地震能破坏掉巴拿马地峡，分开北美洲和南美洲就方便了。但是地震不会做这么有益的事情——地震破坏的都是大家不希望被破坏的地方。

为什么船只一定要从这一面的大洋去另一面的大洋呢？为什么这一面大洋的船只不只在这一面航行，另一面大洋的船只也不只在另一面航行呢？你想一想：你妈妈要去市中心的商店买穿的衣服、吃的东西和房子里的家具。船只也要去世界各地的商店采购——然后运回来——再卖到全世界。大西洋沿岸国家的人派船只去环太平洋的国家，采购茶叶、餐具和丝绸制品；太平洋沿岸的国家派船只去环大西洋的国家，采购他们需要的本国没有的东西。这就是船只必须在两个大洋之间往返穿梭的原因之一。如果有一条近路，它们绝对不愿意绕行 10 000 英里的偏远路程。最终，位于大洋彼岸的一家法国公司决定在这里开凿一条运河——因为他们曾开凿过一条很长的运河——于是他们开始开凿这条横跨中美地峡的运河。

巴拿马地峡过去曾是最不利于人们居住的地方，但居住在那里的印第安人和黑人似乎并不在意。随着白种人陆续去那里定居，这个地方变得不像以前那样安宁了。来到这里的白种人，每三个人中就有一个死于发烧。这家法国公司在巴拿马地峡开凿了几年大运河，其间死了很多人，他们花了很多钱，但开凿运河的进程却很慢。最后，这家法国公司放弃了在那里挖运河的计划。

后来美国人在巴拿马这个小国租了一小块永久性的土地，这块土地大概有 10 英里宽，像一条带子横跨这个地峡，这块像带子的地方叫作运河区。但在开凿运河之前，美国人说："我们必须使运河区有一个健康的、适宜居住的环境，这样白种人才能在那里工作，不会一被派遣到那里就得病而死。"所以美国派了一位著名的医生去那里，检查运河区是否为适合白种人居住的健康区。

中美地峡运河区的蚊子

蚊子是一种具有刺吸式口器的小飞虫，虽然很小，却是世界上最危险的动物之一。雌蚊以血液为食，是登革热、疟疾、黄疸病等传染病的寄主，它传播的疾病曾造成人类大量死亡。

这位名医找到了中美地峡运河区环境不健康的根源——你猜猜是什么？——竟然是一只小**蚊子**。一般，我们被蚊子咬过后，被咬的地方只是痒痒的。但那里的蚊子完全不同。蚊子分为两种，一种是城镇的蚊子，另一种是乡下的蚊子。人被乡下的蚊子咬了之后，会很不幸地染上疟疾；但是更糟糕的是，人在被城镇里的蚊子咬过后，会患上一种很可怕的疾病——黄热病，患上这种疾病的人都脸色发黄，几乎所有的黄热病患者都死去了。所以这位医生说："我一定要找到消灭这些蚊子的方法，使那里的人们不再病死。"于是，蚊子还没有被消灭，他就回去了，这也是他消灭那里的蚊子的唯一办法。他用硫黄烟杀死了城镇里的蚊子——硫黄烟产自波波卡特佩特火山——他还用石油杀死了乡下的蚊子——石油也是产自墨西哥。然后他又清理了边界地区和其他适宜蚊子生长繁殖的地方，从源头上消灭了蚊子。他用这些方法彻底改变了运河区的环境，使运河区变成了一个健康的地方。

一直到这个时候，美国人才去那里开凿运河。他们没有像法国人那样直接开凿运河，如果在法国人当初开凿运河的地方继续开凿，将大西洋和太平洋连接到一起——意味着大量动土，甚至需要用到炸药来炸开地面，而且爆破后还需要把地面上的土运走。因此，美国开凿了一条跨过地峡顶部的陆地上的大壕沟，然后把那里的河水和湖水引入到壕沟里。他们在这条壕沟（也就是巴拿马运河）的每一端都安装了水闸，利用水闸将一面大洋的船升起来，再降到另一面大洋里。现在船只可以在两个大洋之间穿行了，但是这些船只

巴拿马运河

大部分是在淡水上航行，因为两个大洋的水都不会进入运河。北美洲和南美洲永远不会分离——它们仍然连接在一起，并且将永远连接在一起，除非造物主把它们分开。

　　巴拿马拿回巴拿马运河的管理权颇费周折。当初，美国修造了巴拿马运河，也拿走了它的管理权，这让巴拿马伤透了心，但是因为有美国军队在巴拿马运河驻守，所以战争没有波及到巴拿马，这又为巴拿马带来了和平。因此，巴拿马对美国可以说是又爱又恨。后来在联合国的调解下，美国归还了巴拿马运河的管理权。

第20章

海盗领域
Pirate Seas

　　曾经，在一辆驶离巴尔的摩的火车上，一个人问我要去哪里。我回答说去巴尔的摩。他觉得我一定是弄错了，惊叫道："你不应该坐这趟火车，这趟车是离开巴尔的摩的。"

　　"我知道，"我回答，"我要绕道到巴尔的摩，我要绕地球一圈再回来。我要去西边的话就从东边出发。"

　　我们所在世界的另一端有一些岛屿，叫印度群岛。以前人们会从东边出发，绕很远的路去印度群岛。哥伦布觉得他可以从反方向出发，也就是朝西，一样能到印度群岛。那时，人们觉得为了去西边而从东边出发这个想法很愚蠢。但哥伦布坚信地球是圆的，所以他知道，从西方出发也同样能到印度群岛。因此，他朝着落日的方向不断地航行。最终，他确实抵达了一些岛屿，他坚信这些岛屿就是印度群岛，所以他给它们命名"西印度群岛"。虽然现在我们每个人都清楚，但当时他却不知道，他航行了距印度群岛一半都不到的距离。他也不知道，即使他航行得再远也到不了，因为中间有中美洲挡着。

　　生活在这些岛上的人都是红皮肤，满脸涂着油彩，羽毛被插在头发之中，哥伦布称他们为"印第安人"。而其他人则称他们为**"加勒比人"**，意为"英勇的"，因为这些人非常英勇，同时也因为这些海岛周围的海域被称作加勒比海——加勒比人的大海。

哥伦布当初是来探索新路线的，他确实找到了。可哥伦布之后的人沿着他航行的路线走，是为了寻找黄金和白银，他们也确实找到了。有些人在墨西哥找到了，有些人在南美洲找到了，还有些人则掠夺了印第安人已找到的黄金白银。他们的行为无异于抢劫。这些黄

Stedman T. II. Tav. IV.

FAMIGLIA INDIANA CARAIBA.

加勒比人

金和白银宝藏被发现和偷盗之后，被装上船，开始运往西班牙。

然而，许多装有金银财宝的船从未抵达西班牙。**海盗**——海上的强盗，在等着抢劫陆地上的强盗。抢劫强盗要比抢劫可怜的印第安人好玩得多。海盗们大胆邪恶，冷酷无情。他们腰上系着血红色的腰带，脖子上戴着血红色的围巾，头上围着血红色的头巾。他们的耳朵上还戴着大耳环，手腕上戴着大手镯，总之就是"武装到牙齿"，差不多就是这个意思。他们隐藏到加勒比海上的小岛

海盗的发展

　　海盗的黄金时代是1691年到1723年这30余年，这个时代结束的标志是巴沙洛缪·罗伯茨的死亡。巴沙洛缪·罗伯茨也是一位传奇的海盗船长，曾定下海盗十诫。如今海盗已发展成一种文化，《金银岛》、《小飞侠》和《海贼王》都是描述海盗的作品

后面，一看到装满了金银的船从远处驶来，便把一面黑旗从桅杆上升起来，旗上画着一个骷髅头和两根骨头交叉在下面，然后向装财宝的船驶去，并劫获船只、财宝和船员。海盗将船员变成他们的奴隶，如果他们不需要那么多奴隶就会让俘虏"走木板"——海盗在船舷上放一块木板，让俘虏蒙着眼睛从木板上走。俘虏走到木板末端就会突然踏空掉进海里，最终淹死在大海里。之后，海盗会把各自劫获的财宝装到一个巨大的铁箍箱子里，返回他们的小岛上，然后把箱子埋到沙洞里。他们在地图上将埋宝藏的地方标一个"X"，等以后想挖出来的时候随时能找到位置，而且别人也发现不了。

　　海盗在多年前就消失了，即使没消失，行驶在加勒比海上的船只也不再害怕海盗了，因为他们的船上没有海盗想要的东西。加勒比海如此蔚蓝，天气温暖和煦，星罗棋布的海岛风光旖旎，现在很多人都去那里度假，我自己也去过。

百慕大

我去加勒比海岛的时候，纽约是正值大雪纷飞的冬季。两天后我就抵达了一个叫百慕大的小岛上，那里气候宜人，阳光灿烂。复活节时百合在田野里绚丽多姿，土豆和洋葱也新鲜繁茂。这些物品都是农民种了要送往寒冷的纽约的，这样，纽约在温暖天气到来之前就能闻到芬芳的鲜花和吃到时鲜的蔬菜了。

　　百慕大是个神秘的地方，传说岛上住着魔鬼，因此有魔鬼岛之称。加之一系列来路不明的失踪之谜、失踪再现和骤然衰老的传闻，给这一地带增添了更多神秘色彩。然而这些报道没有一个是在官方媒体上发出的，大多是谣言。如今的百慕大是英国的一个旅游胜地，每年会接受来自全球的大量游客。

我坐船又往南航行了两天，这次抵达了另一座小岛，叫拿骚，这是群岛国家巴哈马的首都。在拿骚，人们从海底采摘海绵，然后运往美国供美国人使用。你相信你用的海绵在加工之前是活的吗？海绵是果冻状的生物，它的体内就是海绵。人们潜到海底，把活的海绵从它生存的岩石上摘下来，然后洗掉果冻状的部分，剩下的就是我们用的海绵了。

巴哈马群岛中有一个很小的岛屿，这个小岛就是哥伦布最先登陆的岛屿——名叫圣萨尔瓦多岛。哥伦布横跨大海，经过漫长的航行首次着陆在这个小岛上，他从小船上走下来，跪在沙滩上，感谢上帝指引他安全抵达新大陆，岛上有座纪念碑就是哥伦布下船的地点。他以他信奉的主命名这个小岛，叫"神圣的救世主"，用西班牙语说就是圣萨尔瓦多。

西印度群岛中有三个比较大的岛并排相连。加勒比海还有一个小一点的岛和许许多多非常小的岛。

西印度群岛中最大的一个岛，也是三座并排的岛中最大的岛，就是古巴。哥伦布发现，古巴的西印度群岛人的嘴里都叼着一个燃烧的火把。他们把烟吸进去，然后用一种非常奇怪的方式吐出来，就像龙一样。人们似乎很享受把燃烧的野草吸进体内，确实是野草。大洋彼岸没人见过人"吸火"这种怪事。然而，现在世界各地的人都在仿效古巴的印第安人去"吸火"。这种野草叫烟草，如今，世界上很多地方都种植烟草，然而，香烟里最优质的烟草依然产自古巴，古巴的首都哈瓦那生产的"哈瓦那"牌香烟正源源不断地被船运到世界各地。

不久以前，来自西班牙的人会搬迁到古巴，因为古巴隶属于西班牙，然而现在，古巴只属于它自己。

世界上几乎所有的蔬菜和水果中都含有糖分，所以它们是甜的。有些含的糖分多，有些含的糖分少。但有两种植物含有的糖分非常多，人们种植它们就是为了从它们的汁水中提取糖，这两种植物是甜菜和**甘蔗**。你应该知道甜菜长什么样吧？甘蔗看起来像玉米秆。人们从甘蔗里压榨出汁液，然后将

汁液熬成糖。古巴人种植的甘蔗比其他地方都多。

海地岛，三座岛里中间的那座岛屿，虽然不大，但它上面有两个小国家。这两个国家都像美国一样都是共和国，他们有由人民选出的总统、参议员和众议员。不同的是，他们的总统是有色人种，参议员和众议员也都是有色人种。如果我不告诉你原因，你可能会觉得奇怪，因为那个岛上的所有人都是有色人种。

哥伦布死后被埋葬在海地岛。多年以后，人们挖出他们认为的是哥伦布的遗骸，送回了西班牙，然后保存在一个大教堂里。然而，很多人说他们带回去的并不是哥伦布的遗骸，而是别人的，哥伦布的遗骸应该还在海地岛。

波多黎各岛，也就是西印度群岛的三连岛中的第三座岛，属于美国。波多黎各岛上也种植烟草，但是这座岛有点不同，因为岛上种植的烟草没有古巴种植的烟草优质。

牙买加位于三连岛的南部，它属于英国。我们吃的很多香蕉都产自牙买

牙买加

牙买加不仅盛产甘蔗和香蕉，还多出体育人才，其中最出名的就是"飞人"博尔特。博尔特曾在 2008 年奥运会上同时获得 100 米、200 米和 4×100 米接力的冠军，成为奥运会历史上第一个同时获得三个冠军的运动员，并打破了三个项目的世界纪录。在 2012 年的奥运会中，博尔特再次打破纪录，摘得三个项目的金牌，成功卫冕。

加。香蕉在还未成熟、发绿的时候就被摘下来了。有时，在它们被运往美国放到水果店的货架上就变黄变熟了。吃不熟的香蕉需要吃点产自牙买加的姜才能防止肚子痛。

烟草和糖，海绵和蔬菜，百合和早熟的香蕉，如果以前海盗俘获了一艘载有这些物品的货船，他们一定嗤之以鼻，厌恶至极。

甘蔗和从中提取出来的糖

第**21**章

南美洲北部
North South America

南美洲的版图看起来像一根胡萝卜，像一个陀螺，像一个漏斗，像一片树叶，像一个无花果，像一个倒置的梨，像一支划桨，像一个羊排，像一条羊腿，像一个甜筒，然而，它最像的就是它自己——南美洲。它的"叶柄"部分是巴拿马，底部像钩子一样的地方是合恩角。

从南美洲的顶端到底端，也就是从巴拿马到合恩角，有一条山脉

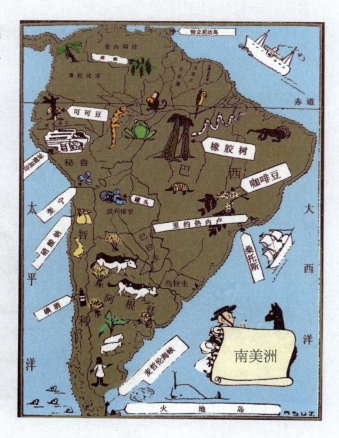

像一堵墙一样绵延贯穿了南美洲，这条山脉叫安第斯山脉。安第斯山脉是西半球海拔最高的一条山脉，也是世界上最长的山脉。

哥伦布发现了美洲大陆，但以他的名字命名的国家却只有一个。这个国家在南美洲，是最靠近巴拿马的国家，它最靠近南美洲版图的"叶柄"，在地图上，南美洲是通过这个"叶柄"挂到中美洲上的。这个国家叫哥伦比亚，这个国家名字的英文拼写跟哥伦布的名字有点不同，它用两个"o"代替了哥伦布名字的一个"o"和一个"a"。

首次登陆南美洲的北部海滨时，白人就发现在邻近哥伦比亚的一块陆地上生活着一群印第安人，他们住在建在水上的房屋里，房屋是用柱子支撑的。这让他们想起了大洋彼岸意大利的一个城市，威尼斯，那里的房子也是建在水上的，因此他们叫这个地方"小威尼斯"，这个名字用西班牙语说就是委内瑞拉。委内瑞拉的海岸边有一座奇特的小岛，叫特立尼达岛。这座岛上有一个湖——但是湖里没有水，而是有一种叫作柏油的焦油。柏油被从湖里挖出来，运到船上，然后再被运往美国铺设公路。

威尼斯

威尼斯是由众多小岛、水道、桥梁连成的城市。在哥伦布没有发现美洲大陆之前，威尼斯是欧洲最富有的贸易中心之一，因为水的阻隔，这里免受战火的波及，也因为水，威尼斯拥有便捷的交通，吸引了大量的作家、画家，他们为这座城市创造了大量的艺术品。如果要用一个形容词描绘它，那就是"优雅"。

与委内瑞拉相邻的三个小国家都叫圭亚那，它们隶属于欧洲三个不同的国家。实际上，它们是唯一位于南美洲，但却隶属南美洲之外国家的国家。第一个圭亚那属于英国，第二个属于荷兰，第三个属于法国。

英属圭亚那的远郊有一条瀑布，它是尼亚加拉瀑布的五倍高，然而由于地处偏僻，几乎没有白人见过或听说过这条瀑布。它的名字叫**凯厄图尔瀑布**。娱乐一下，你可问问你爸爸，看他知不知道凯厄图尔是什么。

如果地球中间有条线，当然事实上没有，这条线就像一个大腹便便的人的腹部，这条线就是赤道。赤道在西班牙语中叫厄瓜多尔。厄瓜多尔也是南美洲一个小国的名字，这个国家正好跨越了赤道。按理说，那里应该非常炎热，因为通常离赤道越近的地方越热。但是厄瓜多尔的多数地区都位于高耸的安第斯山脉上，由于地势很高，所以那里常年都很凉爽。厄瓜多尔的首都是基多，发音是"钥匙—脚趾"（"基多"

凯厄图尔瀑布

的英文是"Quito"，发音类似"Key-toe"，即"钥匙－脚趾"——译者注）。从基多能看到世界上最高的两座火山，它们的名字听起来有点奇怪，两个名字都是以字母"C"开头的。钦博拉索山是较高的那座火山的名字，它是一座死火山，再也不会冒烟或喷射火焰了；另外一座火山叫科托帕希火山，它稍微低一些，但它还是一座非常活跃的火山，经常往外喷发火焰。

成熟程度不同的可可豆荚

有点奇怪的是，厄瓜多尔，这个位于山上的偏远国度，生产着我们每天都吃的食物或饮料——巧克力和可可粉。它们都是由豆子制成的，这些豆子长在像瓜一样大的豆荚里。这种长豆荚的树叫作可可树，豆荚不是长在树枝上，而是长在树干上的。请注意"cocoa"（可可豆）和"**cacao**"（**可可树**）的拼写，c-o-c-o-a 源自 c-a-c-a-o 可可树，而不是源自椰子树（coconut-tree）。椰子树是产椰子的，不产可可豆，它是完全不相关的一种树。

可可的分布情况

　　原产于美洲中部和南部的可可，现如今已经广泛栽培于全球的热带地区。其中，巴西、加纳、尼日利亚、科特迪瓦、厄瓜多尔、多米尼亚和马来西亚是可可的主要生产国，美国、英国、法国、德国、俄罗斯、中国、日本是主要的消费国。

　　居住在厄瓜多尔的印第安人非常野蛮，他们野性十足，被称作"猎头者"。一个家族或部落想要他们没有的东西——或许是妻子——或仅仅因为他们想打架了，他们就会跟另外一个部落大打出手。他们在把对手杀死后，会把对手的头割下来作为战利品，就像美洲的印第安人把人杀死后，会将这个人的头皮连着头发割下来，作为纪念品或战利品。拥有最多头颅的人被视为最勇猛的战士。他们经常打斗，但不是用弓箭，而是用非常巨大的吹管，足有一人高，吹管里的弹药是浸了毒的土球或飞镖，他们可以用这种吹管杀死人和动物。这些野蛮的印第安人以捕鱼为食，他们不用鱼线、渔网等工具来捕鱼，而是在鱼群聚集的溪流里投毒，鱼被毒死后会漂在水面上。虽是毒药，但毒性并不会影响食用。

厄瓜多尔的印第安人是现在已知的最野蛮的印第安人。在厄瓜多尔以南，一个叫秘鲁的国家曾经生活着已知的最文明的印第安人。他们居住在宫殿里，而不是帐篷、棚屋或小木屋，他们非常有智慧，也很富有。他们叫"印加人"，库斯科是他们的首都。印加人拥有很多财富，当初西班牙人第一次来南美洲寻找黄金或白银时，发现库斯科的宝藏已经被开采过了，他们只要从印加人手里抢走就可以了。这对西班牙人来说很容易，因为他们手里有枪，而印加人没有这类武器，一旦打起来印加人根本不是西班牙人的对手。因此，西班牙人打赢了，他们开始随意拿走那里的金子，并且逼迫印加人在矿上为他们开采更多的金子。然而，可笑的是，很多满载财宝的西班牙船只都被海盗抢劫了。

很多留在秘鲁的西班牙人娶了印第安女子为妻，所以现在大多数秘鲁人都是西班牙人和印第安人的混血后裔。

除了古老的印加宫殿废墟，现在已经看不到库斯科以前的风貌了。秘鲁现在的首都是利马，但是利马豆并不产自那里。然而，有一种经常用来治疗发烧的药确实产自秘鲁。印第安人发现，有一种树的树皮放在水里煮开后可以当茶喝，这种茶对治疗发烧有不错的效果。白人来了以后，也发现了这种树皮利于治疗发烧。所以现在，这种树的树皮被采集下来，运往别的国家制成治疗发烧的药，这种药就是**奎宁**。

在美国，货物通常是用货运列车或卡车来运输的。然而，在安第斯山

奎宁的药用价值

奎宁又名金鸡纳霜，是金鸡纳树及同属植物的生物碱，可以治疗疟疾，而疟疾是世界上对人类危害最大的传染病之一，所以它的发现对人类来说是个福音。奎宁是有后遗症的，会引起耳鸣、恶心和呕吐等症状，而且疟原虫已经对奎宁产生抗药性，所以现在人们在用青蒿素代替它。

脉地区，货物通常是用一种叫**美洲驼**的动物驮运的。美洲驼就像没有驼峰的骆驼。

身形很小的美洲驼在安第斯山上背负着沉重的货物

你听说过一个叫西蒙·玻利瓦尔的人吗？可能没有，然而南美洲每个孩子都知道他，就像你知道乔治·华盛顿一样。其实，他经常被称为南美洲的乔治·华盛顿。

美洲驼

　　骆驼科可分为羊驼族和骆驼族，其中羊驼族又分为小羊驼属和羊驼属，它们包括小羊驼、大羊驼、羊驼和原驼，统称为美洲驼。骆驼属分单峰骆驼和双峰骆驼，其中骆驼可以在胃室里储存食物，具有极强的忍耐饥渴的能力，在沙漠的适应能力很强，因此人们亲切地称它们"沙漠之舟"。

玻利瓦尔

就像英国曾经有 13 个殖民地一样，西班牙在南美洲也有不少殖民地。这个曾经住在委内瑞拉叫西蒙·玻利瓦尔的人跟其他人一样，认为西班牙不应该那样对待他的国家。**玻利瓦尔**曾去过美国，在那里他听说了美国以前是如何成为英国的殖民地的，乔治·华盛顿又是如何领导革命反抗英国、获得独立的。于是，回到南美洲后，玻利瓦尔发动了一场革命，希望摆脱西班牙对他的国家和其他南美洲国家的殖民统治。为此他生活得非常艰苦，他一次又一次地被迫逃亡，然而一次又一次地回到南美洲。最终，他成功领导南美洲的五个国家脱离了西班牙的殖民统治。玻利瓦尔死后，他领导解放的其中一个国家，把名字从上秘鲁改成了玻利维亚。玻利维亚是世界上少有的几个不临海的国家之一，所以从海边坐船是到不了那里的。

玻利维亚锡的出产量占世界的绝大部分。锡盘和锡罐并不是用纯锡制成的，纯锡成本太高了，它们都是用铁做的，只在铁皮外面镀了一层锡。铁盘和铁罐很容易生锈，不适合装食物，而锡不生锈，所以铁盘和铁罐外面都镀了一层锡。当外面的锡层磨掉之后，铁皮就很容易生锈。这就是为什么你看到的垃圾堆里大多数锡罐都生锈了，因为上面的锡掉了。

玻利维亚和秘鲁中间有个很大的湖，它的名字很有意思，像人口吃时说的名字一样，叫"提提卡卡湖"，它是世界上面积同样大的湖中海拔最高的一个。我曾经在地下室做了一艘船，做完之后才发现太大了，无法把它从屋里搬出去，只能先拆了再搬出去，然后在外面再重新组装起来。提提卡卡湖上停着不少轮船，但是你可知道把轮船运到湖上有多不容易，这需要把船从船厂拆开，然后把一个个部件运到湖所在的山上，最后再组装起来。湖上的轮船就是这样运上去的。

第22章

橡胶和咖啡的国度
Rubber and Coffee Land

　　山川造就了河流。如果一个大陆是平的——绝对的平坦，像桌子一样平——那就不会有河流，雨水会从陆地上流走，就像水倒在桌子上一样。落到安第斯山脉的雨水流成了世界上最大的河流——不是最长的，但却是最宽的。这条河的英文名字也是以字母"A"开头的，它叫亚马孙河。在地图上，亚马孙河就像一株有很多分支的藤蔓。它非常宽阔，你站在河边都看不到对岸。亚马孙河流入海洋的河水是世界上最多的。

　　你也许会纳闷，为什么世界上所有的大江大河都一直源源不断地往海洋里流去，而海洋却不会像浴缸一样水满则溢。这是因为海洋里的水一直在蒸发，海水蒸发后变成水蒸气，水蒸气升到空中形成云，云飘在海面上空，然后被风吹到陆地上变成了雨，雨落到地面上，大部分被树木和其他植物吸收，其余的流进河里，河水又流回到海洋里。如此一直反复循环——河流，海洋；海洋，云；云，陆地；陆地，河流；河流，海洋；海洋，云，就这样一直永远循环下去。世界上的水从没消失过，在不同的地方，它的形态会各不相同，但世界上的水不会多也不会少。

　　南美洲所有的大河都流入了大西洋——之所以没有流入太平洋是因为

安第斯山脉位于太平洋沿岸，安第斯山脉左侧没有大的河流，而右侧的大河流不过去。

亚马孙河流经一个叫**巴西**的国家。巴西是南美洲最大的国家，它比整个美国都大。巴西是以那里的一种树命名的，巴西木被用来做一种彩色染料。但是这个国家叫"橡胶"或"咖啡"应该更恰当，因为那里的橡胶树和咖啡树要比巴西木多得多。

巴西——足球王国

巴西是地球上面积和人口都排名第五的国家。虽然巴西有很多特色，但给人们留下最深刻印象的还是巴西足球。巴西国家足球队分别在1958年、1962年、1970年、1994年和2002年摘得世界杯的冠军，因此巴西实在是一个"足球王国"。

亚马孙河周围的地区叫"热带雨林"——意思是"森林"。那里不仅仅有森林，还有丛林和沼泽，这片地方原始荒芜，天气炎热潮湿，不利于身体健康。热带雨林的天气炎热和潮湿，以至于那里所有的生物都长得又大又密又快——长得大，睡莲的叶子长得跟餐桌桌面一样大；长得密，人很难从中穿行；长得快，快得像《巨人杀手杰克》里的豆茎一样。

《巨人杀手杰克》

这是一个英国民间故事，相传在亚瑟王统治时期，有一个农夫的儿子叫杰克，他不但勇敢而且十分聪明，因为杀死了巨人而广为人知。

热带雨林里有很多动物，但是几乎没有人，即使有人，基本上也都是印第安人。那里有很多猴子，就是街头表演者用的那种；那里还有鹦鹉，海员们常抓住它们，教它们说话，然后把它们带回家当宠物养；那里还有很多蝴蝶和飞蛾，它们个头巨大，色彩斑斓，男孩一定想把它们收集起来，作为收藏；那里还有一种大蛇，叫王蛇，它们像藤蔓一样悬挂在树枝上迷惑猎物，猎物一旦靠近，它们就会把猎物紧紧缠住，直到将其缠死，王蛇会把整只猎物都吞下去，并在食物消化期间睡上一个星期或一个月。那里有一种动物，用脚趾钩住树枝倒挂在树上，就像孩子荡秋千一样，它们即使睡觉也倒挂着，那里有一种动物，慵懒、嗜睡，好像永远都睡不醒，它不动，即使活动起来也很缓慢，它们叫"树懒"；那里有一种动物长得像龙，叫"鬣蜥"；那里还有一种巨大的牛蛙，呱呱的叫声像狮吼一样；那里也有一种蚊子，能传播疟疾。你也许会纳闷，为什么有人去热带雨林，人们是为博物馆和动物园捕捉稀奇的动物才去那里的，然而他们最主要的目的，是寻找生长在热带雨林里的一种野生树的汁液。

橡胶

白人发现亚马孙的印第安人会玩一种弹来弹去的球，他们以前从来没见过这种球。这种球是用一种树液制成的，这让白人想到了一个好主意，这种树液或许可以制成让白人小孩和大人玩的球——婴儿球、网球、高尔夫球。他们叫这种树液橡胶——它还能制成橡皮擦、汽车轮胎、橡皮筋、橡胶靴。软橡胶、硬橡胶、滑轮橡胶、弹性橡胶都是由橡胶树的树液制成的，只不过用了不同的加工方法，就像厨师用不同的方法将糖制成太妃糖、胶皮软糖和焦糖一样。

橡胶树在印第安语是"流泪树"的意思，人们用割胶刀切开橡胶树的树皮，它流出的白白的泪水就是橡胶。橡胶有很多功用，可以做轮胎、油漆、家具等。但是一定要注意，橡胶是有毒的植物，种子和叶子是千万不能吃的。

人们在热带雨林中穿行，只要发现橡胶树，就会在树干上凿一道口子，然后在这道口子下面固定一个杯子用来接树液，树液会像血流出被割破的手指一样流出来。过一会儿，人们会回来把一杯杯橡胶液倒入桶里，带回他们的营地。人们采集了足够的橡胶液之后会拿一根木棍，在上面浇一些树液，然后在火上烤干。他们重复做着同样的事情，直到木棍上积攒了一大块橡胶。他们会把橡胶块堆放到独木舟上，使其沿着亚马孙河顺流而下，然后运到大船上，大船会把橡胶运到美国和其他国家。

巴西还生长着一种东西，它也是以"C"开头的——几乎每个美国家庭的早餐都会吃到它。你能猜到是什么吗？它就是咖啡。与橡胶不同，咖啡是人工种植的，而不是野生的。实际上，巴西以前根本没有咖啡，后来有人从大洋彼岸带回了咖啡树，并栽种到巴西，这才有了咖啡。

咖啡

巴西人把咖啡种到近海的高地上，而不是种在热带雨林里。他们发现高地的气候非常适合咖啡生长，现在巴西种的咖啡比它的原产地还多，事实上巴西种的咖啡比世界上任何地方都多。

传说，咖啡是埃塞俄比亚王子发现的。有一次，他发现他的骆驼吃了一种红果之后活跃异常、到处乱跑，于是他自己也尝了尝，这种果实虽然有点苦，但吃过之后让人精神焕发，于是人们就开始采摘这种果实，最终咖啡成为风靡世界的饮料。

咖啡长在一种小树上，咖啡果看起来像樱桃。每一个咖啡果里都有两粒种子，这些种子就是咖啡豆，但是咖啡豆需要烤成棕色，然后再磨成粉，这样才能冲泡成能喝的咖啡。

很久以前，有个人在沿着巴西的海岸航行时，到达了一个像是河口的地方。因为那天正好是元旦，一月的第一天，所以他就给这个地方起名为"一月河"，在他自己的语言里就是"里约热内卢"。后来河流消失了，但是在那个地方发展起来的城市仍然叫里约热内卢，它就是巴西的首都（*后来，在*

1960 年，巴西的首都从里约热内卢迁往巴西利亚——译者注）。里约港——里约热内卢港的简称，有一块巨大的岩石叫"糖块"。从船上向里约港望去，里约热内卢后的山脉像是一个"沉睡的巨人"，因此这座山脉又被称为"沉睡的巨人"。

　　除了里约热内卢以南沿海一个叫桑托斯的地方，里约热内卢出产的咖啡是世界上最多的。你爸爸早晨喝的咖啡可能就产自里约热内卢或桑托斯。如果咖啡、可可粉、锡罐、沥青路和橡胶轮胎能像童话故事里那样说话，那么它们会怎样讲述它们家乡和旅途中的故事呢？

爸爸早晨喝的咖啡，就是巴西出产的

第23章

白银之都和条状之都

Silver Land and Sliver Land

当孩子出生后，我们要给他们取名。然而，当孩子长大后，有的名字与人就不相称了。例如，"查尔斯"意为"强壮的"，"鲁斯"意为"漂亮的"，但是查尔斯长大后可能并不强壮，鲁斯长大后可能也并不漂亮。这些事都说不准。当白人来到南美洲巴西以南的地区，他们看到那里的印第安人都戴着银手镯和银项链，于是就断定当地的地下一定埋藏了大量的白银，所以他们命名那个国家为"白银之都"，用他们的语言说就是"阿根廷"。但是后来证实，阿根廷只有很少的银矿，但"白银之都"这个名字仍然沿用到现在。

虽然阿根廷的银矿很少，但是那里的人们都很富有。他们比南

位于阿根廷的潘帕斯草原

135

美洲其他任何国家都富裕，他们不是靠地下矿藏赚钱，而是靠卖小麦和肉赚钱的。所以，如果阿根廷叫"小麦之都"或"肉之都"，应该会更适合，而不是叫"白银之都"，只是那样叫不是很好听。阿根廷有很多广袤的大农场，农场里种着小麦和玉米；还有南美大草原的大片土地，草原上养着牛和羊。照看牛羊的人被我们叫作"牛仔"，但是在当地，他们被叫作"加乌乔牧人"，加乌乔牧人身穿南美披风。南美披风是一种方毯，中央有一个窟窿，加乌乔牧人就是从这个窟窿里把头套进去的。白天南美披风是一件外套，到了晚上还可以当毯子用。加乌乔牧人总是随身带着一把大刀，这把刀既能当剑使，也能当斧头用，还能当餐刀用。

加乌乔牧人穿着南美披风

玉米能喂牛，牛可以制成肉，肉又能卖钱。牛皮还能制成皮革，羊毛能织成羊毛布料，这两样都可以卖钱。

阿根廷在很多方面与美国都极为相似，所以阿根廷有"南美洲的美国"之称。这两个国家在这两方面很像——在一年当中，它们都既有炎热的夏天，也有寒冷的冬天。然而它们也有很大的不同：阿根廷正值冬季的时候，美国正值夏季；而阿根廷正值夏季的时候，美国正值冬季。阿根廷在过圣诞节时，天气很炎热；而冰雪来临则是在7—8月份。在阿根廷，1—2月正值鲜花和蔬菜丰收，人们也在这两个月度假。当7月冰雪来临，滑雪和溜冰的季节也就到了。

阿根廷的首都常被叫作"南美洲的纽约"，因为它是南美洲最大的城市，就像纽约是美国最大的城市一样。但是它的名字不是纽约，而是"清新的空气"，西班牙语叫**布宜诺斯艾利斯**。它位于拉普拉塔河边，拉普拉塔的意思也是白银。因此，我们可以说"白银之都"有一条"白银之河"，"白

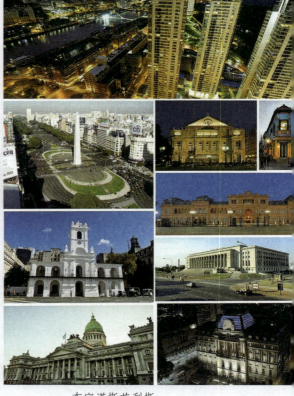

银之河"边上坐落着一座有"清新的空气"的城市。

在南美洲的多数国家，印第安人、印第安人与白人的混血要比白人多。但是在阿根廷，白人占多数，这也是另一个阿根廷像美国的原因。但是阿根廷曾经是西班牙的殖民地，并不是英国的殖民地，所以那里的人都说西班牙语而不说英语。

从阿根廷沿着白银之河往上游走，夹在两个大国之间的是两个小国，它们分别是乌拉圭和巴拉圭。乌拉圭和巴拉圭在很多方面都很像阿根廷。

布宜诺斯艾利斯

他们也养殖牛羊，那里也有穿着南美披风的加乌乔牧人。在巴拉圭，人们种植一种树，它的叶子能制成一种茶，这种茶叫**巴拉圭茶**。它是加乌乔牧人主

巴拉圭茶

巴拉圭茶和中国茶不同。巴拉圭茶是由一种叫巴拉圭草（又名马黛树）的木本植物制成的，而中国茶是由灌木或小乔木的植物制成的。但是巴拉圭茶和中国茶有相同的叶子处理方法，所以它们都叫作茶。巴拉圭人喝茶的茶具也和中国人的大不相同，他们用的是吸管，吸管底端有一个过滤茶叶的金属网，而中国人喝茶则是用茶杯、茶壶等。

要喝的一种茶，很多南美洲人也喝这种茶，而不喝正宗的茶。巴拉圭人觉得巴拉圭茶非常好喝，他们就试着将其销往其他国家，然而其他国家没有像喜欢普通茶和咖啡那样喜欢上它。有时，成年人也跟小孩一样：喜欢就是喜欢，不喜欢就是不喜欢。比如，多数美国人钟爱苏打水，但其他国家的人一般不以为然。

阿根廷与一个位于太平洋沿岸的狭长国家被安第斯山脉间隔开来，这个

在基督脚下，他们发誓永不交战

形状狭长的国家就是智利。阿根廷被称作"白银之都"，而智利又长又细，有时被称作"条状之都"。智利这个名字并没有寒冷的意思（智利的英文名为 chile，而与它读音一样的 chilly 意为"寒冷的"——译者注），而是"雪之都"的意思，因为智利大部分地区都在山上，海拔非常高，山顶上常年覆盖着积雪。虽然智利和阿根廷中间有条像墙一样的山脉间隔着，但这两个国家曾经差点就打起来了。后来，他们达成协议，就像加拿大和美国那样，约定以后永不开战。他们在安第斯山脉上树立了一个耶稣举着十字架的巨大铜像——这个铜像是把大炮熔化后铸成的——铜像底座上写着这样的文字："即使安第斯山上的山石都化为粉末，智利和阿根廷也永不交战——两国誓于耶稣脚下。"遗憾的是，用这种简单的方法阻止战争并不适用于所有国家。

智利形状细长，又多山，似乎不值得为这个国家开战。尽管不像个好地方，智利却很富有。如果我告诉你智利北部是沙漠，那里经常数十年都不下雨，你是不是会很吃惊那里怎么会富有？听起来，那里不像是块风水宝地，但那里却是世界上最富有的地区之一。你可能猜不到为什么。当然，那里是沙漠，不能种植任何作物，而且那里既没有钻石，也没有黄金。它是靠一种你可能从没听说过的东西致富的。这种你从没听过的东西叫硝酸钠，这是一种曾经产自海里的东西。它之所以珍贵，是因为世界上所有的农民都要买硝酸钠，然后把它撒到田地里，这样蔬菜才能长得更好。奇怪的是硝酸钠存在的地方寸草不生。那是因为那里不下雨，所以才寸草不生。不过幸好不下雨，才会有硝酸钠。因为如果下雨，硝酸钠就会溶化。智利的这一地区就像一个又长又窄的水槽，它曾经在海底，之后发生了一次地震，海底的部分上升形成了陆地。凹陷地区的水蒸发掉之后，就剩下了这种粗糙的海盐了，这就是**硝酸钠**。智利还产碘，有谁不知道那种妈妈往伤口上擦的、让人刺痛的褐色

硝酸钠的作用

植物的生长离不开氮、磷、钾三种主要元素，而硝酸钠可以为植物提供氮素，缺少氮素的植物会长得瘦弱、叶片发黄。但是硝酸钠需要溶解在水中形成硝酸根离子，才能被植物吸收，所以它在沙漠里是发挥不了作用的。此外，硝酸钠还是种植作物时用到的化肥的主要成分。

东西呢？

"天堂之谷"就在智利——只是它不是你想象中的那种天堂。它是智利的主要港口，那里既没有优美的风景，气候也不利于健康。这个地方用西班牙语叫"瓦尔帕莱索"。

智利的首都位于高山上，那里气候宜人，叫圣地亚哥，意为圣詹姆斯。

哥伦布试图环游世界，但没有成功。第一个环游世界的人叫麦哲伦，像哥伦布一样，麦哲伦是从海洋的另一侧航行过来的，不过他到达美洲之后发现，美洲阻断了他的航线。之后他沿着南美洲继续航行，试图找到一条通往太平洋的水路。他沿着亚马孙河逆流而上，他认为也许能从那里到达太平洋，但最后失败了。然后他又沿着拉普拉塔河向上航行，他认为也许能从那里到达太平洋，最后也失败了。再后来，他几乎到达南美洲的顶端，终于发现了一条通往太平洋的

麦哲伦

水路。这条通道非常曲折，我们叫它海峡，这个海峡是以他的名字命名的——麦哲伦海峡。麦哲伦登陆后，他在左边陆地上看到很多火焰，那是现在早已不喷火的火山，或者是印第安人燃烧的火焰，没人知道。不管怎样，他把那里命名为"焰火之地"，西班牙语就是"火地岛"的意思。在他的右边，也就是现如今的阿根廷的南部，他看到印第安人的脚非常大，于是叫他们"大

139

脚人"，西班牙语里也叫"巴塔哥尼亚人"。

　　麦哲伦是葡萄牙的航海家，他曾向葡萄牙国王申请进行环球探险，但是被拒绝了，于是他转而为西班牙国王效命，随后带领船员进行环球探险。可惜的是，麦哲伦死于环球旅行的途中，最终他的船员完成了这项使命。

　　千百年来，很多船只都沿着麦哲伦走过的这条通道航行，尽管有的船只绕过南美洲最南端的小岛航行——南端叫好望角——那条路多暴风雨，颠簸艰险，所以多数船只还是从麦哲伦海峡走。这个海峡上有个小镇发展起来了——那里有类似于加油站的地方——提供给过往的船只继续航行的物资，附近没有其他地方能够提供物资了，从南美洲的大西洋一侧到太平洋的那侧是一段漫长的航行。这个小镇叫"多沙之地"，西班牙语里叫"蓬塔阿雷纳斯"。它是世界上位于最南端的小镇。现在多数船从巴拿马运河航行，蓬塔阿雷纳斯的"加油站"生意少了很多。如今，另一种生意在那里诞生了，人们在火地岛养殖羊，然后把羊毛运到蓬塔阿雷纳斯，再从那里运到世界各地进行售卖。

第**24**章

穿越大洋的桥
The Bridge Across the Ocean

如果你去欧洲，除了带机票和行李外，还需要带另外两样东西。我不知道你是否能猜出来。第一，你要带够钱，但不是你们国家的钱，而是要带上你所去的国家流通的钱；第二样东西是你的护照。护照是一本里面只有一张你自己照片的小册子，并且这本小册子只有几页，里面没有故事，它是你要去的目标国家的通行证。护照就像一张入场券，只允许小册子里照片上的人入内。如果没有护照，他们不会让你上船或登机，你也不能下船进入另一个国家。

从"新大陆"最大的城市纽约到"旧大陆"最大的城市伦敦，穿过大西洋要走大约 3 000 英里。

哥伦布用了一个月的时间才从欧洲穿过大西洋到达美洲。

我们现在坐船不到一个星期就能到。

坐飞机用不了一天就能到！

但是，有个东西穿过大西洋的速度比飞机还快，而且它每天都会穿过大西洋，还能一直很准时。你绝对猜不到那是什么。是太阳，太阳从伦敦穿过大西洋到达纽约只需五小时，而且每天越过一次。

什么东西五小时就能跨越大西洋，并且每天都跨越一次？

伦敦人在太阳到达他们头顶最高点时，把钟表设为 12 点——正午。五小时后太阳到达纽约时，纽约人也把他们的钟表设为 12 点，因为 12 点意味着——"太阳在天空的最高点"。当太阳越过大西洋时，伦敦的所有钟表和手表都在嘀嗒嘀嗒地转着，所以伦敦下午 5 点的时候，纽约这里是 12 点。也就是说，伦敦的钟表比纽约的快五小时。

如果你从纽约乘船去伦敦，每天晚上睡觉前把手表调快一些，这样当你抵达伦敦时，你的手表就会比你出发时快五小时，就跟伦敦的时间一致了。当你返回时，你需要再把手表调回来。如果你上午 10 点打电话到伦敦，问他们那里的时间，他们会说是下午 3 点。

船上的时钟跟我们家里的时钟看起来是一样的，但它们的敲钟方式却不一样。你知道，家里的时钟 1 点敲一次，2 点敲两次，以此类推，但是在船上，时钟从 1 点到 4 点每小时敲两次，也就是一共敲八次，因为中间的半点还要敲一次。之后，又从头开始——4：30 敲一次，5 点敲两次，以此类推——也从不超过八次。

船上的"手表"并不只是放到口袋里的手表，它还有其他的意义。轮船在晚上也不停航，它日夜兼程，船上的船员和开船的人轮流开船，因为他们不能一直保持清醒，他们的轮岗就叫"值班"，因为他们在值班的时候，要保持绝对清醒和警戒。有人操纵发动机，有人负责掌舵，有人在别人睡觉的时候，看着船外的动静以防撞到其他船。

　　船长是如何在大海上辨别方向的呢？在他面前，目光所及之处都是一望无际的海平面、汹涌的波浪或弥漫的大雾，没有路标的指引，他是怎样知道从纽约开往伦敦的航线的呢？

　　舵轮前面有一个盒子，里面有一根小指针，不管轮船怎么起伏、盘旋翻转或前后颠簸，指针始终指向一个方向，装有小指针的盒子叫指南针。你知道磁铁是什么——一个像马蹄铁一样吸引针和钉子的小东西。北极附近有个地方就像磁铁一

指南针

样，这个地点吸引世界上所有的指南针都指向它所在的方向。这个吸引世界上所有的指南针都指向它所在方向的地点叫作磁极。如果地球是个橙子或苹果，磁极就是它们的柄，虽然实际上地球没有那个柄。

　　很多人都知道指南针是中国人发明的，那个时候我们管它叫罗盘。你知道罗盘最早的用途是什么吗？它是占卜的工具，古代的中国人只有在祭祀、占卜、看风水和战争的时候才会用到它，直到 11 世纪宋朝时，它才被用作航海导航。13 世纪，罗盘被传到西欧和波斯，后来逐渐成为世界闻名的导航工具。

　　船长通过指南针指引方向，才知道怎么走才能到英国。但他并不是顺着指南针指引的方向走——那样他会走到磁极。

　　如果海上天气好的话，乘客们会玩得很开心。他们会做各种消遣：玩游戏、跳舞、拍照、读书、写信和明信片，一天吃五顿饭，裹着毯子躺在长椅上眺望大海、聊天或睡觉。时不时地，游客能看到像大鱼一样的海豚在船的一侧或在船头游泳，它们会跳出水面然后再潜到水里，就像在跟轮船比赛游泳。偶尔还能看到由冰形成的小山漂浮在海面上，叫作**冰山**，它们很多比船都大。冰山是从北极海洋冰川脱离下来的，然后一直在海上漂流。有时还会

冰山

海豚

看到鲸鱼像小岛一样浮出水面，它向空中喷出一股水，然后又沉入大海不见了。

海豚是人类的朋友，它是一种耳朵非常灵敏、脑袋非常聪明的动物。然而令人伤心的是，海豚的数量一直在减少，许多海豚都死于人的捕杀和环境污染，因此我们呼吁大家：请爱护海豚！

有时，但并不经常，海面平静得像一面镜子，除了轮船自己掀起的波浪，海面上没有风，也没有浪。这就是为什么有时大西洋被叫作"大池塘"。但可能顷刻之间，风起云涌，大雨如注，大浪越来越高，直到大海都变成移动的水山和水谷，轮船上下颠簸，左右摇晃。餐桌上需要装上围栏以防餐具掉落，当然还会有很多人晕船。轮船滑下一个水山又冲上另一个水山，虽然轮船很大，但似乎也要翻过去。除非轮船撞到冰山或撞船了，在船侧撞出一个洞，否则它很少侧翻或下沉。

船长最害怕的不是恶劣的天气，而是浓厚的海雾，尤其是当他知道附近还有一艘船时，因为起雾时他一点也看不清方向。这就像你在黑夜中摸索前进，只是轮船没有胳膊。这时，船长会减速前进直到几乎停下来，他会开启一只又大又深的喇叭，喇叭由发条装置控制，只要大雾不散，它就会不分昼夜地发出声音，大约一分钟响一次，这可能需要持续好几天。起雾时，海员们时刻盯着船侧有无其他船只，他们需要认真倾听，仔细察看。他们能听到远处其他船只的喇叭声，但是却看不到距离他们只有几英尺的其他船。最终，当大雾散去时，也许陆地就在眼前了——看到英国了。

其实，在看到陆地之前，我们早就能知道距离陆地很近了。怎么知道呢？有一种叫海鸥的白色大鸟会飞来迎接轮船，但不是作为朋友来迎接，它们是来找食物，它们知道船上的厨房会向船外倾倒不吃的食物。就在着陆前，一个人会乘着小船来接这艘大船。大船并没有停下来，大船从一侧放下一根绳梯，这个人抓住绳梯，把小船踢开，然后爬到大船上。你猜这个人是谁？为什么让他上大船？他是大船的新船长，叫领航员，他的工作就是把大船领进港口。大船太大了，不能自己驶进码头，它需要由叫作拖船的小船把它带进港口。大船在驶入港口后，会放下一条宽跳板连接码头和甲板，就像桥一样，然后乘客带着他们的行李就可以上岸了。英国人说英语，所以你可以问他们问题，也能听懂他们的回答，尽管对美国人来说，英国人说的英语听起来有点怪。当然，对英国人来说美国人说的英语也有点怪。英国人称美国人的口音是"美国口音"。你必须出示你的护照，打开行李，让一个人检查里面的所有东西，然后才能被放行。所以，你不能带你不想让他们看到的东西。这个人是海关人员，你可能需要为你带的东西付钱，你付的钱叫作"关税"。

一种叫海鸥的白色大鸟飞来迎接轮船了

第25章

盎格鲁人的领土（一）
The Land of the Angles

英格兰是一座岛屿。

盎格鲁人曾经居住在这座岛屿上——不不，不是天使，我们指的是盎格鲁人【在英文里，盎格鲁人（Angles）和天使（Angels）这两个单词拼写相类似。——译者注】。

它就是所谓的盎格鲁之地。

我们现在这样写它的名字：England（恩格兰）

但是我们这样读它的名字：Ingland（英格兰）

不过，在这座岛屿上，还有其他两个像英格兰一样的国家，即威尔士和苏格兰。这三个国家一起构成了我们所说的大不列颠岛。大不列颠岛的西侧还有一座岛屿，它就是爱尔兰。

当轮船抵达英格兰时，它不能随意选个码头停靠，让乘客登陆。只有某些特定的地方允许停靠轮船。因为，有的海岸水域过浅，如果轮船停靠在那里的话，可能会搁浅甚至翻船；还有的海岸边有太多的岩石，或者根本就是悬崖峭壁。绝大多数英国人会选择在不列颠岛的西海岸，一个叫作利物浦的港口上岸。**利物浦**——肮脏水池，这名字多么奇怪啊！人们有时候会在南安

普顿登陆，从该地的名字上，我们就能判断出这个地方在英格兰的南部地区。有时候也会选择从岛屿东部的伦敦登陆，如果人们选择从伦敦登陆的话，他们必须沿着泰晤士河逆流而上。泰晤士是这样拼写的 Thames，不过人们这样读它 Temz。英语中很多单词的拼写与它们的发音大相径庭。泰晤士河从伦敦城穿过，但是吨位较大的轮船都会止步于伦敦大桥。你有没有玩过一个叫作"伦敦大桥要塌了"的游戏呢？事实上，伦敦大桥真的塌过好几回，不过每次人们都会重新建设伦敦大桥。我认为现在的伦敦大桥应该再也不会倒塌了。

利物浦

人们普遍认为，利物浦的前身是国王约翰在 1207 年下令建造的小镇。如今利物浦是"世界流行乐之都"，包括披头士在内的很多乐队都是在这里走向世界舞台的。这里的很多历史建筑被列入了世界遗产。

你有没有玩过一个叫作"伦敦大桥要塌了"的游戏呢？

　　伦敦在耶稣出生以前就已经是一个城市了，但当时伦敦城既小又远，以至于耶稣没有听说过这个地方。不过现在的伦敦却是世界上最大的城市之一了。

　　纽约是一座很"高"的城市，而伦敦则是一座很"宽"的城市。纽约的建筑都很高，五十层、七十层的楼都很常见，上百层的楼也不少。伦敦的楼就没那么高了，通常只有几层而已。但是伦敦城在向着四周各个方向一英里又一英里地不断扩展。游览伦敦城的话，人们的首选出行方式是公交车，尤其是那种车顶和车厢都有座位的双层巴士。不过，人们也可以选择乘坐地铁出行。

　　伦敦是英国的首都。英国的"首要楼宇"——英国的国会大厦，也就是"**议会大厦**"，当然也在伦敦。"议会大厦"的字面意思是"会谈大楼"。在这

议会大厦（威斯敏斯特宫）

　　议会大厦，又被称为威斯敏斯特宫，是英国议会所在的地方。它坐落在泰晤士河西岸，包括1 100个独立的房间、100条楼梯和4.8公里长的走廊。1987年，威斯敏斯特宫被列为世界文化遗产。

里，人们不仅谈论各种事物，还制定英国的各项法律制度。英国的制度是：国王对国家行使统治权，但是英国人选出的议员组成议会来制定法律。我曾在美国华盛顿居住过很多年，当时我所居住的地方能够看到**美国国会大厦**，因此我就误认为所有的国会大厦都应该有圆屋顶，就跟所有的牛都有犄角一样。所以，当我看到英国的国会大厦（也就是议会大厦）的时候，感到惊诧

美国国会大厦

　　美国国会大厦是美国国会所在的地方，象征着民有、民治、民享的精神。它位于华盛顿 25 米高的国会山上，被视为美国的心脏建筑。在 1793 年 9 月 18 日由华盛顿总统亲自奠基建造，并在 1800 年开始使用。然而在 1814 年第二次美英战争中被英国人焚烧，后来不断地被修建和扩建，最终形成了今天的格局。

万分，他们的国会大厦居然没有圆屋顶，仅有一些四四方方的塔楼，其中某座塔楼上安装着一座巨大的时钟，这座时钟报时的钟声非常响，因此人们叫它"大本钟"。

　　不过，伦敦倒是有一座大楼有和美国国会大厦一样的圆屋顶。那座大楼不是国会大厦，而是一座大教堂，名字是圣保罗大教堂。有传言说，美国华盛顿的国会大厦就是模仿的圣保罗大教堂的圆屋顶，因为圣保罗大教堂早在还没有华盛顿国会大厦，没有华盛顿这个人，甚至没有美国这个国家之前，就已经建造好了。伦敦人曾经历过一场大火，到现在，人们仍然称这场可怕的火灾为"伦敦大火"，因为这场大火将城市中的大部分地方都烧毁了，这场大火距今已有差不多三百年了。后来，**克里斯多佛·雷恩**把被大火烧掉的城市重建起来。他建造了许

大本钟报时的钟声非常响

圣保罗大教堂也有像华盛顿国会大厦圆屋顶那样的穹顶

多非常美观的教堂和建筑。这些建筑物是如此美丽，以至于人们都说旧的伦敦城被烧毁其实并不算太糟糕的事情，因为这使得人们建造了一个更加美丽的伦敦。圣保罗大教堂就是克里斯多佛·雷恩的杰作之一。

在第二次世界大战期间，伦敦城内成千上万座楼房都被德国纳粹空投的炸弹摧毁了。许多克里斯多佛·雷恩建造的教堂也是这成千上万的被摧毁的建筑物中的一部分。但是由于克里斯多佛·雷恩建造的教堂非常非常多，多到总有一些教堂得以幸存。伦敦人将德国纳粹发动的可怕的空袭叫作"闪电式空袭"，许许多多的人在空袭中

克里斯多佛·雷恩

克里斯多佛·雷恩出生于一个宗教家庭，他的父亲是温莎副主教。克里斯多佛·雷恩学习的是天文，但他在艺术和建筑方面也有很高的成就。他最出名的作品就是圣保罗大教堂，其他有成就的作品还有格林尼治天文台、剑桥图书馆、肯辛顿宫等。

丧生。这次空袭和伦敦大火一样被英国人铭记着，但是人们从来不会说这场空袭像伦敦大火一样对伦敦有好处。这场空袭唯一可以算得上不错的事情，是它令伦敦人爆发出了英勇无畏的精神。

伦敦有座非常古老的教堂，它不是雷恩建造的，它就是威斯敏斯特教堂。威斯敏斯特大教堂不仅仅只是个教堂而已，它还是很多名人的安息之地。这里埋葬着许多英国历史上的伟大人物，比如国王、王后、杰出的作家、卓越的诗人、优秀的音乐家以及伟大的战士。第一次世界大战之后，一位牺牲在

法国战场上、不为人所知的士兵也被安葬在威斯敏斯特大教堂，人们借此来纪念所有为了伟大事业献身的默默无名的英雄们。人们叫埋葬这位无名英雄的墓地无名战士之墓。

威斯敏斯特大教堂内有一把座椅，这是所有的英格兰国王加冕时专用的宝座，人们给这把椅子取名为加冕椅，加冕椅的下面放置着一块大石头。为什么要在加冕椅下放块石头呢？事情是这个样子的：在几百年以前，位于英格兰北部的苏格兰是一个独立的王国。当苏格兰的国王加冕时，他们坐在一块石头上接受加冕。后来，英格兰和苏格兰合并成了一个联合王国，人们就把苏格兰的加冕专用石头带到了英格兰，并把它放

国王同时坐在两个座椅上

在了英格兰的加冕椅的下面，这样联合王国的国王在加冕时就可以同时坐在两个王国的加冕椅上。

伦敦塔是伦敦城里历史最悠久的建筑，它在伦敦大火发生之前很久就被建造好了。听起来，它的名字不像是独立的建筑，倒像是某座建筑的一部分。很久很久以前，伦敦塔是用来关押有身份地位的人的监狱，它甚至关押过一些王子和公主，其中有些王子、公主被处以死刑。今天的伦敦塔是一座博物馆，里面陈设着大量在它还是座监狱时就保留下来的有趣而奇特的东西——战士和战马的盔甲，甚至还有为狗制作的盔甲，砍头用的垫头木和斧头，国王王冠上夺目耀眼的珠宝，也就是硕大的钻石、胡桃般大小的红宝石。英国女王的王冠就放在伦敦塔里一个白色的缎子枕头上，这个王冠上镶嵌着许多珠宝和一颗硕大无比的钻石。这颗钻石的名字是"科-依-诺尔"，意为"光明之山"。据说，这颗钻石会给拥有它的男士带来厄运，所以现在它的主人

伦敦塔的卫兵被称为"吃牛肉的人"

是位女士——英国女王。伦敦塔的卫兵有个专门的名字："吃牛肉的人"。如果有人闯入伦敦塔，打开装有珠宝的箱子，伦敦塔里所有的门就会咣的一声自动关闭，盗贼就会被关在里面当场被抓，成为囚犯。

伦敦塔是由英国国王征服者威廉修建的，如今它已发展成一组塔群，著名的景点有白塔、威克菲塔、格林塔等。1988年，伦敦塔被列为世界文化遗产，人是不允许住在这里的，但还有"居民"住在这里，它们就是被英国人视为神鸟的乌鸦。

　　你有没有收藏过石头、邮票、蝴蝶或硬币呢？大人们会把从全世界收集来的奇珍异宝收藏到一个规模宏大的博物馆里面，这就是世界上最大的博物馆——大英博物馆。

　　人们常说，假如把伦敦所有的街道都穿起来连成一条线，就能环绕地球一周。没有人能记得住伦敦所有的街道，就算是伦敦的警察也不行。伦敦的警察又被叫作"鲍比"（该名字是为了纪念罗伯特·皮尔爵士，他是伦敦的警察队伍的创建者。"鲍比"是"罗伯特"的昵称——译者注），他们被认为是百事通。伦敦警察衣服的口袋里通常会揣着一本小册子，有时他们也得从这个小册子上查找某些街道。但是有些街道却是众人皆知的——这些街道要么非常著名，要么非常有趣。有条街道叫作针线街，有条叫便宜路，还有叫铁圈球街、皮卡迪利大街的，这两条街上有许多精美的房屋、酒店、俱乐部和宫殿。伦敦还有船队街、海滨街、摄政王街、邦德街，这些街道都是购物街。还有叫牛津"马戏团"、皮卡迪利"马戏团"的地方，其实这两条街上并没有"马戏团"（牛津"马戏团"、皮卡迪利"马戏团"的英文名字分别是"Oxford Circus""Piccadilly Circus"，其中 Circus 一词多义，有马戏团的意思。——译者注），那里只不过是街道的交叉口处比较开阔的地方，我们一般管那叫广场。

伦敦塔

第 **26** 章

盎格鲁人的领土（续）

有一次，我问一个英国人他是否居住在伦敦。

"为什么所有的美国人都认为英国人都住在伦敦呢？"他回答道，语气中还带着点不满，"除了伦敦，英国还有许多别的地方啊！英国有切斯特、曼彻斯特、诺里奇、哈里奇、牛津、吉尔福德、伯明翰、诺丁汉、剑桥、坦布里奇、北安普顿、南安普顿、普利茅斯、雅茅斯、威茅斯……"

当他停下来大喘气的时候，我喊道："拜托你，别把英国所有的'里奇'、'茅斯'都跟我讲一遍！"

"好的，"他说，"在英国，有超过3 000多万的人口居住在伦敦以外的地方，我就是这3 000多万人当中的一个。"

不过，基本上所有的英国人，甭管他住在哪里，他一生中总要去几次伦敦。你从英国的任何一个地方启程前往伦敦，都可以在一天之内抵达。因为英格兰岛不是太大，而且英国的火车车速很快。

英国人发明了铁路和火车，世界上现在时速最快的火车也在英国。英国的火车看起来与美国的火车不太一样，英国的火车似乎更小巧、更轻盈。英国的火车车厢被分割成一个个的独立包厢，而美国的火车厢则是一个开间，

与众不同的"靠左行驶"

　　在道路行驶方向上和英国一样靠左行驶的国家占全球的34%，剩余的66%是靠右行驶的国家。由于大部分人是右撇子，所以遇到紧急情况时，会施力向左转向，左行能够避免对撞、减少事故率，这是左行的优点。至于右行的优点，那就是可以使用左手掌控方向盘，便于右手进行换挡等复杂操作。

没有任何隔断。在英国火车的每个包厢里，座位都是面对面的，所以火车上有一半的旅客是倒着前进的。有些包厢外面标着"一等"，不过火车上最多的包厢还是"三等"。如果你想要乘坐一等包厢的话，那你就必须支付比三等包厢更多的钱。一等包厢里面的座位包着软的坐垫，座位相对更宽敞一些。三等包厢里面的座位是木制的，没有包着软垫，可以更多地容纳旅客。在英国，火车靠左行驶在铁路上。绝大多数美国人习惯使用右手，所以美国人会说"请靠右行驶"，然而虽然大多数英国人也是习惯使用右手，但英国人却被要求"**请靠左行驶**"。在英国，如果你像在美国那样靠右行驶的话，是会被警察扣押起来的。

如果你靠右行车，就会被警察扣押

　　在美国的乡村，道路两旁通常会有栅栏；但在英国乡村，道路两侧却是树篱。有的地方的树篱长得就像睡美人城堡外的树篱那样，又高又密。你无法从树篱的缝隙向道路外面看去，也无法从树篱上面向道路外面看去。道路两旁的房子完全被树篱挡住了，偶尔会露个屋顶。有的屋顶和美国的屋顶大相径庭，它们是用稻草制成的，叫作"茅草屋顶"。你很难认同茅草屋顶可以遮风避雨，但它们确实可以；也许你会认为茅草屋顶太容易着火了，但事实并非如此。这些房子的主体部分极少用木头建造，因为英国本身就是个缺乏木材的地方，没有那么多木头用来盖房子。英国的房子几乎都是用地下开

索尔兹伯里大教堂有着英格兰最美丽的尖顶

采出来的石头建造的，或者是用砖块建造的。美国的木材储量相当巨大，但是英国的木材储量就少得可怜了，因为英国几乎没有森林，尤其没有大森林，小的树林被当作公园保留下来。英国的历史较长，因此历史上曾经存在的森林基本上都已经被砍伐完毕了。保留下来的树木太珍贵了，人们不舍得将这些树木砍倒盖房子。在美国，相比于石头房子或者砖房子，木头房子更加便宜。在英国，则恰恰相反，石头房子、砖房子比木房子便宜多了。

英国最值得游玩的地方包括一些有名的教堂和大教堂。美国几乎没有超过百年历史的教堂，但在英国，很少有教堂的历史少于一百年，甚至许多大教堂的历史有上千年！绝大多数英国人是圣公会教徒，因而绝大多数英国教堂是圣公会教堂。事实上，圣公会就是英国的国教。

世界上顶尖的两所大学都在英国。这两所大学之间经常进行足球比赛、板球比赛和划船比赛，但他们从不进行棒球比赛。其中一所大学坐落在泰晤士河畔，那里过去是牛群蹚水过河的地方，所以人们就

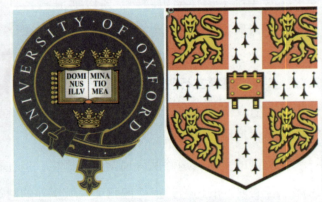

两校校徽左牛津右剑桥

牛津大学与剑桥大学的历史渊源

人们都知道牛津和剑桥是世界上最知名的大学，却很少有人清楚它们之间的联系。1209 年，牛津师生和当地村民发生了冲突，于是一部分学者转移到剑桥镇去避难，在那里成立了一个学者协会，最终把它发展成了剑桥大学。因此两所学校的学术精神和传统是一样的。

叫它"**牛津大学**"；另一个大学则坐落在剑桥河畔，那里有一座桥横跨剑桥河，所以人们就管它叫"**剑桥大学**"。

英国有许多世界上最伟大的作家、诗人，你一定读过这些作家笔下的故事，学习过他们的诗篇。英国历史上最了不起的诗人是**威廉·莎士比亚**，他生活过的地方叫斯特拉特福，这个小镇坐落在埃文河畔。

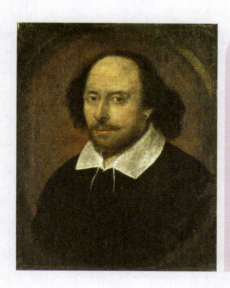

威廉·莎士比亚

莎士比亚是英国史上伟大的剧作家和诗人，他创作过很多剧作，早期作品以喜剧为主，后来经历了詹姆士一世的暴政，其风格转为悲剧，代表作有《罗密欧与朱丽叶》、《汉姆雷特》《李尔王》、《奥赛罗》。

不过，英国最主要的产业是制造业，这正如美国的新英格兰州的支柱产业是制造业一样。在新英格兰，由于当地既没有煤矿，也没有铁矿，因此制造业所需的煤和铁都是从别的地方运来的。但是英格兰，也就是英国，煤炭资源和铁矿资源却十分充足。煤炭燃烧产生热量，进而带动机器运转；铁矿开采出来的铁可以用来制造各种东西。所以英国人用铁制作出各种各样的东西，从巨大的发动机到袖珍的折叠刀。在谢菲尔德，人们制作出了大量餐刀和镀银器具，也就是著名的谢菲尔德银具。找找看，你们家的餐刀和镀银器具上有没有印着"谢菲尔德制造"的标志。

英国还盛产布料。其中的毛料都是用英国产的羊毛织成的，而其中的棉布料则是用从美国运来的棉花织成的，没有使用英国产的棉花。

英格兰也有不少农场，但这些农场的产出还不够全英国人吃一天的。所以英国人的大部分食物都需要从海外其他国家运来。在英国人的饮食中，羊肉和牛肉占的比例很大。英国甚至有很多故事和歌谣赞美过"老英格兰的烤牛肉"。一个流传甚久的故事讲的就是，一个英格兰国王认为用牛腰上的肉烤出来的牛排最美味，于是他就叫牛腰上的肉"腰肉阁下"，就像在称呼一位爵士或者勋爵一样。这就是现在我们还管上好的牛腰肉叫"腰肉阁下"的原因【英语单词"牛腰肉"（sirloin）是由"阁下（sir）"和"腰肉（loin）"两个词根组成的。——译者注】。这个故事很有意思，但是我想它未必是个真实的故事。

　　英格兰国王不仅仅是大不列颠岛上居民的国王，他还同时是其他许多地方居民的国王。几百年前，英国人在全世界范围内探险，他们征服了许多离英国相当遥远的土地，并将这些土地变成了英国的殖民地。世界上的每个大陆都有英国的殖民地，这些地方的法律最初也都是英国人制定的。不过到了现在，这些殖民地都已经实现了独立，实行自治并制定了自己的法律。但是名义上，他们仍然奉英国国王为自己的国家元首。这就导致全球许多地方受同一个国王领导，这些地方组成了"英联邦"大家庭。我们前面聊过的加拿大就是英联邦的成员国之一。

第 27 章

英格兰的邻居
The Englishman's Neighbors

下面我要介绍迄今为止我知道的最长的名字：兰韦尔普尔古因吉尔戈格里惠尔恩德罗布尔兰蒂西利奥戈戈戈赫。这个名字包含了 58 个字母，翻译成中文则有 28 个汉字。这个名字看上去就像一个小孩子玩打字机的时候毫无目的地乱敲出来的。但它真的是一个地名，是威尔士的一个城镇的名字。威尔士是英格兰岛上一个较小的区域，它以前是个独立王国，现在则是英国的组成部分。这个地名的含义为："在长满白榛树的山谷中有一座圣马利亚教堂，附近有一个快速旋转的旋涡，还有一座圣泰丽教堂，离教堂不远的地方有一个红色洞穴。"当地的居民或者给当地寄信的人都把这个地方简称为"兰韦尔普"，不过这个名字也够长了。我倒更喜欢叫它"戈戈戈"！威尔士人说另外一种不同的语言。那种语言很复杂，有很多又长又难发音的名词，还有许多单词将"ll's"、"w's"、"y's"混合在内，让人费解。

威尔士有个小镇的名字是我所知道的最长的名字

　　有一位英格兰国王最终征服了威尔士，为了让被征服的居民感到满意，他将任命一位在威尔士出生的、一个英语单词都不会说的人对威尔士进行统治。威尔士人对此感到很满意，他们以为国王会让一位英格兰人领导威尔士。结果，这位国王的儿子出生了——在威尔士出生，而且作为一个婴儿他也不会说一个英语单词。当然了，他也不可能会说任何其他语言。于是，这个国王就任命自己刚出生的儿子为威尔士的统治者，授予他"威尔士亲王"的称号。从那以后，每位英格兰国王的长子，也就是英格兰国王的第一顺位继承人都会被授予"威尔士亲王"的称号。现在，威尔士人中几乎没有会说"威尔士语"的人了，因为孩子们从小就在学校里学习英语。很多人除了学习母语之外还会学习其他的语言。如果想去威尔士旅游的话，倒是不必懂威尔士语，因为那里的人们都会说英语，即便有人会说威尔士语。

　　高尔夫运动是由苏格兰人发明的，苏格兰在英格兰的北边，它们都在同一个岛屿上。在苏格兰有世界上最好的高尔夫球场。苏格兰是苏格兰人的地盘，曾经也是个独立王国。苏格兰男人过去习惯于穿——现在有的人还在穿——色彩鲜艳的方形披风，下身穿裙子而不是裤子，袜子向下卷着，膝盖裸露在外，即便是数九寒冬膝盖也裸露着。要知道，苏格兰的气候是很寒冷的。苏格兰的家族叫作宗族，各个宗族的披肩和裙子上都带着自己的格子图案。许多苏格兰词语与英语并不相同，但是非常相似。他们称婴儿（baby）为小孩（bairn），男孩（boy）为小伙子（lad），女孩（girl）为小姑娘（lassie），漂亮女孩（pretty girl）为可爱姑娘（bonnie lassie）。

　　苏格兰有一种特别的乐器，叫"**风笛**"。风笛的主体是用猪皮做成的气囊，气囊上插着一个管子，通过这个管子演奏者可以向气囊吹气，

风笛吹出尖利的乐声，听起来像垂死挣扎的猪发出的尖叫

爱丁堡

就像给气球吹气一样让气囊鼓起来，在气囊上还连着几个喇叭。演奏时，演奏者将气囊夹在胳膊底下，不停地向气囊吹气的同时用胳膊挤压气囊，让气流从喇叭流出，这样气流就会带动喇叭发出一种奇特而又尖利的乐声，就像垂死挣扎的猪的叫声一样。

世界上最大的轮船，比如越洋轮船，是在苏格兰的格拉斯哥制造的。格拉斯哥坐落在克莱德河畔，位于苏格兰的西部。格拉斯哥是苏格兰岛上的第二大城市。苏格兰的首府**爱丁堡**则位于苏格兰的东海岸。苏格兰是长老会的发源地，因此大多数苏格兰人都信奉长老会，正如英格兰的大多数人都信奉圣公会一样。

我们把白土豆称作"爱尔兰人"，因为爱尔兰人大量种植土豆，并以土豆为主食。爱尔兰也是一座岛屿，位于大不列颠岛的西面。事实上，爱尔兰岛的形状也像是个爱尔兰土豆。但是在哥伦布发现新大陆之前，爱尔兰岛上是没有土豆的，爱尔兰人也从未见过或者听说过土豆。土豆的原产地是美洲，后来被传入爱尔兰，从那以后爱尔兰人才开始种植土豆。

爱尔兰岛由两部分组成。北边的一部分面积较小，是北爱尔兰。北爱尔兰是大不列颠及爱尔兰联合王国的组成部分。也就是说，英国的国王不仅统治着英格兰、苏格兰和威尔士，还统治着北爱尔兰。

爱尔兰人是讲故事和编童话的好手。他们说，在过去的过去，也就是以前的以前，爱尔兰北部居住着一个巨人，他建造了一座有魔法的大桥，通过这个桥，人们就可以在爱尔兰和苏格兰之间自由来往了。然后，为了证明他们所讲的是真的，爱尔兰人会让你看从海岸一直绵延到大海中的几千根石柱，

亚麻的用处

亚麻的原产地可能是西亚，如今已在全球范围内广泛种植。亚麻有多种用途，它的根茎纤维可以制作绳索和渔网，还可以和棉、丝、毛等混合纺成纱，或单独纺成纱，麻屑还是制作纸张的原料，有些品种的亚麻籽还可以榨油，可以说亚麻浑身是宝。

并告诉你大桥现在就剩下这些柱子了，这些石柱看起来像是被打桩机打进大海里面的。人们把这些石柱称为"巨人堤"，也就是"巨人桥"的意思。

你口袋里面有没有装着手帕呢？如果有的话，它是**亚麻**的还是棉质的呢？如果这是块"晚会"手帕的话，很有可能就是用产自爱尔兰的亚麻布做成的。亚麻是一种植物，亚麻布就是用亚麻的纤维织成的。与棉布相比，亚麻布更加结实、柔滑，同时也更贵。贝尔法斯特市周围的乡村盛产亚麻。贝尔法斯特不仅是北爱尔兰的首府，同时也是北爱尔兰最重要的城市。贝尔法斯特生产的亚麻布，尤其是顶级亚麻布料是全世界最多的。亚麻织物包括手帕、餐巾、桌布等。

北爱尔兰大部分人不是像苏格兰人一样是长老会教徒，就是像英格兰人一样是圣公会教徒。这是因为，北爱尔兰人的祖先就是从苏格兰移民到北爱尔兰的。

爱尔兰的其他地区，即南部地区曾经也是英国的领地，但是南部地区的爱尔兰人从不愿意接受英国人的统治，所以他们就建立了自己的国家，首都定在一个叫都柏林的城市。人们常说，都柏林人的英语说得比英格兰人还要地道。在南爱尔兰，除了英语之外，人们还说一种其他的语言，那就是爱尔兰语。爱尔兰语是很久以前的古爱尔兰人说的语言，那时的爱尔兰人还没开始说英语。在爱尔兰，人们会在一些硬币和邮票上印上爱尔兰语的文字。

爱尔兰是一个总统制的共和国，英格兰国王不再是爱尔兰的统治者了。

在都柏林的南部有个名字很奇怪的城市，叫科克。离科克不远处有个叫基尔肯尼的地方。爱尔兰人以机智、反应敏捷闻名于世。有一次，一个叫肯尼的人喝姜味儿汽水的时候不小心吞下了一片软木塞，差点被憋死。有人就跟他讲："这可不是去科克的正确方式啊。""对，"肯尼一边咳嗽一边回答，"那是去基尔肯尼的方式。【"科克"（Cork）是"软木塞"的意思。"基尔肯尼"（Kilkenny）读起来类似 Kill Kenny（杀死肯尼）。——译者注】"

从世界各地前来的人们亲吻巧言石

离科克市很近的地方，有一座已经倒塌了的古老的城堡，名字为布拉尼。在这座古老城堡的高高的墙壁上有块石头，传说中，只要亲吻这块石头人们就可以变得口齿伶俐，能说会道，于是人们就叫它**巧言石**。为了亲吻这块巧言石，人们不远千里赶到布拉尼。不过为了亲到巧言石，人们不得不仰面躺倒，几乎翻了个四脚朝天。因此，当有人对我们花言巧语的时候，我们就可以说："哦，你一定亲过巧言石了吧。"

爱尔兰共和国的绝大多数人都是罗马天主教徒。在耶稣诞生之前，他们的祖先就已经居住在那里。一千多年以前，罗马来的传教士将基督教传给了他们。

爱尔兰经常被叫作"翡翠岛"。那是因为翡翠是一种非常美丽的绿色宝石，而爱尔兰降水较多，植物生长茂盛，整个国家绿野遍地。这也是爱尔兰将绿色定为本国的代表色的原因。爱尔兰的国旗就是用绿色、白色、橙色组成的。爱尔兰有一种苜蓿，叫作三叶草，是他们的国花。

你们一定都听说过圣帕特里克。据说，圣帕特里克将蛇赶出了爱尔兰。**英国的国旗**由三个交叉在一起的十字组成，就像字母组合图案。其中一个十

英国的国旗由三个交叉在一起的十字组成

字代表着英格兰的**圣乔治**，一个代表着苏格兰的圣安德鲁，还有一个代表着爱尔兰的圣帕特里克。

圣乔治生前是罗马的一个军官，他因坚定不移地信奉基督而被罗马皇帝杀害，此后被教宗封为圣徒。圣安德鲁是耶稣最初的使徒之一，他在死前曾要求罗马执政者采用和耶稣不同的姿势被处死，于是他死在了 X 形架上。圣帕特里克起初并不信奉基督，在少年被俘成为奴隶后开始信奉，并最终成为主教。

圣乔治

第28章

你会说法语吗？
Parlez-vous Francais?

我认识一个从没上过学的小男孩，当然他也从没上过一节法语课，但是他却可以讲流利的法语。他绝不比你们聪明多少，你说这是为什么呢？答案是，他在法国出生，是个法国男孩。然而历史上有一个阶段，但凡是有点身份的人，甭管他出生在欧洲哪个国家，他都会说法语。英国的国王、贵族、受过良好教育的人都说**法语**，他们只对自己的仆人说英语，因为仆人不配说法语，只能说英语。

> **法语**
>
> 与世界上的其他语言相比，法语是比较严谨的，很少会发生歧义，所以包括联合国、世贸组织等在内的国际组织都把法语作为官方语言。

法国离英国仅有 24 英里远，但是这两个国家隔海相望，没有桥梁连接着它们。英国和法国之间的海域是英吉利海峡。不过，如果我们叫它法兰西海峡，也是合理的，因为这片海域不归英国或者法国任何一方所有。世界上最好的游泳选手，无论男女，会从世界各地来到这里，试图横渡英吉利海峡，但是成功横渡英吉利海峡的人寥寥无几。坐船横渡英吉利海峡只需要一小时，坐飞机的话用的时间就更少了。

当你想穿越英吉利海峡去往法国的时候，你通常会从英国的多佛尔出发，然后在法国的加来登陆，这是横穿英吉利海峡的最短路线。虽然这条路线比较短，但海面上经常波涛汹涌，人们很容易晕船——这让整个行程显得十分漫长。也许有一天，人们会在英吉利海峡下面挖条隧道。人们经常把这条路线叫作加来—多佛尔航线，这里有个古老的、容易回答错误的问题："英国与法国之间的最短路线是哪条？"人们经常会这样回答："加来—多佛尔线。"但是这个答案是错的，因为"去"法国的最短的路线应该是"多佛尔—加来线"。有时人们会选择一条长一点的路线，在法国其他的地方登陆。比如，有时人们选择在勒阿弗尔登陆，勒阿弗尔坐落在一条河的入海口附近，这条河就是**塞纳河**。塞纳河的英语拼写是

塞纳河

"Seine"，但是发音和"Sane"一样。

　　如果你到了法国，就会看到到处飘扬着的法国国旗。法国国旗和美国国旗一样都是由红、白、蓝三种颜色组成的，不过法国的国旗只是由三个简单的竖条并列组成，从左到右，这三个竖条的顺序依次是——蓝、白、红，可不是红、白、蓝哦！街道的标志和建筑物上的标牌都是用法语写的，这是一种完全与英语不同的语言。当然，他们的货币也跟我们不一样，叫作法郎。

　　你可能听别人说过你"长得像你父亲（*或者母亲*）"。但别人肯定不会说你的父亲（*或者母亲*）长得像你。法国的首都，也是法国最大的城市——巴黎就坐落在塞纳河的上游。英文的拼写是"Paris"，但法国人对这个单词的发音却是"Paree"，有的人认为巴黎是全世界最美丽的城市。人们经常说一个地方很美丽，"像巴黎一样"，但人们绝对不会说巴黎像别的什么地方。

伦敦也在一条河的上游，但是伦敦离大海很近，一些大型的船舶

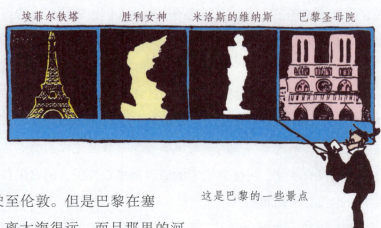

埃菲尔铁塔　　胜利女神　　米洛斯的维纳斯　　巴黎圣母院

这是巴黎的一些景点

可以直接行驶至伦敦。但是巴黎在塞纳河的上游，离大海很远，而且那里的河道既浅又窄，大型的船舶根本没办法到达那里，只有小型的船只可以到达巴黎。塞纳河直接穿过巴黎，不过准确来说是它蜿蜒穿过了巴黎。巴黎市内的塞纳河河道是弯弯曲曲的。

在塞纳河的某座小岛上，有一座规模宏大的教堂，这座教堂是为了供奉圣母马利亚而建造的，法国人称之为"诺特戴姆"，意为"我们的女士"。这座巴黎圣母院已经有数百年的历史了，是用石材和彩色玻璃建成的。教堂的前面有两个塔楼，教堂的中央有个"像指向天空的手指"一样的尖塔。高高的石柱支撑着教堂的屋顶，这些石柱被称作飞拱，如果没有这些飞拱，屋顶就会坍塌。**巴黎圣母院**的屋顶四周雕刻着各种奇怪的石头动物。它们的造型都非常丑陋，绝非你曾经听闻过的普通动物的样子。它们看起来像鸟，像野兽，又像魔鬼。这些石像学名为"怪兽状滴水嘴"，它们被塑造成尽可

巴黎圣母院

巴黎圣母院之所以被广为熟知与一部文学作品有关，那就是法国文学家雨果的小说《巴黎圣母院》。这部小说描绘了主人公卡西莫多的善良与勇敢，以及他对吉卜赛少女的爱。

能丑陋可怕的样子，蹲坐在屋顶的边缘。人们相信这些怪兽可以将教堂里的恶魔吓走。

在巴黎，还有一座为《圣经》里面的另外一个马利亚建造的大教堂，这个马利亚的全名是马利亚·玛德琳。这座教堂也很有名，它的名字是"玛德琳教堂"。这个教堂的历史比巴黎圣母院要短，但是它看起来却比巴黎圣母院更为沧桑。玛德琳教堂的建筑风格很像基督诞生以前的寺庙的风格——那个时候还没有教堂。玛德琳教堂的四周都是石柱子，但它没有窗户、塔楼、飞拱，也没有尖顶和圆屋顶。

很久之前，法国有国王、王后、王子和公主，塞纳河畔有许多专供他们居住的美丽建筑。但是现在，法国没有国王、王后或者王子了。法国现在和美国一样，是总统制共和国。所以，以前那些供王室使用的宫殿现在都成了博物馆、美术馆或者图书馆。法国最大的宫殿是**罗浮宫**，许多传世的绘画作

罗浮宫

品和雕像都被收藏在这里。

照片通常不怎么值钱，即便是一张拍得很逼真的照片，即便拍摄的是名人，也不会值很多钱。然而，一幅绘画作品，即便画得并不逼真，画的人物也不是有名的大人物，却有可能价值千金。在罗浮宫收藏的诸多绘画作品中，

有一幅绘制的是一位正在微笑的贵妇，她的名字是**蒙娜丽莎**。这幅画是世界上价值最高的绘画之一，但它曾经被人从罗浮宫的墙上摘下、偷走过一次。偷走这幅画其实是非常愚蠢的举动，因为盗贼并不敢把

《蒙娜丽莎》

《蒙娜丽莎》是一幅神奇的画作，它的创作者达·芬奇更是一位神奇的人。达·芬奇是个博学、多元化的人才，雕刻、建筑、音乐、数学等无所不通。难以想象吧，他曾设计过坦克、飞行器，甚至机器人。当然，他最出名的作品还是《最后的晚餐》和《蒙娜丽莎》这两幅画。

这幅画卖出去，甚至都不敢向别人展示这幅画。全世界都在寻找这幅画的下落，但是直到很久以后，才有人在另外一个国家发现了这幅画，将它带回了原本的所在地——罗浮宫。

在基督诞生以前，人们相信世界上有诸多的神明，有的神明善良公正，有的神明邪恶无比。古人按照自己想象中神的形象，雕刻了很多神像。罗浮宫就存放着世界上最著名的两尊神像。其中一座神像是用大理石雕刻的维纳斯像，维纳斯是爱神。这座神像雕刻于两千多年以前，但是直到不久以前，人们才在一个叫作米洛斯岛的地方发现了它，于是人们又管它叫作"米洛斯的维纳斯"。另一座神像看起来就好像是一个展翅欲飞的天使，被称作是"胜利女神"，胜利女神的雕刻时间也在基督诞生之前。维纳斯神像没有了双臂，胜利女神神像则没有了头颅，尽管如此，它们还是比绝大多数健全的真人要美丽得多。

法国的国会大厦不仅没有像美国国会大厦那样的圆屋顶，也没有像英国议会大厦那样的高塔。但是，巴黎有座建筑有圆屋顶，它看起来和美国国会大厦以及伦敦圣保罗教堂的圆屋顶类似。不过这座建筑可不是教堂或者国会，它是法国历史上最伟大的两个士兵的安息之地。其中一位士兵是拿破仑，他

与美国的乔治·华盛顿是同一个时代的人。他曾经是法国的皇帝，那时法国还没有总统，他的遗体就安放在圆顶下面的一个大理石棺椁里。另一个士兵是福煦将军——一战期间的一位军队首领。

埃菲尔铁塔是世界上最高的塔，它坐落在巴黎的塞纳河畔。埃菲尔铁塔高约 1 000 英尺，塔身由钢铁制成，坐落在四个高高的铁腿上。你的视线可以透过它的铁腿看到其他建筑，这样铁塔看起来就像是跨立在这些建筑之上的巨人。

第**29**章

你会说法语吗？（续）
Parlez-vous Francais?(continued)

　　有两个法语单词是不懂法语的人也认识的，一个是"Boulevard"（林荫大道），另一个是"Avenue"（大道）。也许你一直以为这两个单词是英语单词，但事实上这是两个法语单词。巴黎的林荫道很多，有一条繁华大道是众所周知的。这条大道的两侧种着郁郁葱葱的树木，一直延伸向太阳落山的方向。它非常美丽，以至于法国人认为它都配得上天堂了，于是给它取名为"香榭丽舍大街"，意为"天堂之境"。

　　伦敦人把广场叫作"Circus"，巴黎人则称之为"Place"。在巴黎的众多广场中，最美的是协和广场。协和广场的正中间有个纪念碑，它是用一整块石头雕刻而成的，高高耸立在广场上，名为克娄巴特拉方尖碑。协和广场位于香榭丽舍大街的一头，在它的对面，香榭丽舍大街的另一头，是一个美丽壮观的拱形门。这个拱形门

凯旋门下面就是法国的无名烈士之墓

凯旋门

横跨在大街上，像个巨大的出入口。这就是"凯旋门"。凯旋门，顾名思义，你可以猜出它就是"胜利的大门"的意思。然而，任何车辆都不被允许从这个大门通过，因为凯旋门下面就是法国的无名烈士之墓。墓地上有盏长明灯，无论白天黑夜一直亮着，以此表示法国人民将永远铭记，在世界大战中死去的英勇的法国将士。

法国人热爱一切美丽的事物，他们热爱美丽的绘画，热爱美丽的雕塑以及美丽的建筑物，并且他们也知道如何制造这些美丽的事物。所以美国和世界其他各地的年轻人都到巴黎，学习法国人创造美丽事物的本事，他们在巴黎学习如何成为一名画家、雕刻家或者建筑师。

法国人对美的热情还体现在生活中的方方面面，比如漂亮的帽子、服装、食物和优雅的礼仪等方面。法国帽子、法国服装、法国大餐、法国礼仪均是举世闻名的。说来也怪，法国享誉盛名的服装设计师都是男性。同样奇怪的是，法国最有名气的大厨也都是男性，我们称这种大厨为"主厨"。美国的服装设计师会到巴黎学习，模仿法国服装的样式和帽子的造型；美国顶尖的酒店和餐厅都会聘请法国大厨作为主厨。或许你已经注意到，在美国很多餐厅，菜单上的菜名都是用法语写的。原因在于，美国的厨师们不仅向法国人学习如何制作**法国菜**，而且菜名也是直接照搬的。给法国厨师一根骨头和一块面包，他就能做出美味的汤。在美国，汤就仅仅是汤而已；但在法国，汤

美味的法国菜

　　法国菜是世界上最著名的菜系之一。它那细腻的口感、美味的酱料，以及华美的餐具摆设都可以称得上是一种艺术了。在法国美食中，松露、鱼子酱和鹅肝酱被誉为法国美食的"三大天王"。而著名的法国菜肴则有法国洋葱汤、法式辣猪排等。

被叫作"浓汤"或者"清炖肉汤"。汤的名字听起来都更高级一些，任何听起来更高级的事物都会令人期待，它的味道也更好一些——通常情况下也的确如此。

最有名气的法国厨师都是男性

我们通常都是在室内吃饭。在室内，我们不能看到其他人，同样别人也不能看到我们。但是法国人经常会在室外就餐，在马路边，在能够俯瞰人行道的地方。这样，就餐的人能够看到其他人，其他人也能够看到就餐的人。法国很多著名的餐厅就是这样的。

法国人就餐时都要配上**葡萄酒**，就像美国人吃饭时喝牛奶、咖啡或者茶一样。法国各个地方都有大型农场专门生产葡萄，法国人用葡萄酿造葡萄酒。这些农场就是葡萄庄园。

葡萄酒

葡萄酒的制作历史已经有6 000年了，6 000年前的苏美尔人和古埃及人就已经开始制作葡萄酒了。葡萄酒的酿制方法通常是先去梗，再压榨，最后把果汁、果肉和果皮放到发酵桶里发酵。有兴趣的话你也可以试一试。

好多材料都可以制作布匹，比如亚麻、棉花、羊毛以及蚕丝。其中亚麻布、棉布以及羊呢实用性都较强，**丝绸**比较适合用于制作装饰品。爱尔兰的布匹都是用亚麻制成的，英国的布匹则都是用棉花和羊毛制成的。但在法国，出于美观的考虑，布匹都是用蚕丝制作的。亚麻和棉花都来自植物，羊毛从绵羊身上

丝绸

说到丝绸，就不得不说"丝绸之路"以及丝绸的发源地中国，据考古研究发现，中国早在公元前30世纪就懂得养蚕和编织丝绸了。通过"丝绸之路"，丝绸传到了欧洲，受到罗马贵族的追捧，那时的丝绸比黄金还要贵呢！

173

获得，但是蚕丝是来自一种小虫子。这种小虫子就是蚕。严格来讲，蚕并不算一种虫子。真正的虫子从出生、长大直到死亡一直是虫子的形态。但是如果让蚕自生自灭，它就会羽化成美丽的蛾子或者蝴蝶。但是，我们会想方设法将绝大部分的毛毛虫都消灭掉，因为毛毛虫会吃掉树叶和其他绿色植物。但是蚕不一样，它很珍贵，人们用树叶饲养它们，就像饲养鸡一样。蚕的幼虫喜食一种特别的树叶——桑树叶。法国人在法国罗讷河流经的罗讷河山谷中大量种植桑树，就是为了采摘桑叶用来养蚕，而非为了采摘桑葚。

当蚕吃了桑树叶以后，就会吐出一根长长的细丝，大约有四分之一英里那么长，有点像蜘蛛吐丝织网。蚕环绕着自己吐丝，最终将自己包裹在丝线里面，形成一个类似花生的蚕茧。然后，蚕就开始沉睡，当它睡醒时就会变成蛾子，破茧而出。但人们不会让它睡到自然醒，而会在它沉睡的时候用热水煮蚕茧，直到包围着蚕的丝线一圈圈散开，再用蚕丝制作成丝绸、丝质袜子、丝绸带子以及其他所有女人喜欢的丝制品。欧洲最大的丝绸产区是位于罗讷河畔的里昂。

罗讷河自北向南流入里昂海湾——地中海的一部分。马赛既是里昂海湾最主要的城市，也是仅次于巴黎的法国第二大城市。但实际上，马赛的历史比巴黎还要悠久。很久之前，马赛就是地中海沿岸的一个重要的港口，现在它仍是法国的良港之一。马赛在罗讷河的入海口附近，并没有紧挨着入海口。

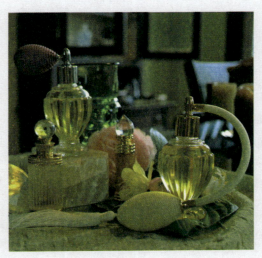

香水

还有一个女人都喜欢的东西，那就是**香水**——甜蜜芬芳的香水！法国的香水全球闻名。法国人用鲜花、香草甚至野草来制作香水。法国香水都非常昂贵，因为生产少数几瓶香水的代价就是用掉一整块田地里的鲜花。1美元只够买一丁点的香水！我一直都认为鲜花以及鲜花制成的香水均来自于泥土这件事十分神奇，美丽的色彩和甜蜜芬芳的香水都来自泥土！

你肯定猜不到香水为什么会成为法国的符号。传说，以前的法国人认为，身体病了才需要洗澡，不洗澡才是健康的表现。据记载，法国路易十四国王64 年内只洗过一次澡，所以当时的法国人身上脏乎乎的，散发着异味，于是他们就创造了香水，来遮掩身上的臭味。

法国农民除了种植葡萄、养蚕、种植用作香水原料的鲜花以外，当然也会种植别的东西。美国农民种植的大多数植物，法国农民也在种植。法国的大部分人口都是农民，不过他们并不住在农场里，他们居住在村镇的房子里，每天往返于家和农场之间，而且农场离他们所居住的村镇通常都很远。

女人去巴黎买帽子和服装

当我还是个 5 岁的小孩时，大人就给了我一个存钱罐，让我"攒钱养老"。到 12 岁的时候，我总共攒了 100 美元，我觉得自己像个百万富翁了。法国人都很节俭，即便他们挣得再少，也会想方设法把其中一部分存起来，因此法国的穷人也会将钱存入银行，准备等他们年老无法工作时用于生活。

法国女孩也会把钱存起来，这样当她出嫁的时候就有钱买家具、房子甚至是更多的东西，这就是法国人所说的置办嫁妆。有的父母可能会给女儿一份嫁妆，有的父母则不提供嫁妆，这时就由女孩自己置办嫁妆。女孩的嫁妆少则几百美元，多则数千，但是几乎没有女孩出嫁时没有嫁妆。带着嫁妆，女孩们"从此过上了幸福的生活"。

带着嫁妆，女孩们"从此以后过上了幸福的生活"

第30章

海平面下面的国家
The Land Below the Sea

战场和大钟好像是两种完全没有联系的东西，有个国家曾经是广为人知的战场，还有很多大钟，它位于法国北部，名叫比利时。

大钟在比利时随处可见，市政府、教堂和某些建筑的塔楼上都有，它们不但可以报出准确的时间，还能发出动听的音乐。鸣钟者会在节假日或者周末时坐在一个键盘旁进行敲击，而后不同的声调和旋律就会从大钟上发出，从而让城镇里的所有人在家就能听到动人的音乐。有时候，一组钟包括五六十个声音和大小都有区别的钟，音调偏高的钟比较小，音调偏低的钟比较大。当钟锤敲击各个固定不动的钟时就会发出声音。钟锤和键盘之间连着线，当键盘被鸣钟者敲击时就会通过线带动钟锤。城中响起这样的音乐时是禁止任何噪音的，人们不能大声嬉闹打闹，汽车不能按喇叭，这样大家才能安静地欣赏动人的音乐。

除了大钟，比利时和战场还有很大的联系，为什么呢？在很长一段时间里，欧洲爆发战争的地方都是比利时，不过，战争的主要参与者不是比利时，而是其他欧洲的国家。比利时在第一次世界大战和第二次世界大战时期是法军和德军交战的地方，很多建筑物都在战火中被摧毁。一个世纪多以前，法

你知道是谁在滑铁卢打败了伟大的拿破仑吗？

他就是威灵顿公爵。奇怪的是，很少有人知道他的名字。如今，无论成败，拿破仑和威灵顿都被人们视为英雄。

国有个将军叫拿破仑，这个人就是前文提到被葬在巴黎的人，他在比利时的滑铁卢打了一场永垂历史的战役。**滑铁卢战役**让拿破仑一败涂地，后来我们就用"滑铁卢"这个名词来形容输得很惨，像比赛或者战争惨败，我们都可以说它遭遇了滑铁卢。比如，在比赛惨败的时候，我们可以这样来形容"这只球队遭遇了滑铁卢"或者"这位曾获世界第一的网球运动员遭遇了滑铁卢"。

布鲁塞尔是比利时的首都。或许，你曾听说过布鲁塞尔地毯、布鲁塞尔花边以及布鲁塞尔汤菜，它们的产地都是布鲁塞尔。

比利时内名字以"布鲁"开头的城市还有一个，它是布鲁日。这个城市内的河流很多，还有各种大小不同的桥梁，人们日常出行的工具是船。比利时境内多山的地区离法国比较近，而挨着荷兰的地区地势比

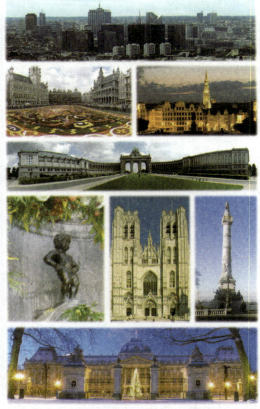

布鲁塞尔

荷兰人为了把低处的水排出去建造了巨大的四翼风车

较低。荷兰这个名字可以理解为"低地"。荷兰的很多地方都比海平面低，人们为挡住海水不得不建造堤坝或者河岸，并在堤坝内建造带有风车的磨坊。风车的四个翼都非常巨大，能够让磨坊不断地排水。

想要挡住大海浪，建造的堤坝就必须非常坚固、宽阔，不能有一点小裂缝，不然就会被海浪冲毁，导致洪水暴发，房屋会被冲毁，动物和人也会死去。所以，荷兰任命了堤坝监督官来专门管理堤坝，只要发现裂缝就马上进行修补。

七百多年前，北海的海水在一次特大的风暴中将堤坝冲毁了，涌入的海水淹没了房屋，让很多的人失去了生命。现在，那个地方已经完全沉在海底，有鱼儿在里面游动，有船只在它上面航行，这片水域被人们称作"南海"。想要挡住北海海水的荷兰人想在那里造一个新的堤坝，并排出现有的水。或许在将来的某一天，"南海"会消失，那个地方会成为陆地，不再有水、鱼儿和船。

美国境内到处是街道，而荷兰境内到处是运河。夏天，运河上会航行着大小不一的船只，冬天，结了冰的运河上会有滑着冰的荷兰人，大人们滑向公司，孩子们滑向学校，是不是很有意思？

荷兰的马很少，人们运东西的时候会用自行车或者狗拉车。因为，同狗相比，马不仅吃得多，而且还需要专门睡觉用的马厩，自行车也不需要单独停放的地方。被训练的狗也可以运很多装着牛奶的桶，就像马一样。不过，半路上不能遇见猫，它们根本无法好好相处，遇到了肯定要打架。

荷兰虽然没有多少马，但是有很多奶牛。荷兰黑白相间的奶牛产奶量比其他奶牛大，叫黑白花牛。黑白花牛的奶是奶酪的原料。为了能长久保存，

荷兰

　　我们所说的荷兰，是一个主权国家——荷兰王国，它的正式国名是 Koninkrijk der Nederlanden（荷兰语），是由四个构成国组成的：荷兰【Nederland（荷兰语）直译尼德兰】和美洲加勒比海地区的阿鲁巴、库拉索、荷属圣马丁。而且尼德兰国内还有北荷兰省和南荷兰省。我们在非正式场合把它们统称为荷兰，但是正式场合这样称呼是不礼貌的。

　　荷兰人会把奶酪做成大块状，然后封存。荷兰的奶酪很出名，在荷兰还有专门的售卖市场。

　　荷兰人喜爱干净，总是把屋子打扫得一尘不染，他们整洁的厨房同时也是卧室和餐厅。荷兰人会不停地打扫屋内屋外，有时候还会打扫房屋外的通道，有的城市的街道都会被人们打扫得很干净。荷兰人的房屋通常会挨着奶牛棚，奶牛

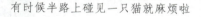

有时候半路上碰见一只猫就麻烦啦

棚也会被人们打扫得像屋子里一样干净，里面有挂着窗帘的窗户，还有挤奶时专门用来挂牛尾巴的挂钩。荷兰雨水充沛，空气湿润，很多荷兰人的鞋子是木头做的，在人们进屋前会被放在门口。在某些荷兰乡村里，男人穿的裤子都很肥大，像枕套一样，女人穿的裙子又短又肥，戴着的帽子是白色。在荷兰，名字以"丹"结尾的城镇有很多，而且荷兰两个最大的城市一个叫鹿特丹，一个叫**阿姆斯特丹**。

　　阿姆斯特丹被人们称作钻石之城，但钻石的产地是非洲而不是荷兰。钻

阿姆斯特丹

石矿最初的样子和钻石差距很大，它们从非洲矿山中被开采出来时比较像鹅卵石，让你根本无法将这些石头和钻石联系到一起。这些矿石会在阿姆斯特丹的工厂里变成闪耀的钻石。世界上没有什么东西比钻石更坚硬，它不会被碎石机或者钢铁工具弄碎，也不会因为锉刀或者砂纸而出现刮痕，它只能被钻石材质的工具切割。阿姆斯特丹的工人想要将原始钻石加工成多面的钻石成品，切割时就必须用钻石做的工具。

这些矿石会在阿姆斯特丹的
工厂里变成闪耀的钻石

第31章

西班牙城堡——空中阁楼

Castles in Spain

小时候，我时常幻想自己将来成为一个富有的男人，拥有一座豪华住宅，宠物房建在地窖里，健身房建在阁楼上，客厅里都是珍贵的宝物，餐厅里的喷泉喷着苏打水。当我想象这一切的时候，妈妈就会说那样的房子是"西班牙城堡"，是我的"空中阁楼"。每次我问那是什么样子的房子时，妈妈就会说："你认为最好的房子。"

后来我才知道，世界上真的有一个叫西班牙的国家，至今那里还有许多城堡。

欧洲地图像"谜图"一样，你掉转一下方向再观看，会觉得它像一个又小又矮的老年妇女，大头，驼背，一条长腿伸向海洋，好像刚刚踢中了一个足球。西班牙在老年妇女的头部，被叫作葡萄牙的国家在帽子的位置，比利牛斯山脉在衣领的位置，而法国在衣领下面。

西班牙不仅在地图上是头部的位置，它曾经真的统治了欧洲一段时期，那时西班牙在欧洲拥有很多领土。"统治"着欧洲的西班牙在哥伦布发现美洲大陆后，还成功地"统治"了整个世界。当时，世界上没有哪个国家比西班牙更强大，除了巴西之外，整个南美洲以及北美洲的很多土地都在西班牙的统治之下。不过，现在西班牙的领土都没有完全占据那个老妇女的头部。西班牙的版图看起来好像在同非洲的版图碰鼻子，和两个相遇后喜欢碰鼻子的野蛮人一样。西班牙的"鼻子"名叫**直布罗陀**，现在属于英国。

直布罗陀的戈咸岩洞

在直布罗陀有一个洞穴，考古学家称它为戈咸岩洞，他们在那里发现了24 000年前尼安德特人的生活痕迹。尼安德特人是一种生活于旧石器时代的史前人类。直布罗陀戈咸岩洞的发现为学者研究人类的进化过程提供了重要证据。

从地图上看，直布罗陀就像一个鼻子，假如你坐着船沿地中海航行，你会看到直布罗陀所有地区都是很高很高的岩壁。直布罗陀海峡处于非洲和直布罗陀之间，宽度是多佛尔海峡的二分之一。不过直布罗陀海峡和大西洋之间的水流非常快，在很长一段时间内，人们都无法成功横渡它。直布罗陀海峡一旁的岩石上有像房间和门厅的地方，这是英国人开凿的，他们将可以射得很远的枪支装在窗口

堡垒藏在直布罗陀的岩石中，里面是带着武器的士兵

上，让士兵在里面观察外面的情况。战争爆发时，士兵在里面就可以开枪射击想要靠近的敌人。

很久之前，生活在地中海附近的人认为地中海是世界的全部，他们不知道其他地方的模样。当时的海员觉得坐船从直布罗陀海峡驶入海洋是一件非常危险的事情。因此，他们在海峡两边立起了像我们的门柱一样的柱子，并在柱子上挂上写着"禁止穿越"的警示牌，提醒人们。人们称这些柱子为"赫拉克勒斯柱"，那个时期的人们以为海洋尽头就在赫拉克勒斯柱不远处，航行过去的船只会掉入无底深渊。不相信这种无知想法的哥伦布英勇地从西班牙开始了航行。那时，他在赫拉克勒斯柱外的某个地方起航，穿过了海洋，最后抵达美洲。

在哥伦布海上航行之前，摩尔人就在西班牙生活。摩尔人同其他欧洲人不同，他们是从非洲迁徙过来的。摩尔人信仰穆罕默德，不信仰耶稣，他们的神是安拉。和基督教徒一样，摩尔人也建造了很多宫殿，当然他们的漂亮宫殿肯定和基督教徒建造的不一样。摩尔人还在直布罗陀附近的格拉纳达城山上建造了一座宫殿，叫作"**阿尔汗布拉宫**"，居住的人是摩尔人的王子。西班牙的基督教徒非常讨厌摩尔人，时常向摩尔人发动战争，最后将摩尔人赶出了西班牙，让他们回到非洲。哥伦布在阿尔汗布拉宫接受了西班牙女王

阿尔汗布拉宫

阿尔汗布拉宫又称红色城堡，是格拉纳达摩尔王朝时期修建的集清真寺、宫殿和城堡于一体的建筑群。由梅斯亚尔厅、科玛莱斯宫、香桃木院、使节厅、狮子庭院、两姐妹厅、阿本莎拉赫厅和国王厅等重要部分组成，是西班牙的旅游胜地。

的送行，并带着女王的期望开始寻找新大陆。现在，格拉纳达城的山上还坐落着那座阿尔汗布拉宫，它在西班牙人的维护下还保持着原样，成为了旅游胜地。宫殿没有被粉刷过，墙壁是用彩色瓷砖装饰的。宫殿建有马蹄形的门道，除了漂亮的喷泉，庭院中还有浴池，摩尔公主曾在这里沐浴。

　　穆罕默德是世界三大宗教之一伊斯兰教的先知，安拉的最后一位使者。此外，他还是位了不起的政治家，在他的带领下，人们实现了阿拉伯半岛的统一。

　　西班牙有一个叫塞维利亚的城市，那里有一座世界第二大的教堂。这座教堂是基督徒在赶走摩尔人之后建造的。据说，哥伦布的骨灰就埋在这里，不过前文提到过，那里埋葬的是哥伦布儿子的骨灰。实际上，哥伦布的骨灰依旧在海地。

　　过去，摩尔女人出门需要戴能遮住脸的面纱，不然就不能出门。现在，西班牙还保留着面纱，不过那里的女人们拿它当帽子，有的人还会用蕾丝做面纱，看起来非常美丽。她们还会将一把又长又大的梳子插在头发上，将各种颜色的丝绸披肩披在身上，到了夏季，西班牙女人手里会拿着美丽的扇子。夏天，塞维利亚非常热，人们会尽量待在家里。西班牙的大人们和美国的儿童们一样，会在中午的时候睡午觉。

她头发上插着一把长长的梳子，面纱从头上一直垂到肩膀上

第32章

西班牙的城堡（续）
Castles in Spain (continued)

曾经，还是一个小男孩的我从栅栏上翻过去，向一块田地跑去。在田里，有一头公牛突然向我冲过来，完全没有防备的我被吓得撒腿就跑，拼命地翻过栅栏，这样，公牛的角才没有顶到我。我认为公牛没有一点有趣的地方。可是，西班牙人喜欢看斗牛，无论是休息日还是节日，他们都会去露天的斗牛场观看。

斗牛场外围着栅栏，中间是一块沙地，观看斗牛的人们都坐在栅栏外面的座位上。场地一旁有扇门，一头强壮的公牛冲进来后会看到一个不断挥舞红色斗篷的斗牛士。红色会让公牛变得暴躁，它会低着头向斗篷冲过去。斗牛士会在牛角快顶到自己的时候灵敏地跳到一边，暴躁的公牛不能很快转身，就只能看着斗牛士躲开。斗牛士会像猫戏弄老鼠一样不断地逗弄公

斗牛士用一个红色斗篷戏弄公牛，就像猫在捉弄老鼠

牛。最后，公牛会一下子被斗牛士抽出的长剑刺死。你是不是觉得这样做很残忍？但西班牙人不会这样觉得，他们反而认为我们的想法很奇怪。西班牙人说你们能杀牛吃肉，却不允许我们看牛被杀的乐趣。

斗牛士一定要有足够的勇气和娴熟的技术，假如在沙地上滑倒了就没有办法躲开公牛，最后只能死在牛角下。棒球是每个美国人都热爱的运动，棒球馆或者棒球场几乎存在于美国的每个城镇。而在西班牙，人人都热爱的运动是斗牛，西班牙几乎所有的城镇都有斗牛场。在小男孩玩的游戏中，有人会扮演斗牛士，有人会扮演公牛。

差不多所有的国家都有属于自己的全民运动，西班牙女孩对跳绳不感兴趣，她们喜欢跳舞。她们跳舞的时候会唱歌，还会用手打着响板，那种响板和巨大的栗子很像。我们的孩子会在很多地方玩"跳房子"或者跳绳，而西班牙的女孩会在很多地方跳舞，例如公园、街道、广场。哪怕是在**塞维利亚主教堂**，唱诗班的男孩们也会在某些宗教节日时在圣坛前边跳舞边打着响板。西班牙是世界上唯一一个可以在教堂看到舞蹈的国家。

塞维利亚主教堂

　　塞维利亚主教堂位于西班牙安达卢西亚自治区的首府塞维利亚，是世界上第三大教堂。它曾在16世纪超越圣索非亚大教堂成为世界第一大教堂。如今已被列入世界文化遗产。

在西班牙，房子前面、后边、旁边都没有院子。西班牙人会建一圈房子，中间的地方是院子。这种院子会被当作住房的餐厅或者客厅，被人们称为"天井"。

在西班牙，你在坐火车时或许会看到外面有一种奇特的树，这种树跟美国的树完全不同，叫作塞子木。平时，我们用的瓶塞不会像桃子或者浆果那样在树上长着，它们是做出来的，材料就是塞子木的皮。人们从树上砍下大块的皮，然后做成大小不一的塞子，之后塞子木还会有新皮长出来。一般而言，塞子木要生长九年，它的新皮才能成为塞子的材料，因此，你可能会和你家里的塞子差不多大，或者你的年龄还会更小一点。

塞子木可以活很长时间，比人的生命长很多。据说，西班牙还有一种树龄达一千年的树，这种树叫作橄榄树。橄榄树的果实是绿色的，叫作橄榄，看起来像小樱桃。在很多很多年之前，橄榄就是人们的食物了，但是它的味道还是有很多人都不喜欢。拌沙拉时，用于调味的橄榄油是橄榄压榨后得到的，

西班牙女孩对跳绳不感兴趣，她们喜欢边跳舞边用手打着响板

是最好的食用油。西班牙人不吃黄油，平时只吃橄榄油。橄榄还能被做成肥皂——卡斯提尔肥皂，这种肥皂很正宗，你也许用过呢。

很久以前，**橄榄枝**会被编成花环戴在获得比赛胜利的人头上。战争时期，橄榄枝会被递送和平信息的信差戴着。之后，橄榄枝就有了象征和平的意义。你在西班牙某些地区坐火车，一整天都能在窗外看到橄榄树。你偶尔会想：为什么会有这么多橄榄树，它们有什么用？橄榄树用处非常大，西班牙人离开它们就无法生活，就跟我们离开肉、黄油和蔬菜就无法生活一样。每年西

橄榄枝

橄榄枝的"好朋友"就是和平鸽，它们都是和平的象征。在圣经故事里，挪亚放飞鸽子让它去瞧瞧大洪水是否消退，鸽子回来的时候嘴里叼着一根橄榄枝，预示着大地已恢复生机。此外，橄榄枝还是体育的象征，奥运会的会徽就是一个橄榄枝缠绕成的王冠。

马德里

班牙人除了自己使用之外，还会将很多橄榄油和橄榄向其他国家出口。

　　前文提到过，人们会说某些城市像巴黎一样漂亮，其中的一个城市就是西班牙的首都。西班牙的首都叫作**马德里**，大约位于国家的中心处。旧马德里的房子很矮小，道路都很窄。新马德里的建筑都很漂亮、宏伟，道路都非常宽阔，两边都是树木。假如你没有听到当地人说西班牙语，你也许会以为这里是巴黎甚至是纽约。过去的西班牙人做事拖拉，总是说："明天吧，明天吧。"现在，西班牙人已经改掉了这个习惯，他们会尽量完成当天的事情。如果你在马德里说自己是美洲人，当地人会认为你来自南美洲。西班牙人认为"南美洲"就是整个美洲。许多西班牙人在南美洲获得财富后就会回到马德里，对于他们而言，"西班牙城堡"只存在于马德里。

　　都已经各自结婚了的兄弟如果还在一起生活，他们就容易吵架，假如分开生活，他们的关系会更融洽一些。西班牙和葡萄牙就像已经成家了的两个兄弟，两个国家的语言很相似，风俗、生活方式等也很相似。两个国家也曾联合过，不过结果很糟糕，于是又分开了。两个国家的人民都热爱唱歌跳舞，都喜欢看斗牛，都种植橄榄树和塞子木。但是，葡萄牙人不会像西班牙人那样杀死公牛，他们会包起公牛的牛角，这样斗牛士也比较安全。

第33章

天空之国
The Land in the Sky

之前我们讲过,荷兰是欧洲地势最低的国家。瑞士是欧洲地势最高的国家。荷兰像球场一样平坦，整个国家甚至连矮小的山丘也没有。

瑞士也没有矮小的山丘，有的却是高大的山脉。闻名世界的阿尔卑斯山脉是西欧最高的山脉，白雪一年四季都覆盖在山顶，它就位于瑞士。

甜甜圈如果没有中间的那个洞，也就不叫甜甜圈了。假如没有山谷，也就不会有绵亘不断的山脉，这和甜甜圈的道理是一样的。白雪终年覆盖着瑞士山脉的山顶，而山谷却是青葱翠绿。牛儿在田间自在地吃草，脖子上的铃铛叮当作响，从山顶流下来的雪水形成了美丽的瀑布以及淙淙的溪流。

你看到过积雪忽然从屋顶上滑落下来，整个儿倒塌在地上吗？雪崩就是此种情景。设想一下，假如把屋顶换作长 1 英里的山坡，忽然，山坡上的雪全部滑落到山谷里，那将是多么危险呀！这么严重的雪崩在瑞士就会发生，山谷中的居民和房子，甚至整个村庄都会被埋没。

冰川就是积雪在又宽又长的山谷中结成了冰，就像一条从河面到河底都结了冰的河一样。

泉水是大多数河流的源头，而在瑞士冰川融化的冰水才是大多数河流的源头。"罗纳冰川"是瑞士最大的冰川之一。你还记得我们之前讲到的罗讷河（Rhône）吗？"罗纳冰川"与"罗讷河"之间确实有一些关系。罗讷河是由罗纳冰川底部融化的冰水形成小溪，小溪一路向下潺潺流去，越流越广阔，在流到山谷以后，又加入了别的小溪，最终汇成宽广的河流。日内瓦湖是瑞士最大的湖泊，它就是由罗讷河最终流进广阔的山谷里形成的。

罗讷河流入日内瓦湖，并从另一侧流出，一直奔流而去，之后经过法国的里昂。在前面我们曾经也讲过里昂吧？罗讷河最终流入地中海，途经里昂的桑树林、养蚕农场以及丝绸工厂。

在欧洲，有一条与罗讷河名字很像的河，也就是闻名于世的莱茵河（Rhine），它们的名字只有一个字母之差。冰川融化的冰水也是莱茵河的源头，它途经法国和德国向北流去，穿过荷兰，最终流入北海。

世界上很多人都认为，登山是一项特别好的运动。人们比较喜欢挑战山峰高、攀登难、有危险的山。勃朗峰，意为"白色的山"，是阿尔卑斯山最高的山峰，勃朗峰的顶峰位于法国，但一部分山脉坐落于瑞士。很多人都会在夏天攀登**阿尔卑斯山脉**的最高山峰——勃朗峰以及一些其他的山峰。登山时，登山者会用一种末端带钉尖的杆子来抓住冰面，同时脚穿底部有平头钉的鞋，这样在冰雪上就不会打滑。登山者也会找对路线比较熟悉的导游来带路，他们一队人绑在一起，这样如果有人不小心滑倒，别的人就能立即把他拉起来。即使这样，每年夏天还是会有许多人在登山中丧生，比如，有些人因忽然滑倒被摔伤致死，也

阿尔卑斯山脉

　　阿尔卑斯山脉中有128座山峰的海拔超过了4 000米，其中勃朗峰的海拔最高，达到了4 810米，整个山脉面积有298,100平方千米，虽然仅占据了欧洲的11%，但却为欧洲提供了90%的水源，是欧洲非常重要的山。

有一些人是遇到雪崩而被雪活埋。

　　"马特峰"是瑞士最难攀登的山峰，远远看去它像一个大大的尖角。攀登这座山峰的都是特别勇敢且有着丰富登山经验的人。其实，人们冒着生命危险登上峰顶，最多也就是远眺一下山下的美景。但许多人攀登马特峰的原因特别简单，就是为了证明他们自己"可以做到"。

人们冒着生命危险，攀登到马特峰峰顶

　　许多人去瑞士的目的其实并不是为了爬山，而是想观赏一下银装素裹的山脉。凡是附近有山峰、瀑布与其他美景的地方，瑞士人都建造了酒店，以便游客

瑞士手表

在此居住。在瑞士，这样的酒店有几千家，这样看来，经营酒店似乎就是他们最重要的生意，但是他们确实将酒店办得很好，听说全世界最发达的酒店业就在瑞士。除此以外，你也许吃过瑞士牛奶巧克力，还有中间有一个大洞的瑞士奶酪，还有**瑞士手表**、**军刀**和瑞士木刻，以及有趣的布谷鸟自鸣钟、牛颈铃和音乐盒，这些都是瑞士很有名的东西。

瑞士军刀

　　为了保护国家安全，大多数国家都有陆军和海军。但瑞士就没有海军，因为它是少数几个没有海岸线的国家之一。在这里，巍峨的山脉形成了天然的屏障，可以阻挡敌人的进攻，所以瑞士并不需要军队。在两次世界大战中，瑞士都没有参

与战争，而它周围的许多国家却都参加了。

法国、德国和意大利三个国家都是瑞士的邻国，它们把瑞士包围在中间。许多瑞士人同时会说意大利语、德语和法语三种语言。瑞士人并没有自己的语言，在与意大利交界的地方人们就说意大利语，在与德国交界的地方人们就说德语，在与法国交界的地方人们就说法语。

纵然瑞士有许多高大的山，但如果你想去的话并不需要翻山越岭。在瑞士高山之间也会有一些地势较低的地方，然而地势再低也不会低于 1 英里。那些地势相对较低的地方被称作山口，其中有个山口叫"辛普朗山口"。在前面我曾讲过法国有个将军叫拿破仑，就是他带领着自己的军队，由辛普朗山口攻进意大利的。如今有许多地方都打通了隧道，想要翻过高山是件轻而易举的事。

"圣哥达隧道"是其中最长的一条隧道。当时人们是从山的两边分头挖掘隧道的，最终在中间相遇。当隧道挖掘成功后，许多人觉得非常不可思议，两边都是长数英里的隧道，然而又是分开挖掘的，最后竟然可以在中间相会。建造隧道的工人告诉人们说："这并没有什么奇妙的，如果从两边开始到中间遇不到一起那才奇妙呢！我们又不是像鼹鼠一样乱挖地道的。在挖隧道前我们就把一切都规划好了，最后必然能在中间相会呀！"

世界上最长的隧道一边是瑞士，另一边是意大利，总长超过了 12 英里，它位于辛普朗山口下。我过去用了两种方式通过这个山口，一种是坐火车，另一种是徒步。我徒步穿越用了两天的时间，而坐火车仅仅用了 16 分钟。有个救济院坐落在辛普朗山口顶上，里面还住着和尚。我曾经在那个救济院里住过一夜，就在经过辛普朗山口的时候。为了让旅途中的人可以有一个庇护所，

辛普朗隧道

在遇到暴风雨的时候能有地方避一避，人们就在那里建造了一个救济院。

辛普朗隧道建成于 1905 年，是世界上最长的隧道之一。它连通了北欧与南欧，意大利还为庆祝它而举办了 1906 年的世界博览会呢！

如今，已经很少再有人从山口上过，因为走隧道更为快捷安全。可是在没有建造隧道前，人们必须通过山口经意大利到瑞士，还要昼夜不停地赶路。不管是夏天还是冬天，暴风雪通常很容易出现在那里，旅行的人特别容易迷路，甚至有些人会被冻死。救济院里住着的修道士心肠特别好，也可以说他们就是那儿的救世主。他们在山间的通道旁边建造了许多的小屋，又养了一些**圣伯纳德犬**，并用心地训练，这些圣伯纳德犬都是大型犬，它们长得强健结实，同时也聪明能干。

当暴风雪发生时，他们就会让圣伯纳德犬由救济院启程，去搜索那些迷路的或者是被雪掩埋的旅行者。他们会将一个装着面包和酒的小桶系在圣伯纳德犬的颈环上。圣伯纳德犬有着异常灵敏的嗅觉，它可以

圣伯纳德犬

圣伯纳德犬是一种产自瑞士的大型工作犬，祖先是阿尔卑斯獒犬。这种犬性格温和，常被用作救援犬。装有白兰地酒的小木桶是圣伯纳德犬的标志性装备，实际上用酒御寒更多的是心理作用，因为体温降低时饮酒会加快热量散失。

凭借嗅觉找到被雪深深掩埋的人，并把他从中拽出来摇醒，再把他拽到距离最近的小屋中。放在小桶里的面包和酒是给被救出来的人吃的，好让他们能坚持到暴风雪停了接着赶路。在救济院里，没有善恶、贫富贵贱之别，所有的人都可以受到非常好的接待，人们在这里不仅可

圣伯纳德犬是你的好朋友，绝对不会伤害你

以过夜，还会获得食物。这里的主人既不会向你要钱，也不会问长问短。

　　威廉·泰尔的故事你听说过吗？有着"光明之湖"的卢塞恩湖是瑞士众多湖泊中最漂亮的湖泊。有一座小教堂坐落在卢塞恩湖边，听说那里就是威廉·泰尔从儿子的头顶射下苹果的地方。

　　在七百年前，奥地利还统治着瑞士。有一天，统治者把自己的帽子挂到一根柱子上，要求过往的瑞士人对着它鞠躬，以此来羞辱瑞士人。帽子是奥地利统治的象征，对着它鞠躬就表明屈服于统治者。这天，正好威廉·泰尔带着他的儿子路过那个小镇，他并没有低头，而是直接从那根柱子旁边走过。因此，奥地利人将他逮捕了。统治者对威廉·泰尔的箭术仰慕已久，便给了他两个选择：一是入狱；一是在他儿子头上摆上苹果，让他在百步以外将苹果射穿。威廉·泰尔没有丝毫犹豫地拿了两支箭。他只用了一支箭就把摆在儿子头上的苹果射成了两半。统治者好奇地问他拿另一支箭干什么，他说："假如一支箭没有射穿苹果，却把我儿子射到了，这第二支箭将插在你的心脏上。"统治者听到后很生气，于是下令把威廉·泰尔囚禁一生。可是，押送威廉·泰尔去监狱的船只在途中遭遇了暴风雨，因为威廉·泰尔善于驾船，所以船员便

威廉·泰尔只用了一支箭就把摆在儿子头上的苹果射成了两半

苦苦地哀求他帮忙。船被他安全地驾驶到岸边后，一上岸他就逃走了。成功逃脱后的他，便埋伏在统治者常常出入的地方，打算在统治者一现身的时候就将其一箭射死。这件事很快就传开了，因此威廉•泰尔便成了瑞士的英雄。瑞士人也因他的事迹而团结起来一致对外，最终摆脱了奥地利的统治，获得了自由。

第 **34** 章

靴子顶部
The Boot Top

意大利地图

你是否听说过这句话：有个老妇人，住在鞋子中，孩子一大堆，不知怎么办，只能喊头痛。在欧洲，真的有一只住着许许多多小孩和大人的"靴子"，它就叫**意大利**。在地图上，意大利看上去真的特别像一只靴子。有些意大利人去了美洲，因为这只"靴子"已不堪重负，不能再住下那么多的人。克里斯托弗·哥伦布是最早跑到美洲的。你也许会有这样的疑问：哥伦布的出发地不是西班牙吗？

为什么又讲他是意大利的呀？其实，意大利是哥伦布的出生地，他就住在热那亚，位于"靴子"顶部的那个城市，现在热那亚依旧保留着他的故居，他的雕像还矗立在热那亚的火车站外。如今，有很多船只还从热那亚起航前往美洲大陆，而航线也被船员记得清清楚楚，不像哥伦布那时必须要依靠自己去探索。

　　有一座城市既不在水边，也不在水上，而是在水中。它就是"靴子"顶部另一个著名的城市——**威尼斯**。威尼斯整座城市被建在很多小岛之上，水

威尼斯

上还建了许多大小不一的桥，因为所有的街道上都是水。街道上因为充满了水，所以又被称为运河，众多运河中有一条特别广阔的被称为"大运河"。人们出门不开汽车，也不坐马车，而是坐船。凤尾船是意大利特有的一种船，在当地，船被漆成黑色的，中间有一个像封闭的汽车似的小船舱，船头有一个非常像竖着的梳子一样的怪东西。船夫在船舱的后面站着，摇着一支船桨使凤尾船前进。在运河上，当凤尾船驶到没有交通指示牌的十字路口时，船夫会喊一声听着有点好笑的"嗬"，如果别的方向也有船只，其他的船夫也会回一声"嗬"，只有如此，经过十字路口的船只才不会相撞。威尼斯是一

个特别安静的城市，因为船既无车轮又无喇叭，也不会产生令人反感的噪音。在这里，时而可以听到动听的歌声，时而可以听到优美的音乐。

　　很多年以前，这里并没有威尼斯这座城市，却有许多的小岛。北方蛮夷部落一直不断侵扰威尼西亚民族，为了躲避北方蛮夷部落的侵扰，于是他们便搬到了这些小岛上。威尼西亚人把房子建在雪松木做成的柱子上，这种木头十分耐用，不易腐烂。他们平常的食物主要是鱼。在门外，撒一张渔网或者放一根渔竿，就可以捕到许多鱼。他们还用将海水晒干得到的盐来腌制那些多得吃不完的鱼，这样就可以把鱼存放很久了。

威尼斯圣马可教堂

威尼斯人为了纪念圣马可建造了此教堂，认为他把好运带给了他们

　　威尼西亚人是特别优秀的水手，因为他们一直都在水上居住。地中海的每个角落都有他们航海的身影，他们从各地换回毛毯、珠宝和丝绸长袍，并把鱼和盐卖到别的国家。欧洲最大的市场和购物天堂就是威尼斯，欧洲各个地方的人都来这里来购买这些好东西。自从有了威尼斯以后，威尼西亚人就改叫威尼斯人。在运河边上，他们建造了很多很多富丽堂皇的宫殿。在他们拥有越来越多的财富后，威尼斯人为了纪念**圣马可**建造了

一个气势磅礴的教堂，他们认为这位叫圣马可的圣人把好运带给了他们。圣马可的遗骨被他们找到，并埋到了教堂的圣坛下。不同于我们之前讲的其他教堂的外观，圣马可教堂

圣马可

　　圣马可的犹太名叫约翰，他是著名的基督教传教士。马可曾乘船去意大利传教，在途中遭遇危难，资料中记载，马可得到了上帝的庇护，得以安然无恙，因此他后来成了威尼斯的守护神。

四边各有一个圆顶，中间是一个大圆顶，共有五个圆顶。不像圣保罗教堂和美国国会大厦所采用的圆顶，圣马可教堂的圆顶形状很像洋葱头。

我们平常看到的一般都是用颜料画的画，那你是否见到过有画不是用颜料画的？这样的画可以在圣马可教堂见到哦！这种画叫马赛克，它是用黄金、彩色玻璃和彩色石头一点点砌起来的，而不是用颜料画的，更不会像颜料画一样会褪色或者从墙上掉落。这样的画在圣马可教堂的里里外外有成千上万幅。

在你家也许会把一条小狗当作宠物养吧？而人们却认为，圣马可把狮子当作宠物来养，一头长翅膀的狮子雕像被摆在了教堂前面的方柱上，同时还有四匹青铜马被放在教堂的门上方。这四匹青铜马是耶稣在世时期制作的，而后随着不断更换的统治者辗转流离，从一个地方被带到另一个地方，最终又回到威尼斯。

圣马可教堂前的广场是威尼斯最大的空地，成群的鸽子在广场上，等你喂东西给它们吃，它们很温顺，时而停在你的手上，时而落在你的肩上。听说很多年前，一只**鸽子**拯救了整座城市，它把战争情报送来，才没有让敌人成功地袭击威尼斯。自此以后，威尼斯人就开始善待、保护鸽

喂鸽子

成群的鸽子在圣马可教堂的广场上，等着你喂它们东西吃，还停在你的手上

鸽子都有哪些用处

鸽子除了是和平与体育的象征之外，它还可以为人们传递信息。鸽子具有归巢的本能，于是人们通过繁殖驯养出了能够长距离飞行并能够找回家的鸽子。在古代战争中，人们都是用鸽子传递信息。在一战中，还有一只信鸽被授予了英勇的十字勋章呢。

子，伤害鸽子的人轻则被拘捕，重则被判刑。"一只鸽子发现了美洲大陆。"这种说法你听过吗？这是真的，"哥伦布"在意大利语中就是鸽子的意思，所以，美洲大陆是被鸽子发现的这种说法也不是假的呢！

现在的威尼斯是一个城市，过去却是独立的一个小国，有自己的货币和统治者。统治者叫作总督，他等同于一个国家的总统，同国王一样，他不仅能住在宫殿里，还拥有等同于法官的审判并惩罚坏人的权力。监狱就在总督宫殿的河对面，两者中间被一座桥连接着，可以把被判刑后的人直接从桥上带到监狱里。这座桥被称作"**叹息桥**"，因为许多犯人在过这座桥时，都会在上面叹息抱怨。

有一座叫作"里亚尔托桥"的桥横跨在威尼斯的"大运河"上。商店林立在桥的两边，如果说欧洲的购物中心是威尼斯，那购物中心的百货商店就是里亚尔托桥，在这里各种各样的商品一应俱全。在由英国著名作家威廉·莎士比亚创作的戏剧小说《威尼斯商人》里就写到有个人在里亚尔托桥上开了个店。

鱼和盐是两种最平常的东西，而威尼斯人最早的生计就是靠这两样东西，这也是他们变得富有的秘诀。你猜猜威尼斯人发财的另一个秘诀是什么？它也是一种平常的东西，就是沙子。沙子看似不是特别值钱的东西，但威尼斯人发现

威尼斯的叹息桥

叹息桥除了有囚徒结束生命前的叹息之外，还有一个美丽的传说。传说中相恋的人在日落前划着小船，来到叹息桥下亲吻对方，他们的爱情就会天长地久。这一浪漫的情节还在1979年的《情定日落桥》中得到了演绎。

放进熔炉里熔化后的沙子可以制成玻璃，而且，就像我们吹泡泡似的，熔化的玻璃可以被吹成不同形状的东西。各式各样的酒杯、瓶子、珠子和花瓶被他们用熔化的玻璃吹出来。玻璃吹制工匠不但可以赚很多钱，还能够像那些有名的画家和音乐家一样，跻身著名艺术家的行列。著名的玻璃吹制工匠吹制的玻璃制品有着昂贵的价格，也非常受人们的欢迎。在威尼斯，曾经有一位玻璃吹制工匠做过总督，所以玻璃吹制工匠有着很高的地位。有时候，王子还会娶玻璃吹制工匠的女儿。

威尼斯的凤尾船

世界各地的人们都会到威尼斯旅游度假，现在它只是意大利的一座城市，在称为"丽都"的闻名海滩尽情享受，参观一下总督住过的宫殿及圣马可教堂，搭乘凤尾船游览运河，在静谧的夜色中聆听动人的歌声和优美的琴声。在威尼斯度蜜月是所有女孩的心愿。

圣马可的翼狮

"我在威尼斯哦，这里简直棒极了！宫殿是如此富丽堂皇，落日如此灿烂夺目，还有音乐是如此优美悦耳，这里的一切都令我陶醉，此时，我正搭坐着凤尾船在运河上徜徉。"这是一个美国女孩写的，她曾经从威尼斯寄过一张明信片给家里。

叹息桥

地中海包围着意大利这只"靴子"，"靴子"顶部的亚得里亚海，就是威尼斯和地中海交界的地方。漂亮的威尼斯，有"亚得里亚海女王"的美称，这里竟然因为鱼、盐、沙和船而闻名于世，简直是一个神奇的地方。

第35章

天堂的大门与天堂的圆屋顶
The Gates of Paradise and the Dome of Heaven

亚平宁山脉由南向北横穿了整个意大利，如同海怪的脊背一样。在意大利，如果要在东西部之间穿梭，一定要穿越亚平宁山脉，而火车就可以做到。从威尼斯到佛罗伦萨穿越亚平宁山脉时，就需要通过45个隧道，而亚平宁山脉还有很多的隧道。

佛罗伦萨有"含苞待放"之意，是一个女孩的名字，但佛罗伦萨也是一座城市的名字。当火车进入佛罗伦萨，会绕着城市拐弯，透过火车车窗眺望，你能看到在一大片屋顶之上，有一个巨大的圆顶在城市中央，如同是火车车轮的轮毂，一个高大的方形塔楼屹立在圆顶旁边。在哥伦布出生之前，圆顶和塔楼就已建好。看上去圆顶特别像是圣保罗教堂的圆顶，其实这个圆顶很早以前就建造成了，所以准确来说是圣保罗教堂的圆顶像它。实际上，圣保罗教堂的圆顶就是仿照它建造的，包括华盛顿国会大厦在内的世界上其他同类型的圆顶也是按照它的外形建造的。早年前，人们建造的圆顶大多数是小小的或者是平平的，之后，当佛罗伦萨人在建造大教堂时，他们便想建一个比别的圆顶还大还好看的、不同凡响的圆顶。他们想造一个后辈想不出建造方法的巨大无比的圆顶。一般都是用石头来建造圆顶，它如同拱桥和拱门一样下面都是空的，什么支柱也没有。石块没有办法被水泥固定，人们一般都会先把石块装到木头结构上，等把所有的石块都装到它们的位置上以后，再拿走木头结构，这样石块会互相切合，没有丝毫缝隙，也不会掉落下来。这个道理就如同放学时，假如所有的孩子都挤向门外，结果谁也没办法出去，大家只能挤在一起。

佛罗伦萨大教堂

当时，谁都不知道**佛罗伦萨大教堂**的圆顶该如何建造，因为它实在是很大。假如要用木结构，那就需要做一个足够大的木结构，那需要将整片森林的树木砍掉。还有人提出了一个奇招："我们把足够多的便士用土埋起来，堆成一座土山，在土山上建造圆顶。把圆顶建好后，就让大家随便去拿便士，在他们拿便士的时候一定会把土都挖出来，最后就只剩圆顶了！"从来没人试过这种方法，这好像有点不切实际。

最后，有两位艺术家都说知道这个圆顶该如何建造，并一直在互相较劲。他们当中一位叫布鲁内莱斯基，简称"布先生"；一位叫吉贝尔蒂，简称"吉先生"。他们一直都是敌对的，谁也不想让对方知道自己将会怎样建造这个圆顶。接到建造任务的是布先生，吉先生则是担任助手。吉先生自然很不高兴，见人就说布先生一定建不成圆顶，他压根就不知道建造圆顶的方法。

佛罗伦萨大教堂
此"天堂之顶"唯有布先生知道如何建造

布先生一开始并没有搭理无事生非的吉先生，一心一意地和工人进行着建造圆顶的工作，一直到整个工程最困难的部分——在中间合龙整个圆顶。吉先生仍旧说着布先生的坏话，还嘲笑他。此时布先生很生气，再也无法忍受吉先生的喋喋不休，便借故病了，中止了工程。工程没办法进行，因为布先生一直都在家里。吉先生借此机会又开始说布先生的坏话："他压根就没有生病，只是不知道应该如何继续了，像不愿意上学的小孩一样，撒谎说自己病了。"因此，佛罗伦萨的人们都到布先生家，请求他接着建造圆顶。

布先生说："我现在生病了，吉先生不是说过他非常善于建造圆顶吗？你们就让他接着建造吧！"

于是，人们就去找吉先生，想请他试试。吉先生兴高采烈地接着工程干，就在有那么一点点的进展以后，却怎么也无法再进行了。

人们又一次去布先生家请求他。

布先生提出了条件："只要吉先生不再说我的坏话，我就继续做工程。"在人们的监督下，吉先生再也没有说过布先生的坏话，布先生接着做此工程，并最终建成了世界上第一个这样的圆顶，同时还是全世界同类圆顶之中最好看的。到现在都没有人弄清楚他到底是如何建好的。

吉贝尔蒂是特别优秀的雕塑家，虽然他在建造圆顶的比赛中输得一塌糊涂。佛罗伦萨洗礼堂是一栋低矮的六面建筑，门全是用青铜做的，它就在佛罗伦萨大教堂的对面，依照《圣经》里的故事，吉贝尔蒂把很多惟妙惟肖的人物和场景雕刻到了门上。亚伯拉罕遵照上帝的意愿，正打算用自己的儿子在圣坛上献祭，这是其中一幅画中的内容。佛罗伦萨另一位著名的艺术家看到这些门时说："这些门真好看呀，简直都能当天国之门了。"

吉贝尔蒂和米开朗琪罗、哥伦布是生活在同一时代的意大利的。哥伦布大多数时间都是在外航海，几乎不待在意大利。而米开朗琪罗一生未曾离开过意大利，并在雕塑、建筑、油画和素描等领域创作了很多优秀的作品。那个时期的艺术家创作了各式各样的艺术作品，从油画到雕塑，从项链到教堂，精通各类艺术形式。

有一天，有人把一块有条裂缝的大理石丢弃了，而这块大理石恰巧被米开朗琪罗捡到。他总觉得年轻的大卫的身形就印在那块大理石上，因此用凿子开始不停地雕刻，大卫的雕塑最终被完成了。在佛罗伦萨，有两座比真人还要高出许多倍的大卫雕像仿制品。也可以在你家里放一个大卫雕像仿制品，因为它遍布世界各地、大小不一。

好看的艺术品往往会被收藏在原来是官殿的建筑里，为了防止外人进入，这里建造了许多宫殿，因此佛罗伦萨的宫殿看着很像监狱。宫殿之所以都建造得如同坚固的堡垒一样，是因为以前居住在这些宫殿里的都是有钱人，他们常常打架吵架，彼此之间根本就没有办法和平共处。

佛罗伦萨虽然没有像威尼斯那样的运河，却有条阿诺河，还有几座桥在上面。在这些桥中，有一座名为"维奇奥桥"的桥，是"古老的桥"的意思，桥的两边有很多商店，如同威尼斯的里亚尔托桥。纪念品和装饰品在很多商店都有出售，它们是用银、皮革、龟壳和马

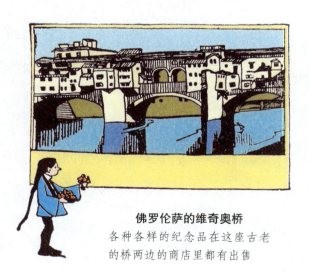

佛罗伦萨的维奇奥桥
各种各样的纪念品在这座古老的桥两边的商店里都有出售

赛克做的。佛罗伦萨大型的艺术作品都是以前完成的，而现在的人们就制作一些小的艺术品，卖给来这里旅游的成千上万的游客。

塔一般都是笔直的，这我们全都知道。佛罗伦萨附近就有一个城市，叫比萨城，有一座非常奇怪的倾斜着的塔就建在比萨城中。这便是闻名的**比萨斜塔**。比萨斜塔在建的时候本来是笔直的，但后来由于一边的塔基塌陷了，于是铁塔开始慢慢地倾斜，看着好像倒下来一样。比萨斜塔一直在缓慢地倾斜，就这样矗立在那里已经有几百年了，也许在将来的某一天真的就倒下了，假如再这样倾斜的话。

比萨斜塔　有一天它可能真会倒下来

比萨斜塔

　　让比萨斜塔名声在外的除了它自身歪斜不倒以外，还因为这里曾进行过一个著名的物理实验——两个铁球同时落地。物理学家伽利略通过这一实验证实了大思想家亚里士多德的错误，推动了人类科学的进步。

海洋动物的骨骼能变成大理石，这是我在前面讲过的，还记得吗？大理石有的非常细密，有的非常粗糙，甚至还能看见里面的骨头，质地不尽相同。有一种石头矿被称为露天矿，就在比萨斜塔附近，这里开采出来的都是细致光滑的大理石。这种大理石被叫作卡拉拉白大理石，是按照出产地来命名的。其他地方的人们如果要用优质的大理石，就会采购卡拉拉白大理石，从耶稣时代起，人们一直在那里开采大量的大理石。

第 **36** 章

死去又重生的城市

The Dead and Alive City

条条大路通罗马

早在两千年前，不管你从世界上的哪条路出发，只要一直走，就一定会走到意大利一个伟大的城市——罗马，之后便有了一句话"条条大路通罗马"。当时，罗马是全世界最重要的城市，是全世界的首都，是全世界最大、最美丽、最发达的城市。

当时"7"是一个吉利的数字，罗马就建在七座山上。有一条河流经罗马，它叫台伯河。

曾有人说罗马是永恒的，但我们现在只能看到一些古罗马的遗迹，因为过去的古罗马已经永远消失了。虽然古罗马已逝去，但新罗马却开始茁壮成长。自然，罗马不再是整个世界的首都，它只是意大利的首都。

全世界罗马天主教的最大教皇就住在罗马，罗马也是全世界罗马天主教的中心。"教皇"的意思是"父亲"。

圣彼得的遗骨就被埋在罗马，人们都认为他是被钉在十字架上处死的。

听说，在圣彼得死后，一千九百年来，人们每天都在埋葬他的地方举办一次宗教仪式，一直持续到现在还是这样。刚开始，大多数的罗马人是不信奉基督教的，所以基督徒只能在晚上偷偷地举行宗教仪式。举行宗教仪式的人只要被抓，轻则关进监狱，重则被判以死刑。几百年以后，这里建造了一个教堂，叫**圣彼得大教堂**，它是全世界最大的教堂。

圣彼得大教堂

　　圣彼得大教堂是天主教最神圣的地点。教堂分两个时期建成，前期是公元216年君士坦丁大帝出资建造的，历时30年。后期是文艺复兴时期犹利二世在1503年决定重建的，耗时100多年，拉斐尔、米开朗琪罗和小安东尼奥·达·莎迦洛等都参与过设计建造。

圣彼得大教堂顶部的圆顶是依照佛罗伦萨大教堂的圆顶建造的，但它要比布鲁内莱斯基建造

圣彼得大教堂的圆顶

全世界最大的教堂——圣彼得大教堂

的那个还要大。之前我就说过，米开朗琪罗既是雕塑家，又是画家，还是建筑家，圣彼得大教堂就是由伟大的艺术家米开朗琪罗设计建造的。有一个小村子就建在圣彼得大教堂的房顶上，在这个小村子里有一间小房子，看管教堂的人就住在这间小房子里，可见圣彼得大教堂是特别大的。

圣彼得大教堂的前门永远敞开着，它前门的右边是一扇青铜门，但这扇青铜门从不打开，每隔25年才会打开一次，这扇门被称为"圣门"。圣门

堆满了石头，成为一道石墙，每隔 25 年，才会推掉石头打开一次圣门。为了搭配高大威严的圣彼得大教堂，教堂内部的构建也非常大，这里可以同时举行 30 场宗教仪式，教堂内部有像巨人一样的天使雕像，像雄鹰一般大的鸽子。与实物大小相同的雕像很少，圣彼得青铜像是当中的一个。每年，数不胜数的天主教徒来到教堂，他们无数遍地亲吻圣彼得青铜像的双脚，所有来到这里的天主教徒，都会亲吻圣彼得铜像的双脚。

　　每到复活节或别的宗教庆典时，圣彼得大教堂会用深红色的绸布和点燃的上千支蜡烛进行装饰，教堂里还会响起唱诗班男孩们唱的圣歌，圣坛上的男孩也会点燃香，香气充盈了整个教堂。上百名牧师身穿华丽的长袍，红衣主教头戴红色帽子，身穿红色长袍，而教皇则是一身白衣，教众列队前行，神圣而又庄重，由主要的通道向高高的圣坛走去。圣坛下方就是圣彼得死去的地方，一千九百年前他就是在这里被钉死在十字架上的。

　　罗马教皇住在梵蒂冈宫中，就在圣彼得大教堂旁边。你家里应该有几个

梵蒂冈

房间，一些大点的房子里有十几个房间，听说在梵蒂冈宫中有 1 000 多个房间，没有准确的数字，也没有人数过。很多大房间成了大多数游客参观的博物馆，因为很多有名的绘画和雕塑被收藏在这里。西斯廷教堂是教皇的私人小教堂，米开朗琪罗在西斯廷教堂的天花板和墙壁上画了很多好看的画，有两种舒服的方式来欣赏这些画作，一是用镜子照着看，一是平躺在地板上看。

　　梵蒂冈是一个非常奇特的国家，它有着和面积完全不匹配的影响力——它的宗教影响力远远超过它的国土面积。这个国家只有 0.44 平方千米，和中国的天安门广场一样大！

　　在圣彼得之前，众多神灵才是罗马人的信仰，罗马有一座教堂叫"罗马万神庙"，它是为"众神"建造的。罗马万神庙也是圆顶建筑，但在外形上却不同于圣彼得大教堂的圆顶。如果说圣彼得大教堂的圆顶是将一个巨大杯子倒置过来，那罗马万神庙的圆顶就是一个被颠倒了的巨大茶碟。罗马万神庙一扇窗户也没有，只在顶部有一个洞，好像是一只眼睛在凝望天堂。雨水通过洞口落下来，阳光也从洞口洒进来。下面的地板永远不会被雨水淋湿，因为圆顶非常高，从洞口进来的雨水还没到地面就在空中完全蒸发了。

　　现在，我们只能看到很多耶稣时代建筑的遗址了，而罗马万神庙几乎和刚建成时一模一样，没有一点改变。如果现在想要看到遗址，我们需要把它们从土里挖出来，因为那些古老建筑的周围都早已落满了厚厚的尘土，垃圾也在城市里堆积了两千多年，如今的罗马城足足高出那些建筑遗址 20 多英尺。

　　罗马广场是古罗马一个著名广场，很多好看的寺院、宫殿、法院和拱门都可以在这个广场上看到。当时，为了能让远赴战场的将军从拱门下大胜而归，人们就建造了拱

提图斯凯旋门

门。**"提图斯凯旋门"**就是当中的一座。提图斯原来是罗马的皇帝，犹太人的首都耶路撒冷就是被他摧毁的，为了庆贺提图斯胜利归来，人们就建造了提图斯凯旋门。还有一扇叫"君士坦丁凯旋门"的拱门。在历代罗马皇帝中，君士坦丁是第一位信奉基督的皇帝，这种转变出现在耶稣去世300多年以后。

罗马大角斗场

过去基督徒就经常在竞技场里被狮子杀死

古罗马人的想法非常奇怪。他们特别热爱观看人与狮子、老虎等野兽互相厮杀的场景。有些人是要被罗马皇帝处死的基督教徒，还有些人是在战争中被俘的俘虏。像我们现在看棒球赛和足球赛似的，罗马人专门建造了一个可以坐着看人兽厮杀的场所，这就是闻名世界的**罗马大角斗场**。你

罗马大角斗场

　　说到罗马大角斗场，就不得不说一个伟大的角斗士斯巴达克。斯巴达克是个奴隶角斗士，那时的罗马皇帝太残暴了，压榨奴隶的劳动成果不说，还不顾他们的死活，常常把他们和野兽困在一起，让他们互相厮杀。于是忍无可忍的奴隶反抗了，然而可惜的是斯巴达克失败了。一百多年后，这个角斗场上依然存在奴隶和野兽角斗的场面。

现在还能在竞技场里看见以前关野兽的地方，现在这个竞技场依旧矗立在那里，虽然有一部分已经被毁坏。

　　罗马人在信奉耶稣之前，基督教徒只敢偷偷地在地下犹如地窖似的地方敬拜上帝，根本不敢公然朝拜。罗马城外有很多这样的地方，那里就是当时基督教徒做礼拜的地方，他们死后也被埋葬在那里。后来，人们称这些地方为基督教徒地下墓穴，数百万的基督教徒曾被葬在这里。

第37章

高达一英里的灰堆
A Pile of Ashes a Mile High

一定不会有人觉得灰堆漂亮吧？假如某个人家的后院里有一堆灰，他一定会觉得非常难看。可是，在意大利一个叫那不勒斯城的后院里，就有一个大约1英里高的"灰堆"，每个见过它的

维苏威火山和那不勒斯湾
有一堆差不多 1 英里高的火山灰在那不勒斯湾附近

人都说它特别好看。这个"灰堆"位于那不勒斯海湾边，为了方便游客欣赏"灰堆"的美景，很多酒店和房屋被建造在海湾边。维苏威火山就是我们所说的"灰堆"，但它不是一座真真正正的山。

古人们相信神话故事是真实的，他们以为在地底下住着一个跛脚的铁匠，他在下面烧着一个大火炉在打铁，浓烟、火焰和灰烬全是从地下的大火炉中冒出来的。这种冒着浓烟和火焰的山被称作**火山**。

世界很多地方都有火山，最著名的就是维苏威火山。如今我们都知道神话故事不是真的，的确，火山如同地下的大火炉，可在地下并没有神话人物

烧火炉。我们在前面讲过，世界
上有一些火山是不会喷发的，叫
休眠火山；而维苏威火山却会喷
发，叫活火山。它犹如一个大烟囱，
白天能看见浓烟和蒸气从火山口
冒出来，到了晚上能看见火光从
火山口冒出来，但从来没有危害。
有的时候灰尘和石块会被喷到空
中，火势异常猛烈，石块碎片会
飘浮在空中，如同灰尘一般，有

火山

的可以在空中飘浮数月，有的甚至还能飘到一些距离火山非常远的国家。就
是这些火山灰的存在，使得落日如此绚烂美丽，这是多么奇怪的现象呀！

　　火山上火焰的温度远远高于我们平常烧的火的温度。我们平常烧的火是
无法熔化石头的，最多也就是熔化铜和铁。但是，火山中火焰的温度却能将
石头片刻之间就熔化掉，好像石头已经不是石头，而是黄油了。石头在熔化
后变成了熔岩，熔岩自火山口流出，沿着山坡一直向下流，等到冷却后再变
成石头，这就是火山岩。火山岩遍布那不勒斯周围，所以当地人都用火山岩
来铺路。

　　有一次我去那不勒斯，正好是在维苏威火山爆发以后。一层灰色的东西
铺满了那不勒斯的街道，看起来犹如灰色的雪一样。实际上，这些都是烟尘，
是从维苏威火山飘过来的。然而，不同于雪的是，烟尘是不能融化的，人们
只能把烟尘用车拉走，将其填入那不勒斯海湾。火山里面到底是什么样的是
我特别想知道的，原来山上通着一条铁路，但后来被废弃了，现在只有徒步
从山脚慢慢向上爬这一种办法了。爬到山顶花费了我半天的时间，只要一走
就会陷到火山灰里，从山顶往下看可以看到火山口，石块不时地从火山口喷
出来，我得及时躲开那些石块。后来，越来越多的石块喷发出来，我只能快
速向山下撤去。确切地说，我根本不是走着下来的，而是跳着下来的。每跳

一步，我就会跌倒在火山灰里，还好灰不是硬的，我没有摔伤。就这样连滚带爬地我很快到了山下。其实在灰里打滚还是很有意思的，但是我的衣服可就不怎么样了，没有一点干净的地方。我花了半天的时间爬上去，而下来的时候差不多只用了十分钟。可是回到住的地方时，把自己洗干净用了好几个小时，而衣服被毁得彻底没法要了。

从维苏威火山上往下跳
我是一路跳下山的，山顶上非常热

有些小鸟会在烟囱旁边筑窝，这很正常。但是，你想过把房子建在一座活火山的山脚下吗？活火山有可能随时爆发，只是想一想就感觉非常危险。很多年前，有一个叫**庞贝**的城市就建在维苏威火山附近，它离火山的距离比那不勒斯还要近。有一天，维苏威火山忽然就喷发了，庞贝城里的人们连一点反应的时间都没有，整座城市就被火山喷出的岩浆和烟尘淹没了，所有的人都被埋在了下面。不久前，庞贝古城才被挖出来，整个古城被埋在地下两千年左右。现在，游客可以去

庞贝古城

　　庞贝古城毁于公元79年，1600年后被种葡萄的农民发现，古城的集市、剧场、角斗场、神庙以及壁画和雕像等遗迹，为考古研究者提供了丰富的资料。庞贝古城因灾难而毁灭，又因灾难而永生，可见大自然多么神奇！

古城参观，在两千年前的街道上漫步；也可以去体验当时人们的生活，进入两千年前的房屋及商店。因为城里所有的房屋、剧院以及寺庙已经全部被挖出来了。世界末日在短短的几秒钟就降临到了整个城市，两千年前的人们压根就想不到会发生这样的事。

维苏威火山什么时候再次爆发，这没有人知道。那不勒斯人们好像根本就没把这件事放在心上，他们一直在街上愉快地唱歌。在整个世界范围内，像那不勒斯这样的城市也并不多。

在意大利的街道上几乎看不见唱歌的人，却有许多吹口哨的；而在那不勒斯的街道上唱歌的人非常之多，特别是到了晚上。唱歌的人有出租车司机，有衣衫褴褛的街头顽童，甚至还有乞丐，他们唱的歌曲全是音乐会或者歌剧里的。杰出的歌唱家卡鲁索过去就是在那不勒斯街头唱歌的小顽童，之后去了美国。虽然他已去世多年，我们还是可以听到他过去的唱片。

意大利语好像天生就是为歌曲和音乐诞生的。有的人说，假如你会意大利语，总会禁不住想唱歌。如今，我们用的许多乐谱就是用意大利语写的，甚至连说明都用的意大利语。意大利语非常适合歌唱，因为它的单词差不多都是以元音结尾的。很多词都来源于意大利语，如"女高音"、"女低音"、"大提琴"和"钢琴"。

卡普里岛在那不勒斯海湾的对面，意大利歌曲里常常出现它的名字。在

蓝洞

遍布岩石的卡普里岛岸边有一个海洞，洞口异常低矮，人们只能乘坐划艇进入，经过洞口时一定要把头低下，当遇到海浪高的时候，是无法进去的，这个洞被称为"**蓝洞**"。洞中的水清澈湛蓝，使人感觉船好像在湛蓝的天空上

奇妙的蓝洞

　　蓝洞是一种存在于海底的很深的洞，内壁陡峭，通常呈圆形。在可见光中，红光和黄光最容易吸收，蓝光容易反射，所以它会呈现蓝色。大海是蓝色的也是这个原因。蓝洞内的水和外界缺少循环，所以蓝洞深处非常缺氧，只有细菌可以生存，没有海洋生物存在。

浮着。这里的水为何如此蓝？假如你从里面装了一瓶水，把它当作纪念品带回家，到外面后你会发现瓶里的水是透明的，与普通的水没有区别。你一定觉得匪夷所思吧？如果有可能的话，你自己去那好好琢磨一番吧。

第**38**章

战争与童话
Wars and Fairy-Tales

　　我们在前面讲过，意大利语生来就是做音乐的语言。不仅意大利人，德国人也非常喜爱音乐，然而两个国家的音乐风格却迥然不同。德国的很多音乐作品声音高亢嘹亮，总会让人将之与战争情景联系到一起，当然他们也有甜蜜温柔的音乐，像《平安夜》、《圣善歌》等出名的摇篮曲和圣诞颂歌都是德国人的作品。还有一些全世界最著名的歌剧，歌剧就是音乐性的戏剧。

　　德国人除了对音乐有很大兴趣外，还特别好战。不过，把战争与摇篮曲、圣诞颂歌联系起来好像并不容易。第一次世界大战（一战）和第二次世界大战（二战），大家应该都知道吧？世界上大多数国家都被卷进了这两场战争，共同的敌人基本上都是德国，而在这两次战争中，德国险些就是赢家了。

　　二战落幕以后，为了防止德国再次发动战争，战胜国把德国分成了两部分——民主德国和联邦德国。俄罗斯统治民主德国，美国、英国和法国一起统治联邦德国。之后，东欧民主运动风起云涌，俄美英法四国商议，一致同意民主德国和联邦德国重新统一，并改名为德意志联邦共和国（1945年，德国战败宣布投降，英、美、法、苏四国将柏林划分成四块占领区。1949年，西占区成立了一个德意志国家，苏占区也成立了一个德意志国家。一直到

1961 年，西柏林被联邦德国用铁丝网封锁了，后来改用了混凝土墙，民主德国和联邦德国的往来也被切断了，这就是举世闻名的"柏林墙"。1989 年，柏林墙被推塌，联邦德国的边境开放。1990 年，德国在分裂 45 年后终于统一。——译者注）。

童话故事和真实的故事，你倾向于哪一个呢？世界上很多有名的童话故事都是在德国被创作出来的。德国有很多描述莱茵河畔人们生活的故事、诗歌、歌曲和戏剧，其中有些是虚构的，还有些是真实的。我们之前讲过，瑞士阿尔卑斯山

德国是世界上一些著名的童话故事的起源地

德国的童话大师——格林兄弟

德国最著名的童话大师要属雅各·格林和威廉·格林了。他们有相似的兴趣，共同搜集和整理了德国民间的童话和传说。《白雪公主》、《青蛙王子》、《灰姑娘》这些童话就是他们的作品。人们为了纪念格林兄弟，还特意规划了一条童话大道呢！

脉的一座冰川是莱茵河的发源地，它沿着德国西部一路向北流去，途经荷兰。

莱茵河的两岸全是陡峭的山坡，并布满了岩石。很久以前，许多城堡被建造在山上，强盗贵族就住在那里。他们之所以在山上建造城堡，是因为这样不仅可以抢劫山下的人，还可以躲避其他人的偷袭。住在山谷中的穷苦人

只好给强盗送一些自己的东西，不然强盗就会冲下山来，把想要的东西抢走，并把他们的房子毁掉。山下的人没有可以战胜强盗的办法，因为强盗贵族建造的城堡特别坚固。但是，现在大多数城堡已经变成

莱茵河上的城堡
强盗曾经住在这些城堡里

了废墟。

有一种气味浓烈的香水叫古龙香水，这是我们都知道的，其实古龙香水还叫科隆香水。科隆就建于莱茵河上，它原是古罗马的殖民地，因此，"科隆"还有"殖民地"的意思。有一座特别有名的大教堂建在科隆，它就是"**科隆大教堂**"。科隆大教堂是世界上建造时间最长的建筑，完成它花费了整整七百年的时间，而我现在住的房子只用七个月的时间

科隆大教堂
用了整整七百年的时间建造而成的科隆大教堂

就可以建成了。

虽然科隆大教堂闻名世界，但德国最有名的城市是柏林。在二战之前，柏林有干净的林荫大道、雄伟的石头建筑、美丽的公园和雕塑。它还是德国的首都，被誉为全世界最干净、最漂亮的城市之一。二战

科隆大教堂

科隆大教堂从1248年开始建造，最初的目的是为了供奉"东方三圣王"的遗骸。在600多年的时间里，人们经历了战争、地区主教争权夺势、建筑风格的变化，但还是把教堂按照最初的计划建成了。

时，由于飞机的轰炸，柏林的很多建筑都被毁坏了，战争结束后，大多数地区都变成了一片废墟。柏林虽然位于俄罗斯统治的民主德国，却由俄罗斯、美国、英国和法国同时管理。二战期间，俄罗斯和别的国家一起作战，共同对付德国。等到二战结束以后，俄罗斯与英美两个国家的关系却变得十分紧张。俄罗斯当时曾下达命令，禁止统治联邦德国的国家从公路和铁路进入柏林。英美两国只好通过飞机把食物和煤炭运送到柏林，以供当地人们使用。这种情况差不多持续了一年半，后来俄罗斯意识到封锁公路和铁路对阻止英美进入柏林毫无作用，便把公路和铁路的通道重新打开了。那一年半时间里的空运被人们称为"柏林空运"，因为在那一年半的时间里，从联邦德国到达柏林的所有物资都是通过空中运达的。

有一块像大拇指一样的地方，从德国的版图上伸出来。它是一个小国，叫丹麦，这个小国并不属于德国。丹麦两侧临海，一侧是北海，另一侧是波罗的海。德国和这两个海也有交界，但是，要想从与北海交界的德国城市去与波罗的海交界的德国城市特别不方便，中间一定要穿过丹麦。因此，德国人开凿了一条运河，叫作"基尔运河"，它就在"拇指"的底部。

第**39**章

了不起的丹麦人
The Great Danes

　　只要我叔叔一说"斯卡格拉克、卡特加特"，肯定是有人惹他发火了。我以前一直都感觉特别奇怪，不知道它们到底是什么意思，直到后来我才弄明白。"斯卡格拉克"和"卡特加特"都是从北海前往波罗的海的海峡，并且都在丹麦附近。"卡特加特"有"猫的喉咙"之意，而"斯卡格拉克"也有"喉咙"之意。

　　丹麦主要由两部分组成，一部分是日德兰半岛，形状很像拇指，听说原来在岛上住着朱特人；另一部分是西兰岛，是日德兰半岛旁边的一个小岛，"西兰"有"海上的陆地"之意。丹麦的首都哥本哈根就位于西兰岛上，"哥本哈根"有"商人的海港"之意。原来，由北海到波罗的海的很多商人都会在这里停靠商船。如今，许多船只为了走近路都会走基尔运河，就不再通过斯卡格拉克海峡和卡特加特海峡了。丹麦唯一的大城市就是哥本哈根。

　　丹麦有着"童话王国"的美称。根据安徒生《海的女儿》铸造的美人鱼铜像、"国王建筑师"建造的圆塔以及有着"童话之城"之称的蒂沃利公园，这些漂亮的建筑都让哥本哈根成为最具有童话气息的都市。

　　丹麦大狗，你也许听说过吧？它就产于丹麦。也许你听说过他的名字，

美人鱼铜像

汉斯·克里斯蒂安·安徒生

或许还读过他写的故事，他是丹麦一个特别著名的人物。很多童话故事都是他写的，你看过《丑小鸭》、《卖火柴的小女孩》吧？**他就叫汉斯·克里斯蒂安·安徒生**。丹麦人非常喜欢克里斯蒂安这个名字，叫这个名字的丹麦国王就有十位。

丹麦人在一千多年前曾是海盗，他们出海抢劫别的国家。现如今，丹麦人早已不再是海盗，却依旧是航海方面的能手，还是特别优秀的水手。在丹麦有一部分城镇，那里的人们要么是造船工人，要么是水手，要么负责或从事与海运相关的一些工作。

身为丹麦人，如果不出去航海，那他们从事的工作就会都与鸡蛋和黄油有关。他们养鸡下蛋，养殖奶牛，并制作黄油，把鸡蛋和黄油出口到别的国家。丹麦的鸡蛋一看就能知道新不新鲜，因为每个鸡蛋上都印有鸡蛋生下的日期。所有优质的黄油差不多都被丹麦人出口到了别的国家，由此可以看出，丹麦生产的黄油质量非常好，价格也很高。但是他们自己吃的黄油却都是用脂肪或者油脂做的。

人们常说："如果想长寿，那就去丹麦吧！"很多国家的人均寿命都没有丹麦人长，全世界最适合居住的国家之一就是丹麦。

尽管丹麦只是一个小国，但它拥有两个岛屿，这两个岛屿的面积比它的国土面积大出很多。这两个岛屿都离丹麦很远，位于气候寒冷的北部。它们分别是：一个叫冰岛的小岛，一个叫格陵兰岛的大岛。冰岛现在已成为一个独立的国家，格陵兰岛却还隶属于丹麦。丹麦为什么会要这两个奇怪的岛屿呢？很多人都想不通，我们都知道冰火不相容的道理。很多的火山和温泉是冰岛的一大特色，而这个岛的名字却叫作"冰岛"。格陵兰岛才是真正冰雪覆盖的地区，所以我认为它才是名副其实的"冰岛"，而冰岛更适合叫作"火山岛"。以前，我认识一个长得很胖的小男孩，可他的朋友却称他"瘦子"。这就如同冰岛一样，名字和实际情况完全不同。格陵兰岛有厚达 0.25 英里的冰层，邻近海边的冰层经常会一整块掉进水里，大小和一座教堂几乎等同，冰层会在海里缓慢地漂浮，这种冰块被称为"冰山"。

爱斯基摩人

爱斯基摩人就居住在格陵兰岛上。你也许会觉得奇怪：在冰天雪地的岛上住着，他们吃什么呀？当地的鱼、鸟类和动物是爱斯基摩人主要的食物。有一种叫海雀的鸟，成群结队地栖息在格陵兰岛上。如同你用网兜抓蝴蝶一样，爱斯基摩人用网就能捉住海雀，抓一次海雀，就够他们吃上几个月了。外面的环境犹如一个天然的冰箱，多余的海雀就放在外面"冰"着。有时候，岛上的温度可以低到零下 70 华氏度，爱斯基摩人就用海雀柔软的羽毛做衣服的里衬，不但柔软，而且暖和。还有一种叫绒鸭的鸟，它的羽毛要比海雀的还柔软，叫作鸭绒。鸭绒可以用来填充被子，不仅柔软，还很轻便，它是全世界最柔软的东西之一。爱斯基摩人也吃绒鸭的鸭蛋，他们每次都能捡到几千个绒鸭蛋。

爱斯基摩人和印第安人都是很久很久以前从白令海峡到达美洲的亚洲人，所以说他们应该是亲戚，但印第安人和他们有矛盾，所以蔑称他们"爱斯基摩人"，其实他们叫"因纽特人"。因为生活环境恶劣，这个民族有着无与伦比的强悍勇敢的精神。

爱斯基摩人吃的是麝牛肉，那里没有其他的普通牛肉。麝牛的牛角是钩状的，身上长着又粗又长的毛，在冰天雪地里也可以抵御寒冷。其实，麝牛是较为瘦小的动物，但这一点在将其宰杀去皮以后才会发现，因为它身上厚实的皮毛会让人觉得它特别壮大。

还有一种动物会被爱斯基摩人捕捉。这种动物长着像象牙一样的长牙，它们不仅可以在水里生活，也可以在陆地上生活，它们就是海象。爱斯基摩人为了获取长长的海象牙，也会吃海象的肉。

爱斯基摩人最爱吃的是肥肉，而不是瘦肉。对于爱斯基摩人而言，一顿盛宴就是一块大大的肥肉。肥肉不仅脂肪充足，还可以保暖，在冰天雪地中生活的爱斯基摩人当然十分喜爱了。而生活在炎热地区的人们一般都对油腻的肥肉敬而远之。

海豹是生活在格陵兰岛上的另一种动物，最昂贵的皮草就是用它的皮毛做成的。夏天，爱斯基摩人就用海豹皮搭建帐篷，因为岛上的风力特别大，为了防止帐篷被吹走，必须要把帐篷的角用石块压住。冬天，他们就把房子凿在冰里面，房子没有窗户，又低又矮，人在里面很难直起身来。爱斯基摩人一般会点一个火把或者在地上放一盏简易的灯，这种灯其实很简单，就是在石头上凿个坑，把一根蘸有油脂或者动物脂肪的灯芯放在里面，再用火点着就可以了。

爱斯基摩犬

爱斯基摩犬是爱斯基摩人接触的唯一较为温顺的动物。爱斯基摩犬很有可能与狼有血缘关系，它的外形和狼很像。爱斯基摩人的交通工具就是爱斯基摩犬拉的雪橇，他们没有马，更没有汽车。他们会使用四只狗、八只狗甚至更多的狗来拉雪橇。我们平常养的狗一般非常喜欢水，只要得到主人的许可，往往会高兴地跳到泳池或者河里游泳。可是，爱斯基摩犬却非常怕水，如果没有主人拿着鞭子在一旁逼着，它们是绝对不肯下水的。爱斯基摩人是很勇敢的，漂浮着冰山的冰天雪地他们都不怕，更不用说是普通的水了。爱斯基摩划子是他们特有的一种船，这种船是完全封闭的，除了中间留出一块地方坐人，这样就算船翻了，水也进不来。爱斯基摩人善于划船，为了展示自己惊人的划船技巧，他们还有一种专门的水上运动，把船故意打翻，船上的人依然向前不停地划。

爱斯基摩人在爱斯基摩划子上

第40章

鱼儿 峡湾 瀑布 森林
Fish, Fiords, Falls, and Forests

你的想象力丰富吗？当你仰望天上的云朵时，会觉得它像高大巍峨的巨人、奔跑自由的骏马或者蹦蹦跳跳的兔子吗？如果会的话，就证明你的想象力是丰富的。你可以先看看右面的地图。

将地图顺时针旋转90度，你感觉它像什么呢？是不是像一条嘴巴大张的鲸鱼？这条"鲸鱼"正打算将小小的丹麦一口吞下，而"鲸鱼"的喉咙则由斯卡格拉克海峡和卡特加特海峡组成。

斯堪的纳维亚半岛就

斯堪的纳维亚半岛看上去像条鲸鱼

是这条"鲸鱼"，挪威是"鲸鱼"的背，瑞典在另一侧。斯堪的纳维亚半岛是挪威和瑞典组成的。

挪威附近的海域生活着很多**鲸鱼**，这是我觉得那块版图像鲸鱼的另一个原因。虽然鲸鱼是世界上最大的鱼，但它却不是真正的鱼类。鱼类会下蛋，和鸡一样，只是蛋更小点。鲸鱼则是将鲸鱼小宝宝直接生出来，就像猫妈妈生小猫一样，它们不会下蛋。鲸鱼需要呼吸

鲸鱼

空气，像我们人类一样，因此你常常会见到浮出水面呼吸的鲸鱼。所以鲸鱼和我们一样，是哺乳动物。

鲸鱼喜欢吃一种小鱼，叫**鲱鱼**，它一大口就可以吞下成千上万的鲱鱼。鲱鱼是成群结队地生活的。当鲸鱼碰到一群鲱鱼时，就会张开大口，猛吸一口，连水带鱼全吞进去，美美地享用一餐。海里鲱鱼的数量还是很多的，虽然鲱鱼被鲸鱼吃了不少，但我们还是可以吃到的。挪威人用网打捞非常多的鲱鱼，并用各种办法保存，如：用盐腌制、用烟熏制、直接晒干。大量处理好的鲱鱼干被他们出口到世界各国。早上

鲱鱼

我就吃了一条鲱鱼干呢！这条鲱鱼没准原来就在挪威附近的海域游泳。

你相信吗？早上我还吃了几百个蛋。当然不是鸡蛋了，而是鲱鱼的蛋。我吃的那条鲱鱼干正好是鲱鱼妈妈，有很多蛋在肚子里。我们称鱼类的蛋为鱼卵。

挪威的海岸不是平坦的，水里有很多山脉，当然也形成了很多山谷。我们叫这种海水中的山谷为峡湾。

挪威处于地球的极北之地，你一定觉得挪威峡湾里的海水非常冷吧。我们知道水冷到一定的程度就会结成冰。奇怪的是，挪威峡湾里的海水一直都不结冰。这是为什么呢？答案是墨西哥湾里的海水有阳光照射。你也许还会问：墨西哥湾被太阳照射与挪威峡湾有何关联？它们离得那么远。打个比喻，我家的地窖里有个锅炉，燃烧锅炉可以使管道里的水变热，就算是离地窖最远的房间里也会有暖气。相同的原理，墨西哥湾如同是地球的大锅炉，经阳光照射以后，海水的温度会升高，并形成一股暖流，被称为湾流。湾流犹如河流一般进入大洋，从墨西哥湾一直北上到达挪威海岸，随之挪威峡湾里海水的温度也会升高。峡湾中温暖的海水是鲱鱼最适合的生长地，挪威的渔民都喜欢在峡湾里捕鱼，觅食的鲸鱼也常常在峡湾周围出没。

哈默弗斯特是世界上最北部的城市，它位于挪威，也是墨西哥湾流到达挪威的地方。一路上，湾流会携带很多木棒，就像玩具船一样漂在水上，我们叫这样的木头为漂流木。搁浅的漂流木被挪威人捡来烧火，普通木材燃烧时的火焰

神奇的漂流木燃烧发出各种颜色的火光

　　为什么燃烧海水中的木头会发出蓝、绿、紫等颜色呢？原来海水中有钠、镁、钾、磷、钙等元素，不同的元素燃烧会发出不同颜色的火焰。人们给这种现象起了一个名字，叫焰色反应。五颜六色的烟花就是根据这个原理制作的。

是黄色的，但漂流木长时间经海水浸泡会有很多盐分，燃烧时的火焰是蓝色、绿色和紫色，所以漂流木燃烧的火焰是特别漂亮的。

你妈妈让你吃过鱼肝油吗？你一定不喜欢那种味道吧？你妈妈一定会跟你说，鱼肝油对身体健康有益。的确如此，鱼肝油是用鳕鱼的肝脏做成的。鳕鱼是比鲱鱼大的一种鱼类，挪威一个岛屿的附近就多产鳕鱼。挪威人大量捕捉鳕鱼，并在鳕鱼的肝脏里提取鱼肝油，将其出口到各国。挪威人会将鳕鱼的鱼骨全部剔除，鱼肉被晒干当作食物。

第41章

鱼儿 峡湾 瀑布 森林（续）
Fish, Fiords, Falls, and Forests (continued)

卑尔根

卑尔根是世界上鱼最多的城市，它位于挪威的一个峡湾上，这个峡湾就叫卑尔根峡湾。很多峡湾的渔民捕捞到的鱼都会先被运到卑尔根，这里的船只会将其再运往别的国家。在卑尔根，你能看到大鱼、小鱼、黑的鱼、白的鱼、身体厚厚的鱼、身体薄薄的鱼等等千奇百怪的鱼。

卑尔根还有另一个"之最"，它除了是鱼最多的城市之外，还是欧洲最湿润的城市。雨伞或雨衣差不多会被当地人一直带在身边，谁也不知道雨会在什么时候下起来。那里几乎没有晴天。当下雨的时候，如果想用桶接 1 英寸高的水，往往要特别长的时间，除了下特大的雨外。我们把桶里的水量叫作"降雨量"，这是用积水的深度来衡量的。假如下雨天你在街道上看到了积水，并且积水漫过了你的鞋子，你一定会感觉雨很大吧？但是用桶接的话，积水连 1 英寸都不到。世界上一年的降雨量可以达到 1 英尺的城市非常少，但卑尔根一年的降雨量竟能高达 8 英尺。值得庆幸的是，这些雨不是一次降下来的，不然会把城里所有的人淹死。

在美国，每个家庭都会有汽车；在挪威，每个家庭都有船。挪威人也是有名的水手。

很多年前，挪威人因航海探险而闻名。雷夫·埃里克森就是最著名的一位航海探险家，他的父亲埃里克也是一位著名的航海探险家。雷夫·埃里克森生活的时代要比哥伦布到达美洲大陆早五百年，他生活在一千年前。当时，他对美洲大陆并没有想法，回到挪威后也没说什么，因此后来一说到发现美洲大陆，人们就会想到哥伦布。

之后，许多出名的航海探险家也出自挪威。因为挪威距离北极非常近，有些人老是想到北极点探险。只要你站在北极点上转个身，24 小时就过去了。很多探险家冒着生命危险到北极点和南极点去探险，不少人为此搭上了性命。

过去，斯堪的那维亚有两位著名的探险家试着去北极点探险，虽然他们还活着，但也没有成功到达北极点。他们一个叫南森，另外一个叫阿姆森。后来，第一个成功抵达北极点的人是一位叫皮尔里的美国探险家。阿姆森之后也成功到达了南极点。在此之后，有一些飞机和挪威的一艘飞船都曾尝试着从北极点飞过。最后，阿姆森开着飞机前往北极点，从

插在北极的美国国旗
第一位成功到达北极点的人是皮尔里

231

此以后就没有任何关于他的消息了。

两块滑雪板如同小小的雪橇一样

下雪出门时，我们都会穿上套鞋。但在下雪时，挪威人和瑞典人会把两块长长的滑雪板套在脚上，这两块滑雪板就如同小小的雪橇一样，可以在雪地上轻松滑动。他们一手拿着一根杆，以此作为支撑一直向前面滑。

你有没有见过白色的黑鸟？一定没有人见过。那你是否见过白色的煤炭？这种白色的煤炭在挪威和瑞典有很多很多。你一定感到非常不可思议吧？怎么可能有白色的煤炭呢？那就让我慢慢说给你听。挪威和瑞典的山上常年都覆盖着厚厚的积雪，当冰雪融化成水后，就会从山上往下流形成很多瀑布，犹如雨水从水管里流下一样。瀑布能推动轮子转动，锯木厂和机器依靠转动的轮子得以运转，就如同煤炭能使机器运转一样。挪威和瑞典虽然没有煤炭，但冰雪形成的瀑布能起到同样的作用，因此，他们称瀑布为"白色的煤炭"。

白色的煤炭和黑色的煤炭相比，还是有一点不同的，因为白色煤炭无法产生热量。在瑞典北部还有铁矿，我们知道铁能被制作成各式各样的工具。

瑞典有铁矿，但是没有煤矿，没办法把铁从铁矿中提炼出来。所以瑞典人只能把铁矿石出口到煤炭资源丰富的英国。

也许，你见过松树在冰天雪地里的照片吧？松树和白雪好像一直都是形影不离的，挪威和瑞典有很多松树林。松树的树干非常适合做船的桅杆、电线杆、旗杆以及建筑木材，因为它又高大又笔直。松木做火柴梗也特别合适，一棵松树的树干可以做成许许多多的火柴梗。你看一下家里用的火柴，也许在火柴盒上就印有"瑞典制造"的字样。瑞典人将小点的树做成木浆，拿来造纸。我在前面也讲过，不管是报纸、包装纸或者是你写字用的纸，差不多所有的纸都是用木材做的。瑞典人把砍下来的树锯成圆木，将圆木滑进小溪中，圆木会顺着小溪漂到海中，人们再用船只将其运往世界各地。瑞典人之所以有源源不断的木材，是因为他们在砍伐大树的同时，也在非常用心地照顾小树苗。

第42章

阳光照耀黑夜的地方
Where the Sun Shines All Night

《爱丽丝镜中奇遇》

这部儿童文学作品的作者是英国作家路易斯·卡洛尔。他的另一部作品《爱丽丝梦游仙境》同样非常出名，《爱丽丝镜中奇遇》是梦游仙境的续集，书中有很多关于国际象棋和镜子的情节。作者还恶搞了很多童谣和诗歌，让这本书读起来诙谐有趣。

"海象与木匠"是童话《爱丽丝镜中奇遇》中的一个故事，它的开头这样写道："灿烂的阳光洒在海面上……到了半夜，太阳仍然挂在空中。"半夜空中还挂着太阳？你一定以为这样的事只可能出现在童话故事中吧？这样的情况在挪威和瑞典的北部地区真的存在！有一块巨大的岩石伸入北冰洋里，它就位于挪威最北端的地方，被称为"北角"。没有人在那里居住，但是常常有人坐船去那儿看阳光在夜晚照耀着海面上的情景。

我们平常总是说，日出东方，日落西方，这就是我们看到的情况。但挪威和瑞典北部的小孩们看到的与我们不同。在那里，太阳不是从东边升起、从西边落下的。在那里，有整整半年的时间，太阳会一直低低地悬在离地面非常近的空中，不会落下。在这半年里，太阳与地面之间的距离会越来越近，直到太阳最终落下去。在接下来半年的时间里，那里每天都是黑夜，小孩们也都看不到太阳了。

也许你觉得非常奇怪：怎么可能有这样的事呢？莫非那边的太阳是另一个，不是我们见到的那个？

世界上就有一个太阳，当然是同一个太阳了。我们在地球的一端住着，当太阳运动到地球的另一端时，我们自然就无法看到了，同时也进入了夜晚。在夜晚，我们也可以看见太阳，但要爬到地球的顶点，例如北极。举个例子，假如你在山的一侧住着，从另一侧过来一个小伙伴要来看你。你在自己住的地方能看见他从山上下来，也能看到他往山上走。只要他一走过山顶，到了另一侧，你就无法看到他了。太阳的运动和这个是相同的道理。在地球的北极有半年的时间，太阳半夜也会挂在空中，所以把它叫作"夜半太阳的土地"。其实，还有半年的时间，那里一直都是夜晚，也可以把它叫作"正午漆黑的土地"。

传说中圣诞老人居住在地球北极，那里生长着**驯鹿**。那里冰天雪地，除了苔藓以外，别的植物都没有办法生长，而驯鹿就是靠苔藓来生存的。拉普人居住在北极，看起来与爱斯基摩人特别像，同时这两种人又和中国人特别像。我猜中国人极有可能就是他们的祖先。拉普

驯鹿

人和驯鹿住在同一间屋子里，他们既可以挤驯鹿奶喝，吃驯鹿肉，将驯鹿的皮毛制作成衣服和帐篷，还可以把驯鹿当成马，用来拉雪橇。虽然挪威和瑞典其他地方的人在外貌上和我们十分相像，但是总感觉他们当中有些人要比我们更机智聪慧，接受过的教育更好。在我认识的人当中，有一个可以说12种语言的瑞典人；不经过脱脂就从牛奶中把奶油分离出来的方法是一个

瑞典人发明的；还有一种机器可以通过加热来
做冰块，它是两个瑞典男孩发明
的。以前，挪威和瑞典处于同
一位国王的统治之下，
它们是一个国家。但
是后来，它却变成了
两个独立的国家，拥有

北欧拉普人和他的驯鹿

各自的国王和首都。

在你爸爸小时候，地球仪上标着的挪威的首都叫克里斯丁亚娜，不过后来改为奥斯陆了。**斯德哥尔摩**是瑞典的首都。奥斯陆和斯德哥尔摩都位于海上，冬天船只没有办法通行，因为冬天海港的海水全部都会结冰，墨西哥湾流无法影响到这里。斯德哥尔摩经常被叫作"北方的威尼斯"，因为这里的运河特别多。

在美国，最常见的名字是玛丽和约翰。斯堪的纳维亚人对某些名字也会有所倾向，他们最喜爱的名字是奥利，常见的还有汉斯、彼得和埃里克。有时候，我们会加一个"逊"字在名字的后面，以组成新名

斯德哥尔摩

字，比如"约翰逊"就是由"约翰"演变来的。斯堪的那维亚人喜欢把"森"字加到名字后面，用来构成新名字，例如奥勒森、南森、埃里克森、汉森、阿姆德森、彼得森等等。假如你住在威斯康星州或者明尼苏达州，一翻开电话簿就会看到很多这样的名字。是的，美国有很多挪威人和瑞典人，他们定居在威斯康星和明尼苏达两个州，因为这两个州的环境最像他们的祖国了。

挪威语中有很多单词和英语单词十分相似。当然，挪威语并没有模仿英语，应该说英语模仿了挪威语。很多年前，英国定居着挪威的水手。几千年以后，当时挪威人用的词语依旧被我们使用着，它们只是有一点改变而已。

很多年前，斯堪的纳维亚人都是十分暴虐残忍的战士。他们喜欢喝一种烈性酒，这种酒叫蜂蜜酒，酒杯是用敌人的头骨做成的。许多神话里的神被他们奉为神明，比如雷电之神托尔、战争之神蒂乌。他们还创造了"星期二"、"星期三"、"星期四"、"星期五"四个挪威词语，这是按照不同的神创造的，我们现在用的四个对应的英文单词和当时的挪威语十分相似。

达纳炸药是一个瑞典人发明的，炸药当然是用来炸东西。他在去世的时候，留下来一笔巨大的钱，并留下遗言，将这笔钱每年的利息奖励给为人类做出巨大贡献的人。凡是为世界做出巨大贡献的人，不管他们是哪国人，都能得到奖励。每年都会有评奖委员们去核查一年中人们为世界作出的全部贡献，并选出贡献最大的对象，授予他们奖金。诺贝尔就是留下这笔钱的人，奖励就是我们熟知的**诺贝尔奖**。曾经获得诺贝尔和平奖的人有美国总统西奥多·罗斯福和伍德罗·威尔

诺贝尔

逊，还有一个叫本奇的美国黑人也获得过此殊荣。你同样可以获得诺贝尔奖，只要你为世界作出巨大的贡献。你觉得自己可以做到吗？

诺贝尔是个传奇的化学家、发明家和制造商，他在瑞典出生，在俄国长

诺贝尔奖知多少？

　　诺贝尔奖创立于 1900 年，基金数额为 3 100 万瑞典克朗。该奖分设物理学、化学、生理学或医学、文学及和平奖五个奖项。该奖将基金每年的利息或者投资收益授给在这五个领域对人类作出重大贡献的人。诺贝尔奖包括奖金、证书和奖章。1968 年，瑞典国家银行成立 300 周年的时候，捐出了大笔的资金给诺贝尔奖，增设了"瑞典国家银行纪念诺贝尔经济科学奖"，又被称为诺贝尔经济学奖。

大，他的活动范围遍及整个欧洲。他执着于炸药的发明和改进，对诗歌、文学和哲学等也都有所涉猎。通过发明，诺贝尔积累了大量财富。

第 **43** 章

熊之国
The Bear

关于俄罗斯狼群的故事是我在孩童时期最为喜欢的。一群狼突然向一个乘着雪橇前进的俄罗斯人袭击，坐在雪橇上的人在马身上抽了几鞭子，雪橇的速度立马加快了。猎物在前，狼群随之也加快了速度，距离越来越近。就在狼群要扑向雪橇时，雪橇上面的人用力将一些吃的向后扔去，这样狼群便会跑过去狼吞虎咽地吃一阵。不久，狼群又追来了，雪橇上的人只好接着往后面扔食物，一直到食物全部被扔完。你猜猜会是什么样的结果呢？你自己可以找来这样的故事去看，也可以自己把故事的结尾编上，我就不告诉你结果是怎样了。

看完这样的故事，我总认为俄罗斯一定有特别特别多的狼，它应该叫作"野狼之国"。

咆哮的狼

之后我才知道，不知是什么原因，人们习惯把俄罗斯称为"熊国"。

欧洲最大的国家就是俄罗斯，它的国土面积特别大，欧洲别的国家全部加在一起才能和俄罗斯一较高下。在俄罗斯，整个北部都由冰雪覆盖，乘坐雪橇的人和狼群都会出现在这里，俄罗斯的中部不是很冷，到了南部就非常温暖了。

俄罗斯北部确实特别冷。夏季的时候，虽然地面表层解冻了，但地下却依旧被冰冻着，冰层很硬，我们把这样的地面叫作冰原。在俄罗斯北部，冰原有几千英里长。

俄罗斯北靠白海，南濒黑海。大概是因为俄罗斯北部的海常年都被冰雪覆盖着，所以人们叫它白海，我是这么认为的。当然，白海在夏天会解冻几个月，这时很多载着各种各样货物的大船会驶入白海，抵达白海主港口——阿尔汉格尔斯克。

也许你会问：这个地方这么冷，为什么还有人会居住呢？为什么不找一个环境温暖一些的地方？通常，人们会选择一个适宜生存的地方居住。一开始，几栋房子就是一个能生存的地方，之后因为有越来越多的人，越来越多的房子也随之出现，就这样产生了城市。有一个城市却不是这样的，一个叫彼得的人在离阿尔汉格尔斯克很远的地方一次性建造了一个城市。这个叫彼得的人是俄国的沙皇，俄罗斯以前叫作俄国，这个国家的皇帝就叫沙皇。因为彼得热爱航海，所以就想临海居住，任何时候都可以航海，这就如同你想去海边划船一样。因此，他便在海边建起了房屋、官殿、商店和街道，就这样建成了一个城市。当上沙皇以后，他便命令其他地方的人搬来这座城市生活。他把这个城市命名为**圣彼得堡**，意思就是"圣彼得的城市"，因为他的名字彼得就是根据圣彼得起的，这件事发生在两百年前。

第一次世界大战时，俄罗斯参战，和德国成了敌人。因为德国有很多以"堡"字结尾的城市名，所以圣彼得堡的人就不愿意再用"圣彼得堡"这个名字了。"圣彼得堡"被改成了"彼得格勒"，因为他们希望有一个真正带有俄罗斯特色的名字。之后，人们开始对战争产生厌倦了，不愿意再接着打下去了。于是有人借此发动了一场革命，将沙皇处死，建立了自己的政府，列宁就是这场革命的领导人。为了纪念列宁，人们便将"彼得格勒"又改成了"列宁格勒"，意思就是"列宁的城市"。虽然这个城市经历了两次改名，却一直都是俄罗斯的首都。后来，由于列宁格勒的气候特别寒冷，人们挑选了一个靠近俄罗斯中央的城市作为首都并迁至那里，那就是如今的莫斯科，这里的气候相对要暖和一点。

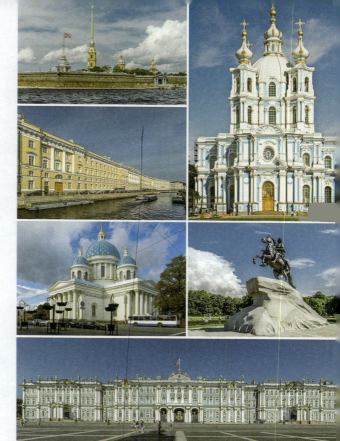

圣彼得堡

有钱人的住宅和宫殿被革命者变成了医院和公共建筑，富人的土地被租给了农民和工人。苏维埃社会主义共和国联盟简称苏联，它是由苏联的所有省份和地区组成的，首都就是莫斯科。

在莫斯科有一片建筑叫克里姆林宫，它就等同于俄罗斯的"国会大厦"。

克里姆林宫

它是由围墙围起来的一片宽阔区域，这里有房子、宫殿和教堂。在美国，国会大厦只是一栋建筑，而克里姆林宫却是一片建筑。在共产主义革命爆发后，克里姆林宫的教堂就像富人的宫殿一样，成为苏联的博物馆和政府建筑，不再作为教堂使用。

你见过街头或电视上表演的魔

术吗？魔术师可以让东西凭空在人的眼前出现或消失，克里姆林宫曾经就被作为魔术的对象，在人们的眼前消失过。那是发生在二战时期的事，德国想要用飞机轰炸苏联首都，于是苏联人给克里姆林宫改换了"衣裳"，成功骗过了敌人。

红场是克里姆林宫附近一个宽阔的广场，列宁的陵墓就是红场一侧的一个平顶的建筑。在俄罗斯，阅兵仪式常常在红场举行。当检阅军队时，俄罗斯的统治者都会站到列宁陵墓的顶部。

因为红色是革命的颜色，所以这个广场被取名为红场。俄罗斯的国旗上也有红色，在共产主义革命时，俄罗斯的军队称自己是"红军"。

俄罗斯人对音乐有着浓厚的兴趣，但他们更加热爱自己的国家。俄罗斯人创作了全世界一部分最经典的音乐。在俄罗斯，人们非常喜欢工作时一起唱歌，士兵训练时会唱歌，工人干活时也唱歌，就连在监狱的犯人都会唱歌。不过，犯人更多唱一些伤感的歌曲。

第44章

面包篮之地
The Bread-Basket

冰雪覆盖了俄罗斯北部的大地，远远看去一片雪白。

但在俄罗斯的南部，土地却是黑色的，如同煤炭似的，特别肥沃。这里也许是世界上最肥沃的土地，人们称这样的土地为黑土地。在美国，即使最肥沃的土壤也就几英寸厚，再往下就是黏土和岩石，植物是没有办法生长的。在俄罗斯，肥沃的土壤却是特别深厚的。有一些地方如果你一直挖下去，在挖出一个比你高三四倍的坑后，或许才可以发现黏土和岩石。在美国的新英格兰地区，即使肥沃的土地，土壤层也特别薄。经过两百多年的耕种，到如今土壤已没有养分，无法再种植庄稼了，所以当地的农民只好另搬新家。但在俄罗斯，农田虽已被种了几千年的时间，却依然能够提供给庄稼充足的养分，所以俄罗斯的土壤一直都很肥沃，仿佛用之不尽。

俄罗斯有一个地区被称为"粮仓"。黑土地是那里的特色，人们可以大量种植小麦，面包就是用这里种出的小麦磨成的面粉做成的。那里有一种叫向日葵的植物，有点不同寻常。当太阳在天空中移动的时候，向日葵的花朵也随之旋转。广阔的向日葵田一望无垠。俄罗斯人种植向日葵可不是为了观赏它的花朵，如同我们吃的花生仁儿一样，俄罗斯人吃向日葵的种子，就是

243

我们经常说的瓜子。向日葵种子主要被用于榨油，拌沙拉时放一点这种油就非常美味了。向日葵种子还可以用来生产肥皂和其他东西。

俄罗斯的黑海旁边有一个名叫"**里海**"的湖泊。它是全世界最大的湖泊，

里海

　　里海是一个被俄罗斯、阿塞拜疆、伊朗、土库曼斯坦和哈萨克斯坦包围的内陆湖。它曾是古地中海的一部分，高加索山和厄尔布鲁士山在地壳运动中隆起，把它和地中海分割开来。这种湖有一个特定的名字：海迹湖。

有许多河流流入，却从没有流出的河流。它就如同一个小小的海洋，由于水分被蒸发到空气中，湖里的盐分积累得越来越多，湖水也变得越来越咸。

"你可以从水井中打水，就肯定可以从糖浆井中打糖浆。"这是《爱丽丝梦游仙境》中的三月兔说的话。相同的道理，你还能从油井里打石油。巴库是一个石油资源非常充沛的城市，油井数量很多，它就位于里海的一侧。在巴库，石油随处可见，它好像无处不在，连呼吸里都是石油的味道。因为没有河流从里海流出，所以巴库的船不能抵达海洋，石油只能先被运到能装船的地方。黑海中 700 英里以外的巴统是离巴库最近的地方。为了把石油从巴库运送到巴统，巴库人修建了一条长达 700 英里的管道，这条管道就被铺在从巴库到巴统的地下。巴统的油轮载满石油，驶向世界各地。

俄罗斯有欧洲最高的山脉和最长的河流。俄罗斯南部的高加索山脉就是最高的山脉，它处在黑海与里海中间，比阿尔卑斯山脉还要高。

大多数河流的水流非常湍急，一直往前流去。俄罗斯境内的伏尔加河是欧洲最长的河流，不同于多数河流的湍急，它的水流最是缓慢，静静流淌着。你几乎看不出河水流向哪个方向。伏尔加河静静流入里海。有一种叫作鲟鱼

的大鱼在伏尔加河最为多产，鱼子酱就是用鲟鱼的鱼卵做成的。听说鱼子酱十分好吃，可是也有些人对它的味道不太习惯。最贵的食物大概就是鱼子酱了，一百磅牛排都没有一磅鱼子酱贵，可能正是这个原因，鱼子酱受到那么多人的喜爱。

白银和黄金都不是世界上最珍贵的金属，白金才是。白金看起来与白银十分相似，但它在世界上的储量非常少，所以要比黄金更为珍贵。乌拉尔山脉中就储藏着白金资源，这条山脉是比较低矮的山脉，位于俄罗斯东部边境。

俄罗斯还有一种叫**石棉**的怪异岩石，它和一束束丝线一样，能被织成布料。石棉是一种岩石，用它织成的石棉布是不会燃烧的。听说许多年前，一个国王用石棉布做了一块桌布。在当时，多数人对石棉一无所知，每次国王吃完饭后，都会把桌布扔进火里，过一会儿再拿出来，桌布却完好无损，客人看到这一幕都感到不可思议。今天我们的管道、屋顶以及消防员的衣服采用的原料都是石棉布，安全性很高，根本不必担心它会燃烧起来。在美国和加拿大的一部分地区也可以找到石棉。

石棉

石棉的神奇效果在很早以前就被智慧的先人们应用在生活中了。埃及人拿它做裹尸布，希腊人用它盛装焚烧的尸体，据《马可·波罗行纪》的记载，曾有大汗送给教皇一块石棉布，用以包裹耶稣圣骸。

第45章

"铁幕"诸国
The Iron Curtain Countries

　　当你看到这章的名字时，一定觉得有点怪吧，究竟是什么意思呢？等你看完这一章便会知道。

　　世界上有成千上万座城镇，或许你没听说过的城镇也有很多，有许多人在那些地方生活着。同样，我们住的城市也许他们也不知道。在很长一段时间内，有九个国家分布在俄罗斯和欧洲大陆其他地区中间，在他人眼中，这些国家都是一些不怎么重要的小国。可是，对于生活在那里的人而言，没有哪个国家是不重要的。九个国家的名字分别是：以"克"和"夫"结尾的各有一个，以"兰"和"利"结尾的各有两个，以"亚"结尾的有三个。可能很多人都不知道这些国家的名字，当然喜欢集邮的人是不包括在内的。

　　奥地利和芬兰这两个国家都与俄罗斯交界。芬兰被夹在俄罗斯和斯堪的纳维亚半岛的中间，是所有被夹在中间的国家里最大的国家。"芬兰"是"湿地遍布的土地"的意思，芬兰国内分布有很多湿地和湖泊。在一些方面，芬兰与挪威和瑞典十分相似，芬兰也生产纸张和火柴，也有峡湾存在。同时，芬兰由总统管理领导，是一个共和制国家。

　　波兰是另一个结尾是"兰"字的国家。"波兰"是"平坦的土地"的意思。就国土面积而言，波兰和芬兰不相上下。波兰境内分布着许多铁矿、煤矿及农田。波兰人中也有很多著名的音乐家。

波兰最著名的音乐家要属**肖邦**了，他的钢琴曲有着音乐以外的内容，因而被人们称为"钢琴诗人"。波兰除了音乐家外，还有哥白尼、居里夫人这些为人类进步做出巨大贡献的科学家。

有一个叫捷克斯洛伐克的国家，它位于波兰南部。它的名字非常有意思，从地图上看，它是一个形状狭长的国家。原来，大量的瓷器和玻璃器皿都产自捷克斯洛伐克，我就有一套上面印有"捷克斯洛伐克制造"字样的瓷盘，但我不

肖邦

确定现在是不是还在出产。1993年1月1日，捷克斯洛伐克分裂成为两个独立的国家，分别是捷克共和国与斯洛伐克共和国，所以在前面说"原来"。

奥匈帝国是历史上一个了不起的国家。现今，匈牙利和奥地利都是独立的国家。在奥地利和匈牙利境内流淌着同一条河流，它就是与莱茵河同样著名的多瑙河。有很多有关多瑙河的故事、诗歌和音乐作品，《蓝色多瑙河》就是一首关于多瑙河的著名华尔兹舞曲。蓝色的多瑙河最终汇入黑海。维也纳是奥地利的首都，它曾因饭店和烹饪而闻名。现在，就算你不去维也纳，也可以买到维也纳面包卷，吃到维也纳风味的饭菜。因为美国就有这些商店和饭店。

"匈牙利"是"匈奴人的土地"的意思。在匈牙利，人们大量种植小麦。你是否吃过匈牙利红烩牛肉？匈牙利红烩牛肉里放着许多胡椒和别的调料，味道特别浓。在美国，有一些饭店也有这道菜。有一些这种饭店里，还会有演奏匈牙利音乐的管弦乐队。匈牙利音乐变化多端，有时缓慢而温和，有时快速而有力，中间还会有跳跃的旋律，与吉卜赛舞蹈的伴奏音乐极为相似。在匈牙利人中有许多马扎尔人，他们也与中国人有关系，这点很不寻常。

美丽的吉卜赛女郎，她可以给你算命

可怜的吉卜赛人

　　吉卜赛人对自己的称呼是罗姆人，世界各地的人对他们的称呼各不相同，欧洲人称吉卜赛人、俄国人称茨冈人、伊朗人称罗里人。这是一个来自印度北部的可怜民族。他们的种姓等级低，遭到印度人的迫害，宗教上的差异让他们受到基督徒的迫害。他们生活穷苦，多以占卜和歌舞为业。

　　你是否算过命或者看过手相？**吉卜赛人**的谋生方式就是给别人算命和看手相，他们流浪在世界各地。大多数吉卜赛人来自罗马尼亚，罗马尼亚是匈牙利的邻国，并与黑海交界。听说很多年前，罗马人来到了这里，并定居下来，还依照"罗马"将这个国家称为"罗马尼亚"。如今的罗马尼亚语还与罗马语和意大利语有些相似。

　　黑海边上有一个叫保加利亚的国家，森林、山脉和农田遍布了这个地区。野熊、野猫和野猪都住在森林里，还有一种野山羊叫北山羊，也住在森林中。有一种形似山羊的岩羚羊住在山谷中。有一种名字源于岩羊的布被我们用来擦洗车辆。岩羊布曾经是柔软的真羊皮，不过我们现在多用别的材料来仿制羊皮。

　　香水制造业是保加利亚最重要的产业。保加利亚人大量种植玫瑰，玫瑰被用来生产一种叫"玫瑰精油"的香水，这种香水非常精致、昂贵。满满一屋子的玫瑰花瓣，只能生产出一小瓶玫瑰精油，你可想而知玫瑰精油的价格会有多高了。

　　阿尔巴尼亚这个国家非常小，大多数人都耕种作物，蓄养牛羊。在阿尔巴尼亚的一些地区，男人的服饰是一种舞蹈裙似的短裙，它的裙摆非常大，长度及膝。我们在前面讲过，短裙也是苏格兰的男人的服饰。不同的是，苏格兰的那种短裙采用深色布料，而阿尔巴尼亚却是采用白色布料。以前，南斯拉夫与意大利隔海相望，二者中间隔着亚得里亚海。南斯拉夫的森林和铜矿资源丰富。南斯拉夫比欧洲其他国家的铜产量都多。现在，这个地方被划分成了好几个国家，分别是塞尔维亚共和国、斯洛文尼亚、克罗地亚、波斯尼亚、马其顿、黑塞哥维那和黑山共和国，记住这些国家的名字需要花费很长时间。为何会造成这种结果？这是因为以前的南斯拉夫民族众多，而各个民族又不愿处于其他民族的领导之下。

现在南斯拉夫已经分裂成七个国家：黑山共和国、马其顿、塞尔维亚共和国、斯洛文尼亚、波斯尼亚、黑塞哥维那和克罗地亚

当我一听到某个人名或者某个地名时，总是会想到关于此人和此地的事情。比如：

一听到"乔治·华盛顿"，我马上想到的就是樱桃树。

一听到"纽约"，我便会想到摩天大楼。

一听到"芬兰"，我便会想到湿地。

一听到"波兰"，我便会想到音乐。

一听到"奥地利"，我便会想到维也纳面包圈。

一听到"匈牙利"，我便会想到蓝色多瑙河。

一听到"罗马尼亚"，我便会想到吉卜赛人。

　　一听到"保加利亚"，我便会想到香水和岩羚羊。

　　一听到"阿尔巴尼亚"，我便会想到穿着短裙的男人。

　　一听到"捷克斯洛伐克"，我便会想到瓷器和玻璃器皿。

　　一听到"南斯拉夫"，我便会想到铜。

　　此刻，你知道"铁幕诸国"的意思了吧。以前很长一段时间内，这个地区是由 9 个国家组成的，而现在却变成了 20 个国家。只有生活在当地的人们才能真正了解，是国家少好，还是国家多好。

　　奥地利的**维也纳**除了美食之外，还有世界级的音乐殿堂——维也纳的金色大厅。只有真正的艺术家和作品才会被邀请到金色大厅进行演出。

维也纳

第46章

诸神之国
The Land of the Gods

小时候，《伊索寓言》是我看的第一本书。小国希腊就是伊索生活的地方。伊索本是奴隶，之后他创作了许多著名的寓言故事，凭此，他从主人那里获得了自由。我读的是英文译本的《伊索寓言》，但最开始的时候，《伊索寓言》是用希腊语写的。

希腊这个国家非常小，假如要我在地图上用手指指给你看的话，整个国家一定会被指尖盖住。虽然这样，但原来世界上最了不起的国家就是希腊，世界上最了不起的民族是希腊人，世界上最了不起的语言是希腊语。在欧洲各民族还是蒙昧无知的野蛮人时，希腊人就已经写出了最了不起的书籍，建造了最壮丽的建筑，希腊就已经拥有最优秀的学派。有一本原是希腊语写的书，如今已有800多种语言的译本了，它的读者数量也是世界范围内最多的，这本书就是《圣经·新约》。

刚开始，希腊人并不信奉耶稣和《圣经》。他们信奉的神明有许多，并不是只有一个，希腊人相信他们信奉的神全部住在奥林匹斯山顶的云上。现在，奥林匹斯山依旧矗立着，如果你登上山顶便会发现，神根本就不存在。希腊人相信，太阳升起是因为太阳神阿波罗驾着战车经过天空；下雨是因为

251

主神宙斯向地球浇水；打雷闪电是因为宙斯在发脾气。他们信奉的神明中还有三个神，分别是爱神、战神和主宰世界万物的神。

就像是缩小版的南美洲和北美洲，希腊由两大部分组成。4英里宽的科林斯地峡将这两部分分隔开来，一个叫雅典的伟大城市就位于北面那部分。雅典人曾经相信智慧女神雅典娜·帕提侬照顾着整个城市，因此这座城市被叫作"雅典"，它就是依照雅典娜的名字来命名的，人们还用雅典娜的姓命名了一座建在高山上的神庙，就是**帕提侬神庙**，它是世界上最雄伟壮观的神庙。在神庙里，有一座雅典娜塑像，它是用黄金和玉石制作的，但后来塑像消失了，至今没有人知道

雅典的帕提侬神庙
世界上最美丽的神庙现在却已是一片废墟

它的下落，神庙也在战火中被摧毁了，如今这里只剩下一片废墟。伦敦大英博物馆里有很多漂亮的雕塑，都是从神庙里带来的。如果你想看古希腊的美丽雕塑，那就请到伦敦吧！奥林匹斯山上和雅典城里还有很多神庙，这些神庙外面柱子林立，既没有圆顶，也没有尖塔，从这些地方来看，它们与基督教教堂很是不同。

彭特利库斯山距离雅典很近，山上有很多大理石。雅典城里的建筑以及雕塑用的大理石都运自彭特利库斯山。有些人认为，正是因为有上好的大理石，古希腊人才能建造出如此多的辉煌雕

帕提侬神庙几度被毁

现在的帕提侬神庙遗迹是新神庙，在这之前还有一个旧神庙，当时供奉的雅典娜女神和现在的女神形象并不一样，它毁于波斯帝国的入侵。新神庙损毁则是因为当时土耳其人把它当作了军火库，威尼斯人的炮击引燃了军火，导致神庙被炸毁。

塑和建筑。但是，如今彭特利库斯山上依然有很多上好的大理石，可惜没有人可以再创作出那么美丽的建筑了。原来，人们热衷于到神示所去算命，有一个特别有名的神示所就在离雅典不远的德尔斐。在那里有一条会冒气的裂缝，女神西比尔就坐在上面，在女神的上方还有一座小小的神庙。医生或者牙医会用麻药使病人进入睡眠状态，这是我们都知道的。听说，在那里从裂缝中冒出来的气体也可以使女神欣然入睡。在睡梦中，女神可以预知未来，并告诉人们他们想知道的事情。来自世界各地的人都去那里算命。如同雅典娜女神塑像一样，德尔斐神示所也消失不见了，现在也没人知道它消失的时间、地点和方式。

你是否想过自己也可以说一点希腊语呢？在你说"娱乐"、"音乐"及"博物馆"时，你就是在说希腊语。这三个词的创造源于九位美丽的女神缪斯。缪斯原来住在德尔斐的卡斯塔利亚泉旁边，听说人们喝了这里的泉水，便会有创作诗歌和音乐的灵感。如今，卡斯塔利亚泉仍然潺潺流动着，无论是路过的人，还是羊都会喝里面的泉水。

在耶稣出生前很长时间，运动会是希腊每年都要进行的赛事，被称为**奥林匹克运动会**，我们今天的奥林匹克运动会就来源于此。运动员来自希腊全国各地，有跳高、跳远以及别的竞赛项目。竞赛的赢家获得奖品——一顶用月桂枝叶做成的简单"桂冠"。曾经雅典有一

奥林匹克运动会的传说

传说，大力神赫拉克勒斯曾帮伊利斯国王劳动，但吝啬的国王不愿支付报酬，于是大力神就把他赶跑了，然后举行了一场运动会表示庆祝，这就是奥林匹克运动会。

个专门用来举办这种比赛的体育场，不过，那里也早已是一片废墟了。没多少年前，有一位赚了很多钱的希腊人，他打算为自己生活的城市贡献一份自己的力量，于是便出钱修葺了体育场，古老的体育场还被铺上了大理石。一年一度的奥林匹克运动会还是在这个体育场里继续举行。

伊米托斯山是雅典附近的一座山，这座山上有一种蜂蜜，又甜又香。听说，这种蜂蜜香气怡人，居住在奥林匹斯山上的神明们都以之为食，故而这

种蜂蜜被称为"仙果"。如今，这种蜂蜜在雅典一些饭店里也可以品尝到。

　　希腊曾经有那么多有名的东西，而如今又因什么闻名呢？你可以猜一猜。难道是诗歌？不对。那是音乐吗？不对。还是雕塑呢？不对。抑或是宏伟的建筑？还是不对。现在希腊著名的东西叫加仑子。加仑子是一种小葡萄

黑加仑

红加仑

白加仑

干，没有核，在蛋糕和布丁里都可以放，特别美味。

　　在这里的市中心有一家快餐店，它是一位做着去美国发财梦的希腊年轻人开的。他给这家快餐店起名为"德尔斐饭店"。上周我去那里吃中午饭时还故意挑衅老板，问他店里有没有仙果。他告诉我说："没有，今天只有腌牛肉和卷心菜。"

第47章

新月之国
The Land of the New Moon

在地球上，每个地方的位置都是在某个地方的东边。比如，欧洲在美国的东边，美国在中国的东边。实际上，只有欧洲大陆的东方才是地球真正的"东方"，即欧洲东边的亚洲大陆。亚洲大陆是世界上面积最大的大陆。

很多年前，许多人都相信神话故事。有这样一个神话故事：亚洲的一个神爱慕一个叫欧罗巴的美丽人间女子，但神与凡人是被禁止相爱的，于是这个神便化身为一头雪白的公牛。欧罗巴被白牛的爱意打动，白牛便载着欧罗巴一起逃走了。白牛一直不停地跑，直到跑到了一个海峡边，它毫不犹豫地跳下水拼命向前游。就这样白牛和欧罗巴到达了海峡对面一片全新的大陆。后来，这片大陆被命名为欧洲大陆，是人们依照欧罗巴的名字起的。

欧罗巴和公牛
神化身成一头雪白的公牛，带着欧罗巴逃走了

255

有些不相信神话故事的人说，其实"欧洲"是"太阳落下的土地"的意思，亚洲则是"太阳升起的土地"的意思。

现在的博斯普鲁斯海峡就是白牛载着欧罗巴曾经游过的海峡。

有一座城市被人们建在了欧罗巴登上陆地的地方。大概一千年以后，罗马的首都被第一位罗马基督教皇帝君士坦丁由罗马迁到了这里，还按照自己的名字将这个城市命名为君士坦丁堡。

大概又过了一千年，君士坦丁堡被一个来自亚洲的土耳其民族占领了，其统治者是一个叫苏丹王的人。欧洲大多数人是基督教徒，而土耳其人却不信奉基督教。土耳其人信奉一个叫安拉的神和一个叫穆罕默德的人。听说，安拉的信使就是穆罕默德。信奉穆罕默德的人被我们称为伊斯兰教徒或者穆斯林。

如果站在十字路口，你可以去往前后左右四个方向。土耳其就站在这样一个"十字路口"上，连接着亚洲和欧洲。土耳其曾是个伟大的国家，在工业革命以前，它是世界上最后一个横跨亚、欧、非三个大陆的帝国，统治时间长达600多年。

很久很久以前，一队士兵在一个月黑风高的晚上，悄无声息地来到君士坦丁堡。最初人们丝毫没有察觉到危险的气息。忽然，从云朵后面钻出了一轮弯月。凭借月光巡逻的人发现了敌军，警钟立刻被拉响，整个城市也被拯救了。从此以后，一个新月的标志就被土耳其人安装到了教堂上，这个新月的标志对土耳其人的意义就犹如基督教堂里安的十字架的意义一样。土耳其人有个叫红新月会的协会，与我们的红十字会相似。

君士坦丁堡有很多教堂，世界上最大的教堂之一也在这里，它建成于土耳其人入侵前。在希腊语里这座教堂叫"**圣索非亚教堂**"，是"圣哲教

圣索非亚教堂的建造史

人们认为最早的教堂是君士坦丁一世所建造的，它经历过两次毁灭和两次重建。在公元532年查士丁尼一世决定进行第二次重建，特意邀请了物理学家伊索多拉斯和数学家安提莫斯为建筑师，建造好的圣索非亚大教堂在将近一千年的时间里一直是世界上最大的教堂。

堂"的意思。也许，你认识一个小女孩叫索非亚吧？无论她是不是聪明，"索非亚"就是"聪明"的意思。君士坦丁堡被土耳其人占领后，圣索非亚教堂和城中的其他教堂都被改成了供奉穆罕默德的圣地，同

圣索非亚教堂被他们改成了清真寺

时改名叫作清真寺。土耳其人把之前教堂的十字架换成了新月标志。如今，有800多座清真寺坐落在这个城市里。之后，城市名也被土耳其人从"君士坦丁堡"改为了"伊斯坦布尔"。

也许你会说：还用原来的名字该多好啊！改后的名字那么长，要想记住多不容易啊。虽然这个城市现在叫伊斯坦布尔，但我也必须把"君士坦丁堡"这个名字告诉你，因为相对于"伊斯坦布尔"这个名字来说，"君士坦丁堡"这个名字的使用时间更长，知名度也更大。自然，这个城市在使用"君士坦丁堡"之前用的名字是什么，我就不再告诉你了，不然你还要多记一个名字。假如你有兴趣知道，可以问一下别人，或者也可以自己去查。

在每座清真寺旁边，土耳其人都建造了一座叫光塔的塔楼，其形状与蜡烛很相似。有一个阳台在光塔中间，每天都会有一位牧师在阳台上出现五次，呼唤城里的人们进行祈祷。基督教在提醒人们进行祈祷时，用的是钟声，但伊斯兰教徒不喜欢用钟，因此便采用此种方式。伊斯兰教徒在家里也不常用到钟，他们会通过拍手掌的方式来叫仆人。早上5点是牧师最早的一次召唤。他会说："来进行祈祷吧，祈祷比睡觉更好。"

早上5点起床进行祈祷的人少之又少，只有那些非常虔诚的伊斯兰教徒会到最近的清真寺进行祈祷。祈祷时，他们会双膝跪在地上，把身子弯下朝拜，直到头贴到地面。伊斯兰教徒在进清真寺之前，一定要先清洗自己的脸、

手和脚。在每个清真寺的台阶上或者院子里都建有水池抑或是喷泉，以方便人们在进去之前可以洗脸、手和脚。这也是伊斯坦布尔有如此之多的喷泉的原因。小孩和女人被禁止进入清真寺，只有男人方能进出。大多数人在星期五会去清真寺，但是有时间的话，伊斯兰教徒每天都会去清真寺。

土耳其的博斯普鲁斯海峡有一个叫"金角湾"的小海湾，形状很像牛角。一座叫"加拉塔桥"的大桥坐落在金角湾上。距今为止，我已经跟你说了很多世界著名的大桥了吧，有布鲁克林桥、伦敦桥、里亚尔托桥、维奇奥桥等。世界上最古老、最著名的大桥之一就是加拉塔桥。一年365天，桥上每天都有络绎不绝的人来来往往。这些人肤色、国籍、语言和穿着都各有不同。每每看到这样的情景，我便会想到一个脑筋急转弯：鸡为什么要穿过道路呢？

土耳其语的文字犹如速记的字符一样，这与欧洲其他国的语言文字差别非常大，也不容易看懂。久而久之，土耳其人的字母也开始变得和英语字母越来越像，如今土耳其40岁以下的人学的都是新的简单的写法。

罗马字母与阿拉伯字母
土耳其的文字已经发生了很大的改变。

实际上，今日的土耳其早已脱胎换骨，成为一个全新的国家。土耳其在

土耳其人的穿衣风格和过去已大不相同了

苏丹王统治时期，苏丹王拥有至高无上的权力。人们必须服从他的命令，不管命令是不是正确。如今，土耳其也是由一位主要领导人和由选举产生的其他领导人来共同管理国家。以前，女性出门不用面纱遮脸是一种不道德的行为。如今情况不一样了，土耳其的女性也可以像美国的女性一样，穿着漂亮的裙子，戴着好看的帽子出门了。在土耳其，以前一个男人可以同时娶许多位妻子，每栋房子都有一个专门供妻子们一起居住的区域，那里有几个房间，叫作闺房。

在感恩节和圣诞节的时候，我们都会吃**火鸡**，但火鸡的英语单词和土耳其的名字一样。也许你会感觉非常奇怪，我们为什么要把吃的火鸡叫土耳其呢？实际上，火鸡最早是由墨西哥传入美国的，当时人们却误认为是从土耳其传来的，所以就用了这个单词，称它为土耳其鸟。

火鸡

第48章

沙漠之舟
The Ship of the Desert

骆驼在伊斯坦布尔非常少，原本它也不生长在欧洲。欧洲的骆驼都是从亚洲乘船运来的，途中要经过博斯普鲁斯海峡。听说世界上唯一永远都学不会游泳的动物就是骆驼。狗等大多数动物一生下来就会游泳，是根本不需要学的。骆驼或许学不会游泳，但是它却能横穿沙漠，这是其他动物都不能做到的。

炎热的夏天，人们会戴上太阳帽遮挡刺眼的阳光，骆驼也有太阳帽，而且是长在身上的，凸出的眉骨就是它的"太阳帽"。

骆驼

沙漠是骆驼习惯生活的地方，当你看到许多骆驼出现时，便可以推测沙漠应该就在附近。太阳照射之下的沙漠和干热的气候都是骆驼所喜爱的。人类和大多数动物在遇到火辣的太阳时，就想要躲到阴凉处，而骆驼却十分享受在烈日下躺着。骆驼是唯一可以在沙漠"海洋"里搬运东西的"船只"，因此有"沙漠之舟"之称。骆驼有像垫子一样的脚掌，这能使它在走路时不会陷到沙子中，它的体内有几个如同水罐似的囊袋，可以用来储水。有时候，由于找不到有水的地方，骆驼在沙漠里走上一整天，这时它们就只能依靠囊袋里的水来解渴。

一般只有一个驼峰的骆驼被称为**单峰驼**，这种骆驼多生活在亚洲。还有些骆驼有两个驼峰，被称为**双峰驼**。驼峰看起来脊背好像从中间断开了一样，事实并非如此。大量的脂肪储存在驼峰里，骆驼可以以此来供给自身所需的能量，如果它们在沙漠里找不到食物的话。

单峰驼

骆驼也有"领头人"，它带领着大部队。"领头人"往哪里走，骆驼就跟着往哪里走。在长途运送货物的时候，几头骆驼经常会像一列小火车似的被人们头尾相连地系在一起，一般会有一头如同火车车头的驴子走在队伍的最前面，是整个队伍的"领头人"，骆驼跟在其后。这是因为驴子有着非常灵敏的的感觉，辨别方向的能力很强，而骆驼的感觉是很迟钝的，所以用驴

双峰驼

子做"领头人"是不无道理的。骆驼十分高大，看上去一副威风凛凛的样子，好像很了不起，实际上骆驼的大脑非常小，没有什么智商可言，虽然骆驼是比较温和的，但是有时候也会发脾气。当骆驼在沙漠里缓缓前进的时候，往往会发出咕哝声，感觉像是一副不高兴的样子。经过训练的骆驼会跪在地上，好让人们可以把货物放到背上，之后便会载着沉重的货物跟随主人前进。假如背上的东西特别重的话，在地上跪着的骆驼是根本无法站起来的。但凡可以站起来，无论背上的东西有多么重，骆驼都会一直坚持向前走。你可以继续往骆驼背上放东西，一直到它实在无法支撑时，它会"嘭"的一声跪倒在地上。假如骆驼背上背的东西已经到了它最大的承受限度，就算你往上面再放一根稻草，它也会倒下。因此，假如你让他人做过于多的事情，那个人便会说"那是压倒骆驼的最后一根稻草"。

　　骆驼的用途很广，除了帮主人搬运东西以外，母骆驼可以提供奶喝，小骆驼的肉也可以作为食物。骆驼毛可以用来织成衣服、帐篷和毯子，还可以做出质量最好的画笔笔头。

骆驼和最后一根稻草

第49章

"曾经"的国度
A "Once-was" Country

男孩子在还未长大之前，总是被称为"小男孩"。亚洲有一个叫作小亚细亚的小角落，位于博斯普鲁斯海峡的另一侧。小亚细亚和欧洲并没有连在一起，只是有两个地方和欧洲的距离特别近，一个巨人只要一迈腿便能跨过去。这两个地方分别是博斯普鲁斯海峡和达达尼尔海峡，它们一个只有半英里宽，一个最窄的地方只有一英里宽。游过这个海峡对于很多人来说都不是一件难事，很多人都成功了。人们还在水中将小船首尾相连起来当成浮桥。在亚洲和欧洲之间是没有大桥的，船只是人和动物来往于两岸的唯一方式。

小亚细亚是一个曾经辉煌的国家，这里曾经是世界上最富有的地区，而如今却沦落为最穷困的地区之一。曾经全世界最富有的人就住在小亚细亚的克罗伊斯。曾经世界上最美丽的女人是海伦，她是被别人从希腊的家乡偷出来的，并被带到小亚细亚一个叫特洛伊的地方。特洛伊战争就是因为海伦而引发的。

据说，帕里斯得到了世上最美的女人海伦，于是阿伽门农带领希腊军前来攻打，但是特洛伊城兵强马壮、粮食丰足，所以联军久攻不下。于是有人想出计策，联军伴装撤退，把一个装有士兵的大木马留下，然后趁夜晚杀死了守门的士兵，最终攻下了特洛伊城。

小亚细亚曾出生了一个历史上最著名的诗人，他叫荷马。

小亚细亚一个叫塔索斯的小镇上还出生了《圣经》里传播福音的圣保罗，他在那里给士兵做帐篷。

"世界七大奇迹"，这个你

特洛伊战争

应该听说过吧？世界上七个最杰出的古代建筑被誉为"世界七大奇迹"。小亚细亚境内就有三个。

曾经位于小亚细亚以弗所的月亮女神狄安娜的神庙，被认为是世界第一大奇迹。过去，当地的银匠常用银制作成许多神庙纪念品卖给游客。但是在圣保罗看来，狄安娜是异教的女神，所以在布道时他公然反对她。银匠费劲脑汁地阻挠圣保罗的反对，因为他害怕圣保罗的行为会影响到他的生意。如今，神庙早就化为一片废墟，银制神庙纪念品已随之消失。可是，至今还有数以千万的人在阅读圣保罗写给以弗所人的信件，这些信件在《圣经》中就可以读到。

第二大奇迹曾是世界上最辉煌壮丽的一座陵墓，它是摩索拉斯夫人为自己的丈夫摩索拉斯建造的。不过。如今这

世界七大奇迹

世界七大奇迹剩下的四个分别是埃及的胡夫金字塔、亚历山大城的灯塔、巴比伦的空中花园和希腊的宙斯神像。这些伟大的建筑如今只有金字塔还存在，其他的都已经毁灭了。

座陵墓也已经变成了一片废墟。

世界第三大奇迹位于一座叫罗得斯的小岛上，这座小岛位于小亚细亚的附近，岛上屹立着一座极其高大的太阳神黄铜雕像，这座雕像大概有十层楼房那么高，被称为"罗得斯岛巨像"。之后，铜像在一次地震中倒塌，收废品的旧货商买走了这些铜像碎片。

罗得斯岛巨像
这尊巨像在一次地震中被翻进了海里

现在，在曾经极其辉煌壮丽的建筑遗址上只剩下一片废墟了，那个繁盛的小亚细亚早已不见了。如今，在小亚细亚地区，除了少数几个大城市以外，大多数的房屋全是用泥来建造的，泥屋没有窗户，只留有一扇门，屋顶上往往会长着一些杂草。

如今，小亚细亚地区是土耳其的一部分。实际上，过去土耳其地区都属于小亚细亚，除伊斯坦布尔以外。

也许你见过**安哥拉猫**吧？安哥拉猫长着长长的毛和毛茸茸的尾巴，特别好看。安哥拉猫产自土耳其的首都安哥拉。后来，土耳其人将首都的名字安哥拉改成了**安卡拉**，因此，当现在说到土耳其首都时，人们都会叫安卡拉。有一种非常怪异的山羊生长在安卡拉周围地区，这种山羊长着又长又滑

安哥拉猫

的皮毛。羊毛可以用来做成披肩和小地毯，在美国国内也能买到这种披肩和小地毯。这种山羊毛可以用来做我们夏天穿的马海毛衣服，衣服轻薄凉快，夏天穿最为适宜。

安卡拉

在小亚细亚，有一条叫作"曲流河"的河流，河流一路蜿蜒前行，任意流淌，最后注入海洋。无花果生长在曲流河的山谷中，海枣也生长在小亚细亚的多数地区。无花果和海枣被骆驼载着，经过美丽的地中海城市。在那里，无花果和海枣被装上船，然后送往世界各地。在美国，你也可以买到产自亚洲的无花果和海枣，街角的食品杂货店里就有卖的。我们平常使用的海绵也是从士麦那运来的。在小亚细亚附近的海底生长着海绵，要想采摘海绵，工人们需要潜入海底，把海绵从海底的岩石上摘下来。

第50章

流淌着鲜奶与蜂蜜的富饶之地
A Land Flowing with Milk and Honey

小时候，我在主日学校上课时，经常听到一些在《圣经》里出现的城市的名字，例如伯利恒、耶路撒冷，还有许多其他城市的名字。过去，我总觉得这些都只是在书上出现的名字，万万没想到它们真的存在于这个世界上，并且还有许多人住在这些城市中。《圣经》里的许多故事就是发生在这些城市中，因此这些地方被我们称作"圣经之地"。"圣经之地"位于地中海的东部，其中北部属于叙利亚，南部属于巴勒斯坦，"巴勒斯坦"就是"圣地"的意思。

当耶稣诞生时，叙利亚和巴勒斯坦的许多城市就已经出现了，一些城市直到现在依然存在，不过成为一片废墟的城市也不在少数。大马士革就是出现在《圣经》里的一座城市，早在耶稣诞生时，它就已有一千年的历史，至今依然还存在。

大马士革笔直的街道

它是全世界最古老的城市。

在大马士革，主街道是笔直的，被称为"直街"，商店林立在街道两边，叫作街市。以前东方最重要的购物中心就是大马士革。大马士革有一些街市非常小，想要在这里摆一架钢琴都是很难做到的事。大马士革所有的街市只要一家美国的百货商店就可以装下。街市上售卖的东西有金银珠宝、小地毯、披肩、刀剑、丝绸等。当时，因为没有机器，所有的东西都是大马士革人手工制作的。如今，机器生产的东西占满了大马士革的市场，而且这些东西不是在大马士革生产的，而是从英国买来的。一些游客回家后发现从大马士革买回来的纪念品往往贴着"英国制造"的标签。

有一点我们都清楚，假如用白色的颜料在白纸上画画，或者用红色的颜料在红纸上画画，上面所画的画是无法看清楚的。大马士革有一种叫作大马士革锦缎的布料，它是按照它的产地大马士革命名的，是一种手工制作的精美布料，而且布和图案的颜色也是相同的。虽然白色的图案在白色的大马士革锦缎上面，红色的图案在红色的大马士革锦缎上，但所有的图案都能看清楚。你家里的桌布、餐巾或者床罩也许就是大马士革锦缎的。在美国，买到的这些东西大多数不是大马士革手工制作的，而是由机器生产的。

大马士革锻造兵器的技术

过去，大马士革人还会制作一种镶嵌着金银的铁制饰品，多用来装饰剑。大量外观精致、华美的剑也产自大马士革，剑锋锋利异常，传言可以吹毛断发，削铁如泥。如今的士兵已都不用剑作为武器了，除非他们为了炫耀或者装饰。当今的战争全是远距离作战，剑这种近身攻击武器已没有用武之地了。

古代人将制造大马士革兵器的钢叫作"大马士革钢"，其实钢材是从印度运来的，大马士革只拥有锻造兵器的技术，用这种钢锻造的兵器有漂亮的花纹，刀刃上还有肉眼看不见的锯齿，又锋利又漂亮。

巴勒斯坦位于叙利亚的南部，被称为"圣地"。一般地图上只标有一些主要的地名，假如所有地名都标在上面的话，那整个地图上就剩下一片满满当当的文字了。

巴勒斯坦是个国土面积很小的国家，有个叫达恩的城市位于巴勒斯坦最北部，听起来，"达恩"有点像个男孩子的名字。有个叫贝尔谢巴的城市在最南部。巴勒斯坦的人总说"从达恩到贝尔谢巴"，言外之意就是从最北部到最南部或者是从一端到另一端。达恩与贝尔谢巴之间的距离只有150英里。换句话说就是，巴勒斯坦是一个南北仅150英里、东西间大约50英里的国家。如果开车的话，走遍巴勒斯坦整个国家只需一天的时间。巴勒斯坦的南北部分别有一个湖，但这两个湖的名字却都含有"海"。位于北部的湖叫加利利海，死海则位于南部，由于没有生物能够在死海中生存，所以得名"死海"。加利利海生长着非常多的鱼。耶稣的许多好朋友都是渔民，因此耶稣在渡过加利利海的时候，便让好朋友帮忙教别人捕鱼的方法，说是可以使他们成为福音传教士。因此，一个由加利利海渔民组建成的团体便出现了，他们的团体标志是一幅鱼的画。还有一点很不同寻常，希腊语"鱼"的单词中最前面的两个字母与"耶稣"的英文单词"christ"最前面的两个字母是相同的，全是"ch"。如今，依然有很多鱼在加利利海繁殖生长，暴风雨也在这里偶有发生。

基督徒用鱼作为他们团体的标志

在加利利海，有一条蜿蜒的河叫约旦河，它最终流入了死海。施洗者约翰给耶稣施洗礼的地方就是约旦河。许多来自世界各地的人都会来到约旦河。当地的神职人员非常多，能给人们施洗礼，有些人自己在那里接受洗礼。还有一些人会用瓶子装上一瓶浑浊的河水，并把这瓶"圣水"带回家，为自己的孩子施洗礼。约旦河的流速特别快，河岸和河底的泥土被不断地冲刷出来，河水变得特别浑浊，一路携带泥土流入了死海。但令人不解的是，死海里的水如同地中海的一样湛蓝。

死海

死海的地势特别低，它位于一个山谷底部，河水无法流出。也许你会好奇：如果一直如此，那死海岂不是很快就会溢出来了吗？实际上，死海里的水蒸发速度特别快，水被蒸发掉，许多盐分被留下了。因此死海变得越来越咸，如同大盐湖似的，死海的水要比海水咸很多，进入死海的人会在里面漂起来，所以死海是不会淹死人的。人们自然是不会在死海里洗澡或者游泳的，因为死海的水特别咸，如果进入眼睛或者伤口，会非常疼，犹如往伤口上搽碘酒似的。由于死海的盐分过高，所以就算是咸水鱼也没有办法在这里生存。所多玛与蛾摩拉是《圣经》里记载的最邪恶的两个城市，它们都濒临死海。根据《圣经》所讲，因为上帝认为这两个城市过于罪恶，只能将其毁掉。上帝把即将毁灭这两座罪恶之城的事告诉了罗得，让他带上自己的家人赶快逃走，但是有一个条件，他们在逃走的路上不可以回头看。在逃走的路上，罗得的妻子忍不住回头看了一下，立刻变成了盐柱。假如你到那里游玩，导游便会指着一堆盐对你说："这就是罗得的妻子变成的！"

罗得的妻子变成了一根盐柱

罗得的妻子违背了上帝的旨意，回头看了一下，马上就被变成了一根盐柱

第51章

"确切地点"
The "Exact Spots"

在巴勒斯坦境内有三个最有名的地方，分别是耶稣出生的地方、耶稣生活的地方和耶稣去世的地方。耶稣是在伯利恒出生的，那是个脏乱的小村庄，和我们在图画或者圣诞卡上看到的完全不一样。耶稣的出生地在图画和圣诞卡上看起来犹如天堂一样，还有小天使在头顶上飞着。当时耶稣的父母在旅行时正好路过伯利恒，耶稣就在那里诞生了。人们在据说是耶稣诞生地的地方建造了一座教堂，并放置了一颗银制的星星在地板上，说那就是耶稣出生时的"准确的位置"。实际上，谁也不知道"准确的位置"到底在哪里。但是，有一点是能确定的，世界上最古老的教堂就是这座教堂。

尽管耶稣是在伯利恒出生的，但是他人生中的大部分时间是在巴勒斯坦一个叫拿撒勒的小镇上生活，耶稣的故乡就是拿撒勒。耶稣的父亲是当地的一名木匠，名叫约瑟。假如你到拿撒勒去旅游，你一定会被导游带去一个地方，并告诉你那是约瑟的木匠店。他还会指着一个工作台对你说，那里便是耶稣曾经帮父亲干活的地方，他拿着锯子、锤子和其他工具。导游还会把你带到一旁的厨房，并告诉你说那曾经是耶稣的母亲圣母马利亚做饭的地方。导游会告诉你那么多"准确的位置"，但其中没有一个是可信的，那么久以

前的事根本就不会有人清楚。然而，有一个可以相信的
"准确的位置"，就是拿撒勒的一口井。听说圣
母马利亚就是从那口井打水的。这个位置为
什么能相信呢？因为自来水在过去的拿
撒勒是不存在的，除了这口井可以打
水，就再没有其他的地方了。

巴勒斯坦的马利亚井
现在拿撒勒的女人们依然从这口井里打水

　　耶路撒冷也是巴勒斯坦一个重要
的地方，因为耶稣就是在那里去世的。
耶路撒冷被基督教徒称为"圣城"。耶
路撒冷也被伊斯兰教徒们当作"圣城"，并且还说穆罕默德也在这里住过，
差不多是在耶稣诞生后六百年左右。过去耶路撒冷是犹太人的首都。伊斯兰
教徒相信有关穆罕默德的故事与基督教徒相信有关耶稣的故事是一样的道
理。按照伊斯兰教徒所说的，穆罕默德同样是在耶路撒冷去世的，随后便升
入了天堂。之后，耶路撒冷被伊斯兰教徒占领了，且占领的时间有一千多年
之久。直到第一次世界大战发生，耶路撒冷被英国人占领，之前耶路撒冷一
直都处于基督徒和伊斯兰
教徒的争夺之中。

　　伊斯兰教徒占领了耶
路撒冷之后，基督教徒一
直想夺回圣地，此时欧洲
的很多贵族子弟因为没有
继承权，又不愿过流浪人
的生活，就寄希望在战场
上建功立业获得财富，于
是他们在教皇的指挥下组
成了东征"十字军"。然
而战争是残酷的，8次东

基督徒夺回圣地

征持续了近200年，死了很多人，毁坏了很多古迹。

耶路撒冷一直被不停地摧毁，又被不停地重建，大概全世界很难再找出一个这样的城市了。就在耶稣诞生前一千多年，大卫王建造了耶路撒冷。之后，雄伟壮观的神殿被所罗门王建造在这里。不久后，其他人又占领、摧毁并重建了耶路撒冷。有人说，确切地说，历史上共出现过八个耶路撒冷，只是每个都被建在前一个的废墟上。因此，谁也不知道《圣经》中的故事里发生的"准确的位置"到底是在哪里。

有人说，亚当的坟墓在耶路撒冷被发现了。大家都知道，按照《圣经》中的记载，世界上的第一个男人就是亚当。听说耶稣的墓穴也在那里被发现了，在墓穴的附近还有一个小洞。他们说，那个小洞就是用来插曾经绑耶稣的十字架的。有一座叫"圣墓教堂"的建筑被人们建造在那里。在耶路撒冷的城外还有一座叫"橄榄山"的小山，听说耶稣就是在这座山的山顶升入天堂的。

伊斯兰教徒说，在圣墓教堂附近的地方穆罕默德也升入天堂了，因此他们在那里建了奥玛清真寺。实际上，这座建筑不算是真正的清真寺，而且它比圣墓教堂要好看得多，甚至有人说它是全世界最美轮美奂的建筑之一。奥玛清真寺是用美丽的大理石和瓷砖建成的，它的顶部是一个碗状的圆顶，它就建在过去是所罗门神殿的地方。

在奥玛清真寺的下面有一块巨大的岩石，过去人们以牛为祭品，然后放在这块石头上献祭。听说当时上帝为了考验亚伯拉罕，便下令把他的儿子当成祭品。没想到亚伯拉罕如此虔诚，他真的打算在这块岩石上杀死自己的儿子并进行献祭，后来上帝派来一个天使阻止了亚伯拉罕。穆罕默德登霄的准确位置就是这块岩石，这是伊斯兰教徒说的。那时石头也想跟上去，但被天使长加百列拽住了。导游还会指着石头上的一些印纹说，这都是天使留下的。

现在有一部分所罗门神庙还留在那里，并且被当成了一座墙的地基。自从所罗门神殿被摧毁，犹太人总是到墙边哭泣，并祈祷有一天可以将自己的国家从古罗马人手中夺回来，因此人们把这座墙称为"哭墙"。犹太人在许

犹太人的哭墙

多国家都有分布，可是哪个国家都不是他们自己的国家。第二次世界大战结束以后，联合国通过投票决定，把巴勒斯坦划分成两部分，其中一部分归犹太人，这将是祈祷了两千年的犹太人真正拥有的自己的国家，另一部分归长期生活在巴勒斯坦的阿拉伯伊斯兰教徒。犹太人实现了拥有一个属于自己的国家的愿望，这个国家被他们叫作以色列，巴勒斯坦东部邻近地中海的区域归以色列所有，巴勒斯坦的西部区域则属于阿拉伯国家中的约旦的一部分。基督教和伊斯兰教的"圣城"耶路撒冷，也被划分成了两部分。以色列拥有西部新城，伊斯兰教徒则拥有东部旧城。

犹太人流浪 2 000 多年还能复国，可见他们是个意志坚韧、信仰坚定的民族，也正是因为这样的品质，犹太人为世界塑造了数不清的人才，例如伟大的科学家爱因斯坦、航天领域的科学家冯·卡门、原子弹之父奥本海默、无产阶级导师马克思等。因此，这是一个值得人们尊敬的民族。

以色列是一个共和制的国家，世界上一些最古老的城市位于以色列，世界上最新的城市之一——以色列的首都特拉维夫，也在以色列。特拉维夫与那些旧城市完全不同，整座城市干净整洁，建有很多现代的建筑和宽广的街道。以色列欢迎所有的犹太人，许多在其他国家的犹太人都搬去以色列定居，终究这里才是犹太民族真正属于自己的国家。

第52章

伊甸园
The Garden of Eden

有人说伊甸园已经被他们找到了

伊甸园，你一定听说过吧？当我还是个小男孩的时候，经常这样想：等到我长成个大人时，要亲自到伊甸园好好看一看，看一下那里是否真有拿着剑的天使。当时，我还向主日学校的老师问过伊甸园到底在什么地方，老师说："就在《圣经》中啊。"谁信呀！一直以来，寻找伊甸园的所在是大人们的目标，有些人说找到了，再准确点说，以前的伊甸园的所在地被找到了。如今，那里看上去根本就不像是花园，更不用说像我们想象中的天堂了。

假如你走在大马士革街上，询问路人："去伊甸园该怎么走，你知道吗？"也许你会被对方当成是个疯子，或直接说："不好意思，不知道，我刚到这里，对哪里都不熟悉。"当然，如果你的运气够好，真的能遇到知道如何到伊甸园的人。他会告诉你："从沙漠中穿过去，一直沿着太阳升起的地方走。如果骑着骆驼，也许要走上一个月的时间。如果开着车，或许一周的时间就能到了。你会看到一条浑浊的河，这条河的名字叫幼发拉底河。蹚过幼发拉底河，接着向前行一小段，你会看到另一条浑浊的河，那条河的名字叫底格里斯河。你想找的伊甸园就在两条河互相交汇处。"

偷吃苹果的亚当和夏娃

在《圣经》记载中，上帝耶和华创造了亚当和夏娃，上帝允许他们吃除了苹果之外的所有果子，但一条蛇引诱了夏娃，于是夏娃和亚当吃了知善恶树的果子。因此上帝驱逐了人类的祖先，诅咒了那条蛇。

如今的伊甸园，花园早已不复存在，也难以想象那里曾经有过花园——那里到处都是淤泥。如果长时间不下雨，地面会变得干干的，你还可以假想一下那里过去有个花园。无论怎样，许多人都坚信那里就是过去伊甸园的所在地。也许还会有人指着一棵长着几个苹果的苹果树，对你说它就是《圣经》里面的那棵苹果树。人们认为在幼发拉底河和底格里斯河之间的山谷中出现了灭世洪水，过去挪亚就在那里住着。挪亚在洪水到来前造好了方舟，洪水把整个山谷淹没了，驾驶着方舟的挪亚成功逃生，之后方舟便被停在了在阿勒山上。"美索不达米亚"就是被洪水淹没的那个山谷，"美索"是"在……之间"的意思，"不达米亚"是"河流"的意思，因此，"美索不达米亚"意为"在河流之间"。现在那里被称为伊拉克，在地图上，你就能找到这个名字。

以前，有一座叫尼尼微的大城市坐落于底格里斯河上，还有一座叫**巴比**

伦的大城市位于距离两河交汇处非常远的幼发拉底河的下游。在耶稣诞生以前，这两座城市都是世界上最大的城市，之后却全都消失了，所以我才说是"以前"。

你是否在沙滩或者沙地上搭过房子和街道？当你搭好时，也许你会被比你大的孩子欺

负，你的房子和街道会被他们全部踩烂。已经消失的尼尼微和巴比伦就如同被巨人踩过似的。很久以来，很多考古学家都来到这里不断挖掘，确实过去人们用过的一些东西被挖了出来。在尼尼微和巴比伦这两个大城市里曾经建造了很多美丽的建筑和宫殿。巴比伦的"空中花园"就位列"世界七大奇迹"之一，但是如今这个花园已经消失得不见踪影了。

尽管尼尼微和巴比伦都已无迹可寻了，但是如今仍有两座大城市坐落在底格里斯河河畔，摩苏尔就是其中一个。你有没有听说过麦斯林纱？摩苏尔城就是第一个出产这种布的地方。在 20 世纪初的时候，在摩苏尔附近大量的石油资源被发现，这里的石油储存量能满足全世界所有汽车的需求了。这里铺设的很多石油管道，将油井与地中海连接了起来。开采的石油通过管道被装上油轮，再运往美国和欧洲。

摩苏尔城信仰的是伊斯兰教，他们在城中修建了一座巨大的清真寺，并在清真寺的上面建了一个光塔，光塔的塔身是倾斜的，倾斜的塔身同比萨斜塔十分相似。听说，在穆罕默德经过光塔时，光塔向他鞠了一个躬，从此就再也没有直起来。并且现在光塔还在不停地倾斜，这一点也和比萨斜塔很像。

你读过阿里巴巴的故事吗？巴格达是底格里斯河河畔的另一个大城市。巴格达街道上的人和故事《一千零一夜》图画里的人看上去非常相似。夏天，巴格达特别热，温度有时候会高达 125 华氏度。大家都知道，我们可以承受的最高温度是 100 华氏度。第一次世界大战结束后，伊拉克和巴格达被英国统治着，这给伊拉克和巴格达带来了非常大的改变。英国人在巴格达建造了一条叫作"新街"的宽广大街，还把电灯和冰工厂引入了当地，过去那里是

没有这些东西的。在他们的引导下，当地人还选举了一位国王，从此以后，伊拉克便成了一个王国。如今，伊拉克已经是一个独立的民主共和国了。

《阿里巴巴和四十大盗》是阿拉伯的民间故事。故事讲述了憨厚善良的阿里巴巴在山上砍柴的时候，无意中发现了强盗们的秘密，拿走了强盗们的宝藏，随后和追来的强盗们斗智斗勇，杀死强盗后把财宝分给穷苦的乡亲们。

阿里巴巴的故事

第53章

睡前故事的国度
The Land of Bedtime Stories

你有过非常口渴的感觉吗？应该没有吧，在美国，几乎不会有人遇到这样的事。有的人可以在不吃东西的情况下维持几天，甚至几个星期。可是，没有人可以坚持一个星期不喝水。试想一下，假如你生活的国家没有一条河流或者是湖泊，那里几乎从不下雨，大家连喝的水也没有，更不用说洗澡了。其实，那个国家四周环海，只是海水不能喝，因为海水是咸的。除了边缘的小部分地区和一些零零散散的地区之外，整个国家几乎全部都是沙漠。你一定会说：这样的国家怎么能居住呢？但是的确有这样的国家，这个国家就叫作阿拉伯，那里是阿拉伯人生活的地方。人们只能在"绿洲"生活——那里相对来说比较湿润。我们经常以面包和黄油为食，而阿拉伯人平时吃的则是海枣。他们把海枣树种到地面以下的深处，因为那里比较潮湿。只有骆驼可以在那样恶劣的环境中生存，所以，在阿拉伯一些富裕的家庭中都会养一头骆驼。有一些阿拉伯人也会饲养几只

阿拉伯人的绵羊、山羊和马

阿拉伯马

　　阿拉伯马是一种非常容易辨认的马，它的头部像楔子、臀部长平、尾巴高竖。在神话传说中，天使加百列唤醒了睡梦中的以实玛利，躲避狂风的吹袭，并把吹来的狂风变成了一匹马的形状。因此人们称阿拉伯马是"风的饮者"。

绵羊、山羊和马。**阿拉伯马**和常见的马相比，体型比较小，但是跑起来却很快。有的人说它们是世界上跑得最快的马，美国的很多赛马用的就是阿拉伯马。

　　阿拉伯人和小孩子很像的一点就是，它们都爱好听故事，特别是晚上。在很久以前的古代，国王拥有随意处死任何人的无上权力。据说阿拉伯有一位这样的国王，他每天都会娶一个人做王后，然而次日早上便会把王后处死。后来有一位王后在临睡前给国王讲了一个非常精彩的故事，国王听完这个故事以后，还想听第二个故事。于是，王后告诉国王，只要让她多活一天，就会再讲一个故事给他听。就这样，日复一日，王后连续讲了一千零一个故事。后来国王觉得离开王后讲的故事就活不下去，就这样王后得救了，他们一起幸福地生活了下去。后来，其中有一些故事被翻译成多种语言，这就是我们说的《一千零一夜》的故事。

　　之前我们讲过穆罕默德创立了伊斯兰教，而穆罕默德的出生地就是阿拉伯。穆罕默德出生于耶稣诞生大约六百年以后，一个被称为麦加的地方。最初的时候，穆罕默德为一个富裕的寡妇赶骆驼，后来寡妇爱上了穆罕默德，并嫁给了他。穆罕默德觉得自己被召唤做了上帝的使者。但是只有他的妻子和朋友对他深信不疑，其他的人不仅不相信他，还把他从麦加赶了出去。穆罕默德逃亡到一个叫作麦地那的城镇，他在那里向人们宣讲教义。没过多久，穆罕默德就有了数以万计的追随者，他们都按照他的教义生活，伊斯兰教自此创立。如今，伊斯兰教徒的人数已经达到了基督教徒人数的三分之一。在伊斯兰教徒们看来，麦加是世界的中心地。我们在前面讲过，耶路撒冷是伊斯兰教一个圣城，但是麦加是所有圣地中最为圣洁和威严的地方，麦地那是第二大圣城，仅次于麦加。伊斯兰教的教徒们觉得，在其他地方做上千次的祈祷才相当于在麦地那做一次祈祷，所以，很多伊斯兰教徒会不远千里前往麦地那做祈祷。

基督教有自己的戒律，同样，伊斯兰教也有戒律。和基督教的**十条诫命**不同的是，伊斯兰教的戒律大概有四条：第一条是每天要祈祷五次；第二条乞丐乞讨，一定要给东西，

哪怕东西再小，哪怕连一个便士也不值；第三条，和基督教的大斋节（就是基督教的斋戒节，从圣灰节到复活节的前一天，在这段时间里，不用在教堂的祭台上供奉鲜花，基督徒不可以举办婚礼，要守戒40天，停止所有的娱乐活动）一样，伊斯兰教的教徒要每年斋戒一个月；第四条，在世的时候要去麦加"朝圣"一次。不管居住在哪里，也不管距离麦加有多远，每一个伊斯兰教徒都希望自己在有生之年能去麦加朝圣。从前，有一位叫作哈伦的伊斯兰教徒，他是一位伟大的国王。他从巴格达步行前往麦加朝圣，中间有几百英里的路程。当然，由于他是国王，他路上所走的地方都被铺上了地毯。

天上的流星你见到过吗？事实上流星就是燃烧着的陨石。很多流星还未落到地面就燃烧殆尽了，只有一少部分会落到地面上。在麦加，有一座清真寺，寺院里

国王（哈伦·拉希德）所走的几百英里的路程全部铺满了地毯

有一块被称为"克尔白"的黑色石头。伊斯兰教徒认为这块石头是从天堂被送下来的。这或许是真的，因为它或许是一颗还没燃烧完就掉落到地上的流星。伊斯兰教徒说，他们只要亲吻这块石头，自己所犯过的一切罪过都能被宽恕，死后还可以升天堂。他们说这原来是一块白色的石头，后来经过成千上万伊斯兰教徒的亲吻，石头因吸收了他们的罪恶而变成了黑色。如今，从大马士革到麦地那之间建立了一条铁路，长达 1 000 英里，从麦地那到麦加中间还有一条公路。不过，不管是铁路还是公路，都是只针对前来朝圣的伊斯兰教徒开放，因为只有伊斯兰教徒才被许可居住在麦地那和麦加。

我在之前已经介绍了白海和黑海，现在来说一说红海，它是阿拉伯境内一个狭窄细长的海，我不知道叫它红海的原因是什么，我曾经去过那里，红海海水的颜色和地中海的一样，是蓝色的。以前红海和地中海是被一小块狭长的陆地分隔开的，后来人们在那里凿开了一条连通红海和地中海的运河，这样一来，船舶可以在两海间自由穿梭。曾经的那块陆地叫作"苏伊士地峡"，后来的运河被称为"**苏伊士运河**"。

苏伊士运河是世界上最主要的运河之一。因为在没有这条运河之前，苏

苏伊士运河

伊士地峡把亚洲大陆和非洲大陆隔开，船只想要前往东方的亚洲，不得不绕过整个非洲。它是连通东方世界的水上通道。运河曾一直归英国所有，但是因为运河在埃及——非洲的一个国家境内，于是，英国迫于埃及民众的强烈要求，于 1956 年把运河的归属权交还给了埃及。

亚丁位于红海边，是世界上最干燥的城市，有"东方的直布罗陀"之称。亚丁也曾归英国管辖，英国通过亚丁来决定谁是否有权通过红海。1967 年，南也门独立以后，从英国的手中夺回了亚丁的管辖权，并定都亚丁。这样一来，大西洋和印度洋之间就有了直布罗陀、苏伊士和亚丁三条水上通道，这三条通道曾经都在英国的管辖范围。

亚丁没有泉水、湖泊和河流，甚至好几年都不下一次雨，人们没有办法通过常见的方式取得喝的水。后来，英国有人发明了一种这样的方法——把海水煮到沸点，然后用一个大水罐收集蒸发出来的水蒸气。盐分不会和水一起蒸发，水罐中的水蒸气冷却以后就成了可以饮用的淡水。

或许你从未听过阿拉伯语吧？但是，你几乎每天都在写阿拉伯语，你知道吗？你平时写的"1、2、3、4、5"其实就是阿拉伯的数字。虽然从"0"到"9"只有十个阿拉伯数字，但是通过这十个数字我们能写出从"1"到"10亿"中的任何数字，甚至是更大的数字。

阿拉伯和我们的距离相距甚远，那里的土地干燥而神秘，这好像和我们没有一点的关系。但是，世界上要是没有阿拉伯人的话，就不会有我们使用的阿拉伯数字，你也看不到《一千零一夜》的故事了。

第54章

狮子与太阳
The Lion and the Sun

　　你有没有见过波斯猫？它产自于波斯，体型很大，身上的毛柔软又厚实，非常漂亮。

　　波斯也是"曾经很辉煌"的国家之一，曾是世界上最伟大的国家，可是如今大多数人连它的准确位置都找不到，甚至在地图上都没有它的名字了。在波斯语中，"波斯"意为伊朗，所以现在的地图上都是"伊朗"的标注，并非"波斯"。在写这一章之前，我一直认为家里没有一件东西是来自波斯的，向四周看看之后，才发现，能数出十样左右从波斯来的或者是和波斯有关的物件呢。

　　我脚下是波斯制造的羊毛线地毯，它是纯手工的，上面的彩色图案也很漂亮。一个波斯人制造这样的一张地毯，可能要花费几个月、一年，甚至是更长的时间。听说，有的波斯地毯要用尽一个波斯人一生的时间来编织。

　　我爱人有一条来自波斯的丝质披肩，也是纯手工制造的。波斯人会养蚕，等蚕结成茧之后，剥茧抽丝，再把蚕丝纺织成线，染上各种颜色，然后才能编织成披肩。

　　我爱人还有一个镶有绿色石头的戒指。上面的那种石头叫作绿松石，也是来自于波斯，象征 12 月份的诞生石。在一些东方国家，人们认为佩戴绿松石可以远离"恶毒的眼光"。在他们看来，只要被那些恶毒的眼光看一眼就会给自己招来厄运，而绿松石的作用就是躲避"恶目"使自己不受伤害。

在我爱人的梳妆台上，有一瓶叫作玫瑰精油的小瓶香水。那些玫瑰是波斯某些地区种植的，并且把花瓣加工制成了香水。

我有一个镶有珍珠的领带夹，上面的那颗珍珠是来自于波斯湾海底的牡蛎。

我在洗澡间穿的拖鞋也是产自波斯。

马兹达灯是按照波斯的神命名的，在我的书桌上就放了一盏这样的灯。

我书架上摆放着一本波斯诗人**欧玛尔·海亚姆**写的书，叫作《鲁拜集》。

早饭的时候，我有时会吃一根甜瓜，甜瓜这种东西最早是在波斯种植出来的。很久之前，我们这里传来了瓜的种子，这个时候人们才开始种植瓜。我有的时候也会吃桃

欧玛尔·海亚姆

欧玛尔·海亚姆不仅是一位诗人，还是天文学家和数学家，他所制定的亚拉里历比旧历蒋年西历更加准确。欧玛尔·海亚姆还制作了无数的天文图谱。在数学上，他写了一本影响深远的《代数问题的论证》，他还发现了解高次方程的方法。

子，这种水果最早也是出现在波斯。之后桃核被人们引入了美国，我们才有了桃子可以吃。

要是再加上一只波斯猫的话，和波斯相关的物件也许就完整了，但是家里养了一条狗，没有波斯猫。

在伊朗的国旗上，有一头狮子和一个太阳，所以人们称伊朗为"狮子和太阳的土地"。虽然我不明白用狮子的原因是什么，但是我知道为什么

要用太阳。从前，波斯人对太阳非常尊崇敬拜，他们把太阳奉为自己的神。除了太阳，还有月亮、星星和火焰也为波斯人所信奉。我们称波斯人为"拜火教徒"，他们以"帕西人"给自己命名。马兹达是拜火教徒尊崇的主神，我书桌上的灯的名字就是从这位主神的名字而来。按照他们的信仰，所有光明的东西都是好的，相反，所有黑暗的事物则是不好的。如今，大部分的伊朗人都是伊斯兰教徒，只有少部分人依然是拜火教徒。

在伊朗，有的区域环境条件都很好，在那里种了很多美丽的玫瑰花、可口的甜瓜和桃子，有的地区是环境恶劣的沙漠。世界上，很多河流都会越来越宽，可是伊朗的不同，那里的河流是越来越窄，直至河流枯涸。伊朗的高山有很多，山上的积雪融化后会汇聚成小溪，小溪到最后也会枯竭，因为没有河口，小溪无法流入其他的地方。

你玩过猜字谜的游戏吗？以前，我们猜字谜的时候，有一个这样的词，这个词是由两个场景组成的，场景一是在房间里有两个小女孩在喝茶，场景二是有一个小男孩跑着经过房间。你猜到是什么词了吗？这个词就是"德黑兰"——伊朗的首都（茶用英文表示是 tea，跑用英文表示是 run，把这两个词合在一起就成了德黑兰"Tehran"的发音。——译者注）。还有一个字谜，这个字谜只有一个场景：一个小男孩跑过房间，之后指着自己。这个能猜出来吗？就是"伊朗（I run 正好是 Iran 的发音。——译者注）。我们在前面的时候提到过，"伊朗"在波斯语中意为"波斯"。

在波斯，统治国家的人不叫"国王"而叫"沙"。在过去，"沙"拥有一切权力，可以让人们做所有的事。只要他想做，他就可以把人们的财产没收，甚至杀死任何人。现在这种情况已经不是这样了。德黑兰有一个世界闻名的被称为"**孔雀王座**"的珠宝宝座。这个宝座是由纯金铸造而成，靠背的形状和孔雀的尾巴相似，很多红宝石、绿宝石和蓝宝石镶嵌其中。

除了一种珠宝外，其他的珠宝，如钻石、宝石都来自地下，这种珠宝就是珍珠，它来自于水里。一粒沙子进入到牡蛎的贝壳，渐渐地它就变成了珍珠，因此在所有的珍珠中心都会有一粒小小的沙子。一般情况下，一颗豌豆大小

的珍珠要用四五年的时间才能形成。波斯湾的珍珠是世上最精致美好的。工人们屏着气息在水中快速收集一篮牡蛎，等到实在忍不住的时候，就探出水面呼吸一下，然后就又潜入水中。也许你在水里只能忍住半分钟不呼吸，可是那些收集珍珠的人能够一分多钟

孔雀王座

孔雀王座原本是莫卧儿王朝沙贾汗国王命人打造的宝座，宝座的后面有以名贵宝石点缀的孔雀，因此命名为孔雀宝座。后来阿夫沙尔王朝的开国君主纳迪尔沙阿·阿夫沙尔率兵入侵印度，并从沙贾汗国王的手里抢走了宝座。

不呼吸。听说，有的人可以憋气一小时，这种说法只是在童话中才会有。有个小男孩写下一个故事，就是讲述他们是怎么憋气的："他们用衣服夹夹住鼻子，耳朵也用石蜡封起来，这样可以避免鼻子和耳朵进水。他们还在自己的脚上绑上沉重的石头，然后从小船上跳到水里，开始采集牡蛎。"真是天真烂漫的小孩。每年都会有很多打捞珍珠的人殒命，他们要么是血管爆裂而死，要么就是溺水而亡，有的人也可能会因为被鳐鱼刺伤身亡，因为那是一种有毒的鱼。正是因为这些人的付出，伊朗每年才能有这些价值数百万美元的珍珠被采集出来，佩戴在世界各国女士的手指上和脖子上。

第**55**章

脚掌对脚掌的国家
Opposite-Feet

来自卡利卡特的卡利卡印花布

在市中心有一家地下商店，商店上面就是人行道，人行道上铺的是又厚又结实的玻璃。如果你在下面的商店仰头向上看，就会看见来往行人的脚。假如世界也是玻璃做的，你一低头也能看到世界另一端人们的脚步。地球上，位于美国另一端的国家叫印度，那是一个形状类似于一角馅饼的国家。在美国人看来，印度处在环绕世界的中点。假如我们以美国为出发点，走地球一半的距离就能到达印度；如果继续往前走就会回到美国。我和我的一个朋友同时从美国出发做环球之旅，不同的是，我向西走，他向东走，最后我们在印度相遇了。当我来到印度一个叫作加尔各答的地方时，他正站在码头边等着接待我。我们在加尔各答买过一种布，那是一种印花布，原产于卡利卡特（Calicut），布的名字也由此而来，叫作"卡利科（Calico）"。

当我提到印第安人的时候，你或许会想到印第安战斧、彩色的羽毛和出征前在脸上及身上涂抹的染料。不过，你脑海中浮现的是美国的印第安人，就是那些白种人到达美国之前生活在这里的土著人。今时今日，土著印第安人的后代越来越少，他们是红种人。

印度人和美国人都属于白种人，但是印度的人口数量几乎是美国的四倍。称他们为"印度人"是因为他们生活在印度这个国家。哥伦布那个时候开始航行企图找到印度，但他来到了美洲大陆，把那里误认为就是印度，并且称那里的人为印度人。直到后来人们才知道那里是一块全新的未知大陆，并非印度，生活在那里的人也不是印度人而是红种人。

在印度北部有世界上最高的山脉，这条山脉把印度和其他的亚洲国家隔开。这就是世界上著名的喜马拉雅山脉，在喜马拉雅山脉上有世界上最高的**珠穆朗玛峰**。珠穆朗玛峰海拔非常高，很久以来都没有人攀登到山顶，即便是这样，人们也在很早的时候就知道了它的确切高度。有一位工程师，他不用离开地面，只要通过某种方法，就能知道一棵树、一座教堂或者是一座山的高度。珠穆朗玛峰的海拔有 29 002 英尺（8 848.43 米）高，也就是比 25 英里还要高。珠穆朗玛的峰顶上常年都掩盖着厚厚的冰雪，这些冰雪永远都不会融化。

珠穆朗玛峰是全世界最高的山峰

小孩出生之后会慢慢长大，但你知道珠穆朗玛峰也在成长吗？珠穆朗玛峰是在印度板块和亚欧板块挤压下形成的，这种挤压还在继续，所以珠峰是一直在长高的，但是现在全球温度越来越高，所以雪融化得比较快，这样一

珠穆朗玛峰

来好像山又在变矮。

人们曾多次尝试爬到珠穆朗玛峰的顶部，很多人在攀爬的途中殒命，只有少数人能成功登顶。山顶的海拔非常高，上面的空气很稀薄，人们在攀登的时候必须随身带着氧气罐，才能保证正常呼吸。假如没有氧气罐，每走一步都必须停下脚步大口呼吸好几次，就和小狗淘气的时候会呼吸急促、大声喘气似的。走上几步就不得不停下调整一会儿，这样才能继续前行。1922年，有两名英国人，他们历经几周的艰难爬行，终于爬到了其他人从来没有到达的高度，距离山顶只有几百英尺远，有个同行的伙伴被落在后面，注视着他们两个奋力向上攀爬。可就在他们就要成功登上山顶的时候，大片的冰雪从上面崩落下来，两个人就这样被埋在冰雪之下，再也没有出来。当地人认为一位女神就住在山峰的顶部，她禁止任何人爬到山顶靠近她，因此但凡有人企图登上山顶就会遭逢不幸，甚至是失去生命。直到1953年才有人顺利地登上了珠穆朗玛峰的山顶，他们是从山峰东南的山脊攀登上去的。

喜马拉雅山脉的另一面有一个非常高的山谷，名字叫作"克什米尔溪

克什米尔

克什米尔原本是指喜马拉雅山脉的一个小河谷，现今被广泛用来代指这一地区。这是一个非常贫穷但又非常美丽的地方，同时还有非常悠久的宗教历史。这里曾汇聚了很多古印度的思想家，佛教和印度教在这里发展壮大，佛教中的中观派也是在这里诞生的。

谷"，山谷很美，诗人都叫它为溪谷。有一位诗人曾经写过这样的话："有谁没听过克什米尔溪谷呢？那里盛开的玫瑰花是世界上最美的。"那里的湖泊清净而明澈，山峰上有皑皑的白雪，还有满山遍野的玫瑰花绽放。相比于底格里斯河以及幼发拉底河中间那些干巴巴的泥土来说，这里更符合我们心中伊甸园的模样。

要是认真研究一下亚洲的地图，你就会发现，和印度相连的两个国家有一个共同的名字，都叫作巴基斯坦。两个没有相连的国家怎么会有一个共同的名字呢？事实上巴基斯坦是一个被印度分隔开的国家。二战以后，巴基斯坦隶属于印度，而印度又是在英国的管辖之下。印度人也像其他殖民地的人民一样，不愿意受英国人的管制。最终，英国人同意把印度交还给印度人民。印度人欢喜得不得了，但是紧接着又遇到了另外一个问题。大多数印度人都信仰印度教，其余的人则信仰伊斯兰教，这样一来，印度教徒和伊斯兰教徒始终都没办法和平相处。信仰印度教的教徒们希望国家在独立以后仍然是一个完整的国家，可是伊斯兰教徒并不想和印度教徒生活在同一个国家。因为他们清楚地知道，在数量上，伊斯兰教徒占劣势，如果成立一个完整的国家的话，那么国家一定会被印度教徒统治。他们希望能够把印度分成两个国家，分别归伊斯兰教徒和印度教徒统治。双方在解决这个问题的过程中差点开战。最终，双方达成一致——成立两个国家。伊斯兰教徒统治的国家叫"巴基斯坦"，印度教徒统治的国家依然保留"印度"这个名字。这样一来，印度把新成立的巴基斯坦从中间分隔开。对巴基斯坦人而言，家好像被一条街道分开，厨房在一边，卧室在另外一边。但是，他们的生活并不会因此受到任何影响（1971 年，印度和巴基斯坦发生战争，东巴基斯坦成立为孟加拉国。——译者注）。

印度和巴基斯坦两个国家都是英联邦国家的成员（巴基斯坦曾被除名四年，2004 年重新加入成员国，直到 2007 年，又被英联邦国家中止会籍。——译者注）。

第56章

脚掌对脚掌的国家（续）
Opposite-Feet （continued）

拉甲坐在身着盛装的大象身上

同美国一样，印度也划分了很多的州，这些州都有各自的领导者，被称为"拉甲"。很多拉甲并不热衷于处理州内的事务，相比来说，他们更喜欢收敛财富、纵情狂欢。他们喜欢珠宝，比如钻石、珍珠，对收集各种各样的珠宝非常感兴趣，就好比你喜欢收集小块的大理石一样。但是，他们所收集的每一件珠宝的价值是你的大理石的几百万倍。他们中有的人拥有的珠宝是世界上最大、最精美细致的。或许我们都以为佩戴珠宝的都是一些女人。但是在印度却不是这样的，当拉甲要在臣民面前出现，或者是出席队列游行的时候，他们的身上戴满了华丽无比的珠宝，衣领上缀着珍珠和各色的宝石，有的珠宝大小就像核桃一样。参加队列游行的时候，拉甲坐在一头被精心打扮的大象身上，上面有一个宝座，拉甲一定要用梯子才能坐到宝座上。

在印度，人们认为大象是神圣的。虽然野生的大象有很多，但是猎杀大象是违法的行为。人们只能活捉大象而不能猎杀大象。猎象的时候，几百个人把大象围起来，然后通过敲鼓吹号来使大象产生恐惧。为了躲避噪音，稍不留意，大象就会走进人们提前设计好的围栏里。等大象进入围栏，人们就立刻关上围栏的门。大象被捕捉以后，人们会想方设法驯化它们。这是一项非常艰巨的工作，有的野生大象很危险，很容易就会把人踩死。不过，大象一旦被驯化之后就会变得非常有用，和阿拉伯的骆驼、欧洲的马、美国的汽车一样有用。大象会用鼻子把木材卷起来放到火车和船上，就像一台起重机一样。

拉甲还热衷于做一件事情，就是猎虎。老虎生活在印度的丛林里，是一种很让人害怕的动物。老虎饥饿的时候就会袭击最近的村子，家里圈养的牲畜甚至是人都会成为老虎的腹中餐。拉甲猎虎的时候会先保证自己的安全。他和他的朋友们带领着几百个仆人，他们站在仆人预先在大树上搭建的平台上。然后，仆人们敲打着锣鼓深入丛林，把老虎引到平台这边。当老虎被引入射击范围内，拉甲和他的朋友们就在平台上向它射击。他们会用猎杀后的虎皮来装饰拉甲的宫殿，比如地板和墙壁。

印度的宗教有 100 多种，不过我们在前面那一章介绍过，大多数的人信仰印度教。印度教徒们认为，人死以后，灵魂会重新回到世界上，寄托在动物身上或者刚出生的人身上。也正是因为这样，人们会善待大象等有用的动物。印度教徒还认为，人在活着的时候做的好事多，死了以后就能立刻获得重生，会投胎成一个富有的人或者是有用的动物。如果生前是一个恶人，那么投胎的时候就会变成穷困潦倒的人或者是有害的动物。当我看见家里的小狗摇晃着尾巴的时候，我就会想，要是按照印度教徒的说法，会不会有个拉甲的灵魂寄托在小狗的体内呢？

印度西海岸有个叫**孟买**的大城市，这个城市看起来和欧洲的任何一个大城市没有什么不同，城市里建筑的风格和伦敦或者纽约也十分相似。

假如以印度为起点向北走两天，你会到达一个小镇——阿格拉小镇。那

孟买

里有两栋和世界上其他的城市迥然不同的建筑物。其中一栋是一座陵墓，叫作**泰姬陵**，另一栋是清真寺。据说泰姬陵的建造者是一位信奉伊斯兰教的皇帝，他专门为自己四位妻子中最喜欢的一位建造了这栋建筑。有的人认为泰姬陵是世界上最漂亮的建筑。去印度的时候，我曾到过泰姬陵。但那时正好是晚上，我在月光下看到了它。因为看得太过专注，我一不小心掉入了一个水池，水淹过了膝盖。我赶紧从里面爬出来，却又不慎扭伤了脚踝，但这一切也都是值得的。我认为阿格拉镇上的清真寺是最美的建筑。我想不出来天堂里的建筑是什么样子的，可是我认为哪怕是天堂里的建筑也不可能比清真寺还要美丽。

印度的河流并不多，恒河位于印度东面，是最大的一条河流。它有好几

泰姬陵

　　泰姬陵是沙贾汗国王耗尽了国家的钱、花了20年的时间为其王妃所建造的，里边镶嵌着成千上万颗宝石，还有银做的门、金栏杆和珍珠盖头。不过现在这些珍贵的物品都看不到了，它们都被偷走了。国王晚年也被囚禁起来，只能通过小窗注视爱妃的陵墓，凄惨地度过余生。

我围绕地球走了半圈只为来看泰姬陵

个河口，我在前一章说到的加尔各答就是其中之一。加尔各答属于印度，不过大多数的恒河河口都在巴基斯坦。在**恒河**的上游有一座叫贝拿勒斯的城市，

印度恒河

　　恒河是印度一条以帕吉勒提河和阿勒格嫩达河为源头、以孟加拉湾为终点的河，不过印度人出于信仰认为恒河的源头是西藏的圣湖玛旁雍错，所以恒河是他们的圣河。因此有印度人在这里沐浴或者撒骨灰、遗物，导致这条河的环境有点差。

这是印度教徒的圣城。麦加是伊斯兰教徒的圣城，只有伊斯兰教徒才被允许进入。但是贝拿勒斯不同，不管你信奉的是什么宗教都可以进入。贝拿勒斯伫立在恒河河畔，从河岸到河里一直都铺着长长的石阶。来自印度各地的印度教徒都会去贝拿勒斯，他们在恒河里沐浴，不是为了洗去身上的泥垢，而是为了消除身上的罪恶。他们会走到水位及腰的地方，舀一碗恒河中的"圣水"，浇到自己的头上。尤其是认为自己快要死的印度教徒们，肯定会前往恒河沐浴。恭敬而有诚意的印度教徒并不畏惧死亡。其实，假如他们的生活又悲惨又穷困，等洗掉自己身上的罪恶后，他们倒是希望早点死去。因为他们认为转世后可以变得比以前更快乐。

　　死去的印度教徒的尸体不是被掩埋，而是被火化。在贝拿勒斯，在河岸边上，死去的印度教徒都在那里被焚烧，正是如此，还有人专门做起了卖木头的买卖。越是富有的人，火化尸体时买的木头就越多。可是有的人穷得都负担不起火化尸体用的木头。

　　印度的人口数量很大，经常没有充足的粮食供应给所有人。尽管人们每天只需要一点食物就可以活下去，但是印度每年还是有非常多的人会死于饥饿。拉甲和其他富有的人个个吃得肥头大耳，脑满肠肥；但是那些穷人却经

常饿得瘦骨嶙峋，如果他们不穿衣服的话，你甚至可以清楚地看见他们身上一根根的骨头。

　　拉甲坐拥的珠宝富可敌国，但是穷人就连是火化尸体的木头都买不起，这就是印度（拉甲是特定时期的称呼，现在这种说法已经没有了。但是，在印度贫富差距仍然很悬殊，底层阶级的人生活境地大都非常贫困。——译者注）。

　　印度南部有个叫锡兰的小岛（就是现在的斯里兰卡），小岛上的男人们

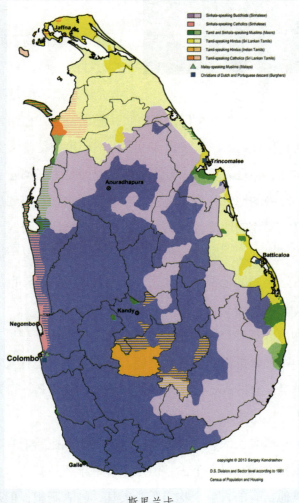

斯里兰卡

以短裙为服，并将梳子插在发间。世界上最大的珍珠养殖场就位于锡兰附近。拉甲拥有的很多珍珠都是那里生产出来的。我有一颗黑珍珠，也是来自那里。传说这种黑珍珠会给人带来福祉，即便这样，我也不会像拉甲一样在身上戴着。

斯里兰卡的形状看起来是不是很像一个玉坠，就像它的模样一样，斯里兰卡盛产各种珠宝玉石，比如星光红宝石、星光蓝宝石、猫眼石等等，有着"宝石王国"的美誉。此外，这里还盛产茶叶，锡兰红茶就是它有名的出口产品。

五颜六色的宝石

印度人是有名的魔术师，在锡兰的时候，我看过他们的魔术表演。有一位印度魔术师让自己的爱人进入到一个大篮子里，然后盖上披肩，用一把剑刺向篮子的各个方向。观众们都为他的妻子的安全紧张不已。后来，揭开披肩，他的妻子依然完好无损地向观众微笑打招呼。我还看见他在一个花盆里放了一粒种子，很快，就有一棵植物从花盆里长了出来。这到底是如何做到的呢？我们只能靠自己去想象揣摩了。

第章

白象之国
The White Elephant

"佛陀"释迦牟尼

印度有过一位叫作乔答摩的王子，他从小就很富有，他能得到所有他想要的东西，因此他一直都很快乐。从小到大，他一直都不知道穷人的生活是多么悲惨，他一直认为所有人都和他一样生活得很好、很快乐。直到有一天，他成年了，离开宫殿外出旅行，他生平第一次知道，世界上的病人、穷人和生活不快乐的人有那么多，这一切都让他感到又吃惊又震撼。所以，他下定决心在有生之年捐出自己的财富来帮助那些需要帮助的人。他四处奔走帮助他人，与此同时他向人们布道，教导人们是非对错。后来，他得到了人们的崇拜，被人们尊为"佛陀"，

也就是"知道一切的人"的意思。这就是"佛教"的产生过程，比耶稣的诞生还要早 500 年左右。

乔答摩去世之后，有一些佛教的传教士前往其他国家传扬佛教，这和基督教教徒去别的国家传扬基督教是一样的道理。过了很久之后，许多的印度人开始讨厌佛教了，于是就接受了一些其他的宗教，大部分人做了伊斯兰教的教徒。不过，佛教仍然是印度东部的部分国家信仰的宗教。

印度东部有两个国家，分别叫作缅甸和泰国。清真寺是对伊斯兰教教堂的叫法，而"塔"则是对佛教教堂的称呼。缅甸的首都是仰光，在那里有一座塔，人们称它为仰光大金塔，它是世界上最宏伟的塔。这座塔的外观看起来和倒放着的蛋筒很像，高度和华盛顿纪念碑不相上下。整座塔都是用砖建造成的，但是塔的外面覆盖满了一片一片的纯金，在阳光的照射下，耀眼夺目。有几间小屋子围绕着塔的底座，每一间屋子里都摆放着一尊佛像。一个盒子被摆放在塔的中心位置，传说有八根佛陀的头发放在里面。你能猜到塔的顶端有什么东西吗？我在前面介绍过，

它的外观看起来好像一个倒放的大蛋筒

教堂的顶端会安放一个十字架，清真寺的顶端放的是一轮新月，而在塔的顶部则是一把雨伞，雨伞的周围挂着一些铃铛叮当作响。

在以佛教为国教的泰国，每个泰国男性都要削发出家，在寺庙修行一次，可能是一个星期或者几个月、几年。因为佛教徒人数众多，所以人们尊称泰国是"黄袍佛国"。

大多数亚洲人以大米为食。他们吃煮熟的大米，不放糖和奶油，早中晚

泰国

都吃。仰光是世界上大米的重要产地。

缅甸人和泰国人看起来不像印度人，却和中国人长得很像。缅甸的国家制度是共和国，泰国则是王国。二战以前，泰国并不叫泰国，而叫暹罗，直到第二次世界大战结束之后，才改名为泰国。假如有一个人叫琼斯，但是他却突然改名为贝克，那么大部分的人还是会因为习惯问题叫他琼斯。泰国也是这样，所以依然有许多人把泰国称为暹罗。

暹罗的国家体制是君主专制，国王拥有一切权力，可以为所欲为。我小的时候，要是有人经常对别人做的事指指点点或者是要求别人做这做那，我们就会跟他说："你以为你是谁啊？暹罗国王吗？"

如今，泰国的国王不能再像他的祖先那样做任何自己想做的事了，他不得不根据国家的法律来管理国家。

佛教的教徒认为自己的灵魂在死后会进入到动物的体内。而国王的灵魂则会进到白象的身体内。白象在泰国是一种神圣的动物。事实上，白象的颜色并不是白色而是灰色。泰国人一旦看见白象，就一定把它献给自己的国王，白象会把好运带给自己的国家和国王。由于这些大象在皇家整天什么事也不用做，所以后来白象就成为已经没什么作用却又不得不留着的东西的代名词。我有一个朋友，他有一辆破旧的汽车，已经不能再开了，卖也没有人要，送也送不出去，放在车库里还占着空间。他把这辆汽车就称为"白象"。

普通的白象和皇家的白象不同，它们有很多用途，例如，可以充当汽车、卡车或者拖拉机，一头大象的价钱几乎等同于一辆汽车。大象不但能载人运货，装卸木材，还可以耕地。驾驭者骑在大象的身上，用脚在大象的两侧轻轻碰碰这儿拍拍那儿，通过这种方式告诉大象该做什么。大象非常聪明，它能够按照主人发出的命令去做事。大象工作的时间很固定，什么时候开始干活什么时候应该休息，它都知道，就和某个工会组织的工人似的。但是，大象每天干活前至少要洗一次澡。

众所周知，木头通常都会在水面上漂浮着，在缅甸，有一种叫作"柚木"的木材，这是一种很重的木头，放到水里就会沉下去。当地人做家具使用的木材就是柚木，这样的话家具就可以避免被白蚁咬坏。大象的日常工作之一就是搬运柚木。我经常这样想：要是我也有一头大象那该是多好的一件事啊！所以，我就买了一头非常可爱的大象，并把它带回了家，放到了桌子上，它是一件青铜材质的大象装饰品。

泰国旁边有一块延伸出来的地方，看起来就像一只大象的鼻子，那就是马来半岛。距离马来半岛顶部大约半英里的海里有一个叫作新加坡的小岛。曾经有一段时间，新加坡只是一片森林，许多的毒蛇和凶恶残暴的老虎生活在那里。新加坡的掌管者想要把这个小岛捐赠出去，但是根本没有人要，别人都害怕这个岛屿。后来，他把这个小岛低价卖给了一个英国人，这个英国人叫莱佛士。他在新加坡岛上建造起了一座城市。或许你会觉得很不可思议，英国人买这个小岛有什么用呢？因为这个位置是另外一条水上通道——可以让东西方的船只自由往来。在这些岛屿之间，有一条窄窄的只能通过船只的通道。英国想要掌控这条通道，就像掌控直布罗陀、苏伊士和亚丁那样。二战期间，日本从陆地一侧进攻并占领了新加坡。但最终日本人还是被打败了，新加坡又回到了英国的管辖内。新加坡是来往的船只停靠的主要港口之一，在那里还有一家酒店，是根据莱佛士命名的，叫作"莱佛士酒店"。在这个酒店的大厅里面，可以看到来自世界各地的人。

新加坡的位置差不多位于地球的赤道上，到南极和北极的距离几乎是一样的。水手们认为，当你第一次穿过赤道的时候，你一定要接受海神尼普顿的洗礼。记得我第一次坐船途经赤道的时候就接受了洗礼。洗礼的过程是这样的：当我刚刚走上甲板还没反应过来的时候，就被两名水手分别抓住胳膊

尼普顿给我颁发了一张证书，并告诉我："洗礼完成，你穿过赤道了。"

和腿扔进了一个大水池，我赶紧从水池里爬出来，大口喘着气，但很快又被他们推到了一根长管道里面，我不得不又从这条管道里面爬出来。我刚一爬出来，他们就拿着船桨在我的后背拍打了一下，后来就把我领到了海神尼普顿的面前。他在宝座上坐着，身着浴袍，头上还戴着一顶用硬纸板做成的皇冠，一只手里握着一把干草叉。他把一张证书递到我的手上，就和我大学毕业时拿毕业证书一样，然后说我已经正式接受洗礼，成为穿越赤道的"合格成员"。

离马来半岛很近的两个地方是东印度群岛和香料群岛，当年哥伦布想找的就是这两个地方。在东印度群岛中有一个形似雪茄的岛屿，叫苏门答腊岛，那里种了很多用来做雪茄烟的烟草。东印度群岛中还有一个岛屿，叫爪哇岛，它以种植咖啡著称。我在爪哇岛的时候，就希望能喝上一杯上等的咖啡，在尝试去了很多地方后，我终于找到了一种相对较好的咖啡，可是这种咖啡居然是巴西生产的。

爪哇岛食人树的传说

我在爪哇岛的时候，还曾见过和老鹰一般大的蝙蝠以及手掌那么大的蝴蝶。

你听过食人树的传说吗？爪哇岛就有一种食人树，人们叫它奠柏，不过吃人的传说是人们杜撰的，它只能吃一些小昆虫而已，所以并不可怕。

神魔的领地

The Land of Devils

通常，你两次祷告之间会隔多久？一天？

你会在什么时候祷告呢？入睡前吗？

假如一个男孩每天祷告一千次，你会说什么？

"这是一个虔诚的孩子。"

有一个地区，生活在那里的人一天能祷告好几千次，无论男人、女人还是孩子，但是，你可能比他们任何一个人都虔诚。那个地区在中国境内，位于高耸的喜马拉雅山上，翻过山你就可以到达印度。这个每天都会有人祷告很多次的地方就是西藏。

或许，你会好奇，那个地区的人每天都要祷告这么多次，那他们还有时间做别的事情吗？当然有时间，因为他们的祷告方式是与众不同的。他们在纸条上写下祈祷词——每张纸条写一句祈祷词，然后将纸条再放到一个类似婴儿摇铃的小装置里，这种装置非常精巧，被称为"转经筒"。他们不停地转动转经筒，一圈又一圈，在他们的认知中，转经筒每转动一圈就是自己祈祷一次了。就像你可以飞快地转动手指，他们也可以像你那样飞快地转动转经筒，哪怕他们正在做别的事情。所以，他们每天都可以沉默不语地祷告很多次。祷告这么多次，他们并不是请求神明让自己过得更好，而是在驱除身边的魔鬼。这个地区的人们认为空气里面都是会伤害人的魔鬼和黑暗精灵，而不停地祷告能够让它们离自己远远的。假如，谁的大拇指被锤子砸伤了、手指被割破了或者是崴到了脚，他们不会觉得这是个意外，而是认为魔鬼在伤害这些受伤的人。假如谁摔倒了，那个人会说自己被魔鬼绊倒了。所以，为了驱赶魔鬼，他们会佩戴护身符（一般是一块**绿松石**）并不断地转动转经

绿松石

绿松石是一种在世界各地都受欢迎的宝石，古波斯人认为它是辟邪的宝物，把它们做成护身符；西藏居民认为它们是神的化身；欧美人把它当作12月份的诞生石和水瓶座的星座石。同时它还是象征美国一些州的州石。

筒做祷告。在祷告词方面，世界其他地方加起来都没有西藏人"说"得多，不过，西藏人的祷告词是一些"拥有魔力"的象声词，没有任何含义或者实际的意义，例如"呢""嘛""吽""咪"等。"唵嘛呢叭咪吽"是他们时常说的一句祷告词，它可以理解为"莲花中的珠宝"，但不具备任何含义。

根据我讲述的内容，你也许会认为西藏人的行为举止非常怪异——至少在我们眼中是奇怪的。例如，他们在招待某个来家做客的朋友时，不会同这位客人握手，而是伸出自己的舌头向他发出"嘶嘶"声，有的客人可能会觉得他们很粗鲁。不过，若是来自中国西藏的客人，这样的行为举止则会让他们很开心，因为，向别人伸出舌头是西藏人问候朋友的方式，是一种礼貌行为，而发出"嘶嘶"声则更被视为一种礼貌的行为。

由于西藏人觉得空气中有很多魔鬼和黑暗的精灵，为了寻求庇护，他们就需要很多教士、神父或者牧师，不过西藏人对这类人的称谓不一样，他们

称这类人为"喇嘛"。

西藏的喇嘛是受人供养和照顾的，他们每天要做的事情就是祷告，生活非常悠闲。因此，任何一个聪明人都想成为一个喇嘛，让别人觉得自己是神圣的。在西藏，差不多有三分之一的人是喇嘛，他们都会听从一个被称作"大喇嘛"（Grand Lama）的人。

西藏人相信如果大喇嘛死了，他会选出继承人——一个男孩，而他的精神会进入这个男孩体内。这个男孩会在喇嘛们的教育、照顾下长大成人，并按照喇嘛教给他的知识去做他应该做的事情。

在很多国家里，男人比女人少，于是在某些国家，一个男人可以娶好几位妻子——这种情况在信仰伊斯兰教的国家中更为明显。不过，西藏的一些偏僻地区男人多过女人，因此，当地的女人可以同时嫁给好几个男人。拥有好几个丈夫的女子通常会是这个家庭的领导者，她的男人不可以反抗她，所以她能够和自己的丈夫们过着幸福的生活。

西藏是一个闭塞的地区，四周都是高山，几乎没有人能进来，也很少有人出去，因此，这个地区的人们不怎么了解外面的人和世界。在过去一段时间里，西藏人是拒绝外来探访者的，哪怕到了现在，也很少有人能够进入西藏，因为想要进入的人必须要翻越那些高山，这不但需要很长的时间，而且在翻越的过程中还会遇到很多危险（这里讲到的是作者生活的年代里西藏的情况，如今西藏已经发生了很大的变化，在我国政府的支持下，已经修建了通往西藏的铁路和公路。——译者注）。

我来说个谜语，你猜猜看。看头像牛，看身体像羊，听叫声像猪哼哼，能像奶牛一样产奶，这是一种什么动物？这种动物只生活在西藏，它叫作**"牦牛"**。

牦牛

在所有的哺乳动物中，牦牛的生存海拔最高，因为它们有非常大的心和肺，它们的血液能够输送大量的氧供其在高海拔处生存。而且牦牛厚厚的皮脂让它们非常不适合在低海拔地区生存，15摄氏度就能让它们中暑。牦牛还是中国的一级保护动物。

第59章

龙的国度
Dragon Land

碟子、很浅很大的盘子、喝茶用的杯子和茶托，这些被我们叫作"瓷器"（china），这是因为它们最初的制造者是"中国"（China）。不过，中国更倾向于称自己为"华丽的国度"，这听起来不错，但是描述不是很准确。

中国所在的地方和美国相对，位于地球的另一面，而中国人的习惯和行为方式也大多和美国是"相对的"。例如，中国的姓在名字前面，像"约翰·史密斯"这个名字用中国的方式称呼就会变成"史密斯·约翰"。读书的时候，美国人会从前面开始向后阅读，而中国人会从右面开始向左阅读。写字的时候，美国人会从左到右一行一行地写，而中国人则会从右到左一列一列地写（这是中国古人的

瓷器

写法，作者写作这本书的时候，中国还未在文化方面进行一系列调整，所以他描述的是当时中国人的书写方式。——译者注）。中国人用的笔不是美国人那种尖头的钢笔，而是柔软的毛笔。睡觉的时候，中国人用的枕头非常硬，和美国的软枕头完全不一样。白天，中国人会穿着睡衣活动，而晚上就会脱掉睡衣（在美国人眼中，中国古代人那种宽松的衣服和睡袍很像）。

中国应该被美国称为"老派国家"，而美国应该被中国称为"新派国家"。美国最新时尚的发展时间只有几个月，而中国早在一千年前就开始发展最新的时尚了。中国人说："几千年前，你们的祖先是愚昧的，住的是茅草屋，穿的是兽皮，吃饭的时候直接用手，而我们受过教育的祖先是聪慧的，住的是官殿，穿的是蚕丝衣服，吃饭的时候用的是精美的瓷盘。"这些话虽然有些刻薄，但是事实确实如此。

美国人曾盲目地模仿过中国很多东西，是实实在在的模仿者，即便到了现在，美国人所用的某些东西也是过去从中国传过来的。例如，茶叶、瓷器、印刷术、蚕丝、火药、指南针等，这些东西都是由中国发明、使用的，除此之外，还有鞭炮、金鱼和清漆等，其实还有很多东西，这里就不一一列举了。不过，中国人也存在问题，那就是抱着安于现状、不和外界交流的心态生活

检查蚕丝　创作于宋朝时期

着，他们有很长一段历史都是在用同样的方法处理事情，以致他们停止了发展的脚步，因此被慢慢赶上来的白人超越了。

然而，中国并非一成不变的，他们也在慢慢接受一些新鲜的东西，例如铁路、电灯、飞机和汽车，渐渐模仿地球另一面的某些方法。

过去，中国的统治者是某位皇帝，后来统治者变成了总统，国家制度也变成了共和制。但是，有很多中国人支持共产主义，成为共产党，他们同支持共和制的人对战了很多年。最后，支持共产主义的人们取得了胜利，于是，中国成了共产主义国家。

过去的中国人头发都很长，他们会将头发编成一根辫子，让它垂到腰部、膝盖甚至是地面上。中国人的辫子被美国人叫作"猪尾巴"（pigtail），我一直不明白为什么会这么叫，因为中国人的辫子都很长很直，并不像猪尾巴那样又短又卷啊。后来，很多生活在城市里的人们在中国变成共和制国家时就剪掉了自己的辫子，不过生活在小镇子或者农村里的人没有这样做，那里还有留着辫子的人（作者描述的是他那个年代中国的情况。——译者注）。

曾经，中国的绅士都会留着四五英寸长的指甲。为了将指甲养长，这些绅士从不修剪它们，而且还会戴上防止指甲断裂的金属甲套。对于这些绅士而言，长指甲是他们的一个标志，代表着他们无须劳动，是个绅士。而且，如果想要分辨一个绅士的尊贵程度，看他的指甲长度就可以了，指甲越长的人越受人尊敬。那些必须劳动的人们是不能留指甲的。

佛陀是大多数中国人尊崇敬拜的对象，不过也有一些人会尊崇敬拜魔鬼。每一个中国人都会尊崇敬拜自己的祖先，不过还有一部分人会同时尊崇敬拜佛陀、魔鬼和祖先。中国人的街道没有笔直的，这样修建是为了阻挡魔鬼，他们认为魔鬼不会走弯路，所以街道的拐弯处会让魔鬼碰到鼻子，伤到自己，这样魔鬼就走不进来了，这是一种阻挡方法。

很多传教士都到中国传教，想让中国人信仰耶稣。这些传教士为了将中国人变成基督教徒还办起了学校来引导大人和孩子们。另外，他们也修建了治愈疾病的医院，在那里将中国人培训成医生和护士。

除了大米，中国的富人可以吃很多东西，但是中国的穷人基本只能吃大米。他们的食物很奇特，例如他们会用某种鸟巢来做汤，还觉得这种汤很好吃，他们还会用老鼠来炖汤。我曾经吃过这种老鼠汤，这种汤听起来有点可怕，不过尝起来和北美的水龟汤有点像。在马里兰州，水龟汤可是非常少见的美味。

无论吃什么，炖汤或者米饭，中国人都会用一种叫作"筷子"的东西——就是两根棍子。吃东西时，他们为了避免将碗里的东西洒出来，会将碗端得离嘴很近，然后用一只手将筷子捏住，半推半送地将东西送到嘴里。中国人吃某些小动物的肉，但是量很少，不过他们吃的鱼很多。有时候，他们捕鱼的方法和我们相同，但他们还有一种独特的方法是用一种叫作"**鸬鹚**"的鸟来捕鱼。鸬鹚非常喜欢吃鱼，而且很贪婪。划船捕鱼的渔夫会将一个环套在它们脖子上，然后用绳子拴住它们，之后再放它们下水抓鱼。鸬鹚的喉能够

鸬鹚

存放那些被抓到的鱼，因为脖子上的环，它们无法将这些鱼吞下去，而渔夫会用绳子将捕到鱼的鸬鹚拉回来，取走它们的鱼再把它们放回去。当渔夫认为不用再捕鱼了就会取下鸬鹚脖子上的环，让它们去水里喂饱自己。

放风筝是很多中国人喜欢的娱乐活动，同小孩子相比，男人甚至可能会花费更多的时间在放风筝上而不是打高尔夫球上。风筝会被他们做出不同的样子，龙或者鸟儿，看起来非常棒，它们还会被拿来比赛。

第60章

龙的国度（续）
Dragon Land (continued)

    中国人在几百年中都拒绝和其他国家来往，他们生活在自己的地域里，让自己与世隔绝。世界其他国家或者地域的人被中国人叫作"洋鬼子"或者野蛮人。中国人觉得这些人是愚昧无知的、野蛮的，所以完全不想理会他们。他们不喜欢美国人的相貌特征，在他们眼中，美丽的人都应长着黑头发、黄皮肤和浅眼窝，而白皮肤、浅色头发以及眼窝很深的人是丑陋的。

    差不多一个世纪之前，中国的大门是在一个南方城市被打开的，这个城市叫作"广州"（Canton）。从此之后，不仅其他国家的人可以进来，广州人也可以出去。"上"还有另外一个意思"在旁边"，所以，当我们说"在某某上"时，还可以理解为"在某某旁边"。不过，位于珠江"上"的广州可以说是真的在珠江上，因为差不多有30多万中国人都生活在珠江中的船上。船是他们的家，他们在那里出生、长大，很多人甚至一辈子都没有离开过船，最后死在上面。婴儿最先学会的不是走路而是游泳。当然，在珠江上生活的人只是广州人当中的一小部分，多数人还是生活在陆地上的，但因为土地紧张，他们的房子都紧密地挨着，甚至没有多余的地方去修一条正规的路。所以，广州这个城市到处都是弯曲的小巷，无论进出都要走这种路，如果一个白人在不认识路的情况下自己走动，用不了多久他就会迷路，基本无法离开那里。当广州允许其他国家的人进入，并允许自己的市民出去后，很多贫困的人都去了美国。

在我童年时期，差不多在所有的美国城市和小镇子都能看到中国人，他们都来自广州，做一些把衬衫、领口和袖口洗干净后再进行熨烫的工作。现在，这种工作多被洗衣房承担了，在美国谋生的中国人便开起了饭店，卖米饭、鸡肉等中国食物，或者经营出售产自中国的商品的店铺。不过，现在美国已经不允许中国人来这里了，因为这里的中国人够多了，而美国也没有帮别人的能力了。但是，美国以及位于欧洲的其他国家都向中国施加压力，让中国在不情愿的情况下打开了大门，尔后这些国家都拥有了一部分中国的土地，接着，来自这些国家的人就如同在自己国家里那样生活在中国。生活在中国的白人多是为了从那里购买中国生产的东西，或者把自己国家的东西出售出去，其中还包括传教士，他们或是为了让中国人信仰上帝或者让中国人认同基督教徒的生活方式。

上海是外国人聚集生活的主要城市之一，有的人将它称为"中国的纽约"。距离上海市不远的地方有一个河口，形成这个河口的大河被叫作"长江"。长江非常长，如果把它放到美国，那它能贯穿整个美国，将大西洋和太平洋连接起来。

中国的版图上还有一条流向大海的长河，它位于长江的北方，看起来就像一条蜿蜒的大蛇。中国人把这条河叫作"黄河"。

黄河的水含有非常多的泥沙，这些泥沙让水呈现出黄色，它们甚至能够染黄海水，在黄河的入海口，有好几英里的海水都是黄色的，这就是为什么中国人叫它"黄河"。所以，轮船靠近黄河入海口时，看到海水变黄就知道离陆地不远了。在中国，这种土黄色还被称作"金沙"，听起来有些诗意。

黄河和长江之间还有一条连接它们的运河，被叫作"**京杭大运河**"，这条河也很长，能够和世界上其他最长的运河相媲美。运河在中国很常见，可以说是中国的"铁路"，而中国真正的铁路是近代才修建的。过去，运河中

黄河壶口瀑布

航行着一种叫作"舢板"的帆船，这种船是中国人的"火车"，它们的帆很高，上面还画着眼睛，这些对着前方的眼睛能够让船看到路！

以前卡车无法在中国的马路上行驶，因为这些马路大多都很窄，再窄一些就和小路一样了。之所以都这样窄，是因为中国人觉得正规的马路太宽的话，会占用很多土地，而他们更愿意在土地上种粮食。所以，由人推着或者拉着的独轮手推车是中国比较常见的运输工具，而四轮马车和卡车几乎是没有的。这种独轮手推车有一个大轮子，轮子位于中间，两边既可以放货物，也可以坐人。不过，自汽车引入中国后，中国人就在某些大城市的附近修建了很宽的马路。骆驼在中国的某些地区也是主要的交通工具，但仅限于双峰驼。

很多地图只标出自然形成的东西，例如河流和高山，至于人类造出的东西，因为太小而显示不出来——哪怕一个大城市在地图上也不过是个小点而已。然而，中国的地图上却标出了两个人类创造的东西，其中一个就是京杭大运河，这条河前文已经介绍过了。另外一个就是长城。**长城**位于中国北方，被称为"世界第八大奇迹"。长城的历史很悠久，它的年龄比耶稣都要大。

长城的修建史

　　最早在春秋时期，就已经有诸侯国修建长城了，比如燕长城、赵长城，首次把所有长城连接起来是在秦朝，后来汉朝、隋朝都曾修筑过长城，但如今人们所看到的长城主要是明长城。文物局调查显示，历代修筑的长城长度总和已经达到 2 万多千米，实在不愧是万里长城。

　　在修建长城的时期，中国人的武器还只是弓箭，当时他们正在和北方的野蛮人对战。长城有 2 000 多英里长，高 30 英尺左右，从大海的一块大岩石开始，沿着山岭，穿过低谷，一路绵延。它很宽，顶部就像一条马路，而且拥有 2 万座瞭望塔，这些塔之间有几百英尺那么远。中国人耗费了 12 年的时间，动用了 30 多万人才将它修好，不过，现在的长城有很多地方都成了废墟。

第**61**章

温度计冻住的地方
Where the Thermometer Freezes Up

大多数温度计标注的最低温度都是"零下40摄氏度"，当低于这个温度的时候，温度就无法正常显示了，因为温度计里的水银已经冻住了。世界上很少有地方温度会达到那么低。那么你认为世界上什么地方的温度最低呢？或许你会猜测是北极吧！事实上并不是，世界上温度最低的地方在西伯利亚，那里的温度能够达到零下40摄氏度以下。

我在前面提到过"熊之国"俄罗斯，西伯利亚就属于那个地方。在西伯利亚的北部，整个冬天连太阳也看不到，就像瑞典和挪威一样，一直都是黑夜，这种现象就是极夜现象。但是与瑞典和挪威不同的是，在那儿没有温暖的湾流，那里的温度会冷得把温度计里的水银冻住，因此只能使用一种特殊的温度计来测量温度。在那里温度最低的地方可以达到零下90华氏度，人类又不像动物那样，身上有厚厚的皮毛可以抵御寒冷，所以，当地的人只能在全身上下裹满动物的皮毛，要不然就会被冻死。

但是并不是西伯利亚的每个地方都那么冷，西伯利亚分为北部、中部和南部地区。北部地区温度极低，就连离地面几英尺深的地方都被冻得结结实实的，那里寸草不生。等到夏天天气暖和以后，那里的温度又会变得非常高，

西伯利亚平原

最高可以达到 90 华氏度。地面上的土壤慢慢解冻，但是地表深层的土壤还依然冻着，只有苔藓和一小部分植物能够在短期内生长。从面积上来看，西伯利亚比美国还要大，虽然它在地理位置上是俄罗斯的领土，但是也有其他国家的人生活在那里。

在西伯利亚有一个美丽的湖泊，被人们称为"西伯利亚的明眸"，它就是贝加尔湖。曾有一个中国人在这里放了 19 年的羊，他就是苏武。苏武是汉朝的使臣，护送匈奴使者回国，但被扣押在那里，宁死也不屈从单于，单于刁难他给他一群公羊让他放，直到产仔才放他回去，这就是苏武牧羊的故事。

西伯利亚中部地区没有北部地区那么寒冷，那里有茂盛而繁密的森林，森林里还生活着很多的野生动物，有狐狸、狼、紫貂和貂。貂的体型很小，全身上下除了尾巴尖上的毛是黑色的，其余的地方都是雪白的，它的皮毛不仅非常美丽而且非常厚，保暖效果很好。貂是一种爱干净的动物，全身上下没有一

国王和法官的一些袍服就是貂皮制成的

点污垢。捕猎者捕杀这些野生动物就是为了获得它们的皮毛，然后制成保暖的衣物。国王和法官的一些袍服就是貂皮制成的，以此来象征他们纯净的心灵。一件斗篷或者外套需要许多张貂皮才能缝制而成。

西伯利亚南部的地区有全世界最长的铁路，被称为"西伯利亚大铁路"，大约需要两周的时间才能坐火车走完全程。铁路的一端在太平洋沿岸的海参崴，另一端在莫斯科。

大部分的西伯利亚人都生活在铁路沿线，然而，即使你在火车上走数百英里或许也看不到一个村子或是一栋房子。一般城镇都远离铁路，从火车站到城镇的距离也很远。那里的火车用木头做燃料而不是煤炭，所以在铁路沿线到处可以看见一堆堆的木头，如同汽车要加油一样，火车也会在特定的地方停靠下来添加木头。西伯利亚比较重要的城市名字都以"克"结尾，比如说鄂木斯克、托木斯克，还有伊尔库茨克。

有个外地人第一次去西伯利亚，他在街上遇到一个当地人，就问火车站还有多远。那个人这样告诉他："如果你向前直走的话，需要走25 000英里，但是如果你转身的话，只需要经过两个街道而已。"

你认为从西伯利亚到美国的距离有多远呢？你猜大概有多少英里？是8 000英里？还是10 000英里？都不对。其实西伯利亚和美国之间的距离大概只有50英里，这段路程就是从西伯利亚到阿拉斯加的距离。西伯利亚和阿拉斯加被一条长长的海峡隔开，这条海峡就是白令海峡。要是有巨人的话，他一迈脚就能跨过这条海峡。据说，在很久以前，在阿拉斯加和美国生活的印第安人以及爱斯基摩人都来自于亚洲，确切地说，他们都来自于中国，因此他们看起来和中国人长得很像。

第一次世界大战爆发之前，俄罗斯还叫俄国，处在沙皇的统治下。如果有人胆敢反抗沙皇，或者被认为有反抗沙皇的意图，或者说了对沙皇不敬的话，哪怕是有想法和沙皇不一致，那么这些人就会被抓走，离开自己的亲朋好友，被送到西伯利亚的煤矿上做工。去西伯利亚的路途非常艰难，许多人还没有到西伯利亚就死了，那些去了的人大多数都再也没有回来。

　　一战以后，一场革命在俄国内部爆发开来，沙皇的统治被推翻了，俄罗斯开始由共产党接管，他们把沙皇、他的家族以及很多富人都处死了。共产党人还在很多方面进行改革，他们建立了学校，处死了地主并将地主的土地分给了穷苦的农民，让农民有地可以耕种。除此之外，他们还建厂开店，创建铁路和航空公司。共产党人还在许多的河流上面建起了**大坝**，通过水力发电，再把发的电供给到工厂里面。

大坝的作用

　　大坝是一种具有水库和防洪功能的水利工程，如果安有发电机还能够发电。世界上已知的大坝是公元前三千年前约旦修建的 Jawa 大坝，这是一个高9米、厚50米的重力坝。大坝发生溃坝会造成巨大的伤亡和破坏，因此被视为"具有危险力量的设施"。

第62章

巨海蛇之国
A Giant Sea-Serpent

　　在很久以前，人类认为世界上存在海蛇怪这种怪物。他们说，有个巨大的海蛇怪住在距离中国大约 1 000 英里的海里。海蛇怪拱起的背部远看就像是个岛屿，海蛇怪一直处于沉睡的状态，但是当它翻身的时候，整个岛屿都会摇晃起来。然而，那个时候的中国人不但不害怕它，甚至还有一些中国人在这个岛屿上定居下来。现在，我们明白了，事实上那些岛屿只是远古时候海里留下来的火山，大多数的火山都是"死火山"，岛屿会摇晃的原因只是因为发生了地震。生活在那个岛屿上的人称自己的国家为"日本"，就是"太阳升起的大地"的意思。当然，我们知道，世界各地都会有太阳升起，但是，对日本人来说，当他们决心来到这个地方的时候，这里就是太阳升起的地方。因此，他们白色的国旗上面有一轮升起的红太阳。

　　虽然日本人和中国人一样，都是黄种人，但是在其他方面，两国人有很明显的差异。曾经日本和中国一样，禁止别的国家的人来日本。就像是挂了一块"禁止入内"的告示牌一样。日本人那时候只对中国有一些了解。所以，他们借鉴和仿制中国的文字、佛教，甚至模仿中国人吃饭时用筷子夹食物。

　　但是，令人觉得奇怪的就是，很多人看到"禁止入内"的告示以后，反而更想进去看看。就像那个喜欢和人作对的玛丽一样，你越警告他们什么事不该做，他们就越想去做。他们的好奇心很重，他们就喜欢对别人的私事盘根究底，他们就是想知道为什么不让进入。所以，一百多年以前，有一位美国海军的军官，名叫佩里，他想方设法要进入日本。于是，他在船上装满了礼物，并把它们都送给了日本的皇帝。日本的皇帝称为天皇，日本天皇看了礼物以后大为欢喜，因为他从未看到过这么多奇异的物品，他想拥有更多这样的东西，还想知道制造这些东西的国家是什么样子。佩里对天皇说："让美国人进入日本吧，我们把美国制造的东西卖给你们，也会从你们这里买日本制造出来的东西。"获得了天皇的允许后，日本开始了对外贸易，同时日本人也拓宽了自己的视野。因为在这之前，日本人对中国以外的其他国家一点也不了解。美国的火车、电报以及其他的机器对他们来说，都充满了神秘的色彩，于是他们就派遣了很多有才能的年轻人，前往美国和欧洲的各个国家，学习他们的先进技术。等这些年轻人学有所成的时候，他们就回到自己的国家，

电报

把学来的知识和技术教给国内的人。我在前面说过，日本人有很强的学习能力，所以他们很快就掌握了这些技术。日本人花费了短短一百年就超过了中国一千年的发展，快速成为一个发达的国家。但是，日本在学习模仿的过程中，不但学到了有益的东西，同时也学到了有害的东西。他们学会了如何制造电灯、汽车和轨道电车，也学会了如何制造飞机、坦克、战舰和枪炮，通过这些先进的武器，他们组建了一支极具杀伤力的庞大军队。然后向珍珠港的美国舰队丢了一颗炸弹，美国迫于无奈成为了第二次世界大战的参战国。最终，日本在战争中失败了，从此以后，它被禁止制造军事武器，如枪支、坦克、战舰等。

电报是由美国发明家莫尔斯发明的，这是一种电磁信号代替文字和数字的设备。它曾在战争中发挥至关重要的作用。在第二次世界大战的影视片中，我们经常能看到截取电报、破译敌人电码的情形呢！

日本人从美国人那里学到的第一种东西是成年人坐的"婴儿车"。日本几乎没有马，因为马的食量太大。所以，在日本生活的一位美国水手，为自己的爱人制造出一辆大的婴儿车，这种车可以依靠人力来拉，因为那个时候租一匹马比雇一个人花的钱还要多。日本人称这种车为"**人力车**"。他们认为人力车使用起来很方便，于是就仿照着生产了上千辆。20世纪初，这种人力车在日本、中国以及其他的部分东方国家广泛流行。

人力车

人力车的出现兴起了一种新的职业——人力车夫，人力车夫是专门拉这种人力车的。他们把人力车拉在身后，整天到处拉客，仿佛永远都不会累似的。假如你站在人力车的后面，你会看到这样有趣的一幕：车夫的上半身被人力车的车篷给遮挡住了，你只能看见他的两条腿，好像人力车自己长了两条腿正在不停地向前跑。

在日本的城市里，有一部分人和我们的穿衣打扮是一样的，但是，不管是男是女，大部分的人都穿着和服，和服是日本传统的服饰，和服看起来就和你的妈妈或者姐姐在家里的时候穿的睡袍一样。

在日本有两个重要的节日，这两个节日是特意给小孩子庆祝的。其中一个是3月3日的"人偶节"，这个节日是为女孩子庆祝的。节日那天，女孩子们会拿出自己所有的玩偶，并把它们摆放得井井有条，然后玩玩偶。另外

人偶节的玩偶

一个是 5 月 5 日的"风筝节"，这是一个为男孩子庆祝的节日。节日的那一天，凡是家里有男孩的人家都会在房前的杆子上挂一只纸风筝，风筝是鲤鱼形状的。因为鲤鱼是一种在逆流中前进的鱼，和顺流而下相比，这样要困难多了。日本人希望利用这样的方式告诫每一位男孩子，要学习鲤鱼的精神，要急流勇进，不要遇到困难就畏缩。

日本人对花草甚是喜爱，每逢到了鲜花盛开的季节，日本都会有特别的节日。一个节日是在春天的时候，那时百花竞放，有樱花、李花、桃花……还有一个节日是在秋季，那时各色各样的菊花会全部开放。日本的每一幢房屋

日本的菊花和樱花

在日本最受欢迎的花要属菊花和樱花了，日本皇室的家徽就是一朵菊花，全名"十六瓣八重表菊纹"。樱花则是日本的民族之花（不是国花，日本没有正式规定国花，被看作国花之一），同时也是武士道精神的象征

都会建造一个小小的花园，不管这个花园是大是小，都别有一番田园风情。在这些花园里，有河流、湖泊、山脉和小桥的模型。每一件东西都做得非常逼真，如果从照片上看的话，那些河流和山脉就和真的一样。另外，日本人还会栽种一些矮生植物，像枫树和橡树，这些树木从图片上看起来差不多有100英尺高，100年的树龄，但事实上，它们的高度也许大约仅有1英尺，不过树龄可能真的有100年。

日本男孩的求知欲非常强烈。记得有一次我在日本，当时正在一家商店的橱窗里观看那些好看的雨伞。这时有个小男孩来到我的面前，他用英语问我可不可以给我做一天的免费导游。

我感到有点诧异，就问他："为什么呢，你是想带我参观你们这里吗？"

他回答说："不是的，我只是想要练一练我的英语口语。"

我还去一所日本学校做了考察，在那里，有十几个小男孩把他们的联络方式留给了我，希望我回国以后能经常给他们写信，还说，收到我的信以后，他们一定会用英语回信。

明信片

Picture Post-Cards

　　从日本回来以后，我寄了一些明信片给那些想和我通信的小男孩。那些明信片都是经过我特别挑选的，明信片上都是象征美国的景点。一张是位于华盛顿的国会大厦，一张是尼亚加拉瀑布，还有一张是纽约的摩天大楼。所有的小男孩都用薄薄的米纸给我回了信，有的在上面画了日本的象征性景点，有的还在信里附带了一张照片，照片上也是日本的代表景点或事物。

　　有三个小男孩画的都是同样的景点，那是一座山，山顶上覆盖着白白的雪，看起来很漂亮。那就是日本的圣山——富士山。事实上，富士山是一座休眠火山，并非是一座真正的山，山顶上有皑皑的白雪。日本人对富士山情有独钟，在很多常见的物品上都能看见富士山的装饰，就像扇子、盒子、碟子、雨伞、灯笼，还有屏风。富士山有很多漂亮的图片，这些图片的数量比那些影后或者是美丽的佳人的照片都多。

日本的圣山——富士山

还有两张图画,上面画的是一座坐落于树林中的青铜佛像。佛像很高很大,单单是佛像的大拇指上就能供五六个人一起坐下。眼睛大约有1码长(码是英美的长度单位,1码等于3英尺。——译者注),是用纯金制成的,佛像前额上有一个白银做成的大球。日本人把它称作大佛,我们可以叫它"神像"。就像我们为名人或圣人建立纪念碑一样,日本人建造佛像是为了提醒自己:佛陀心地善良,是智慧的化身,他的一生都是我们的榜样,就连基督教徒都应该效仿。

佛像的作用是警醒人们记住佛陀的智慧和善良

除了上面提到的这两个景点之外,他们还给我寄了一些其他的图片:

一、东京的街景

东京,日本现今的首都,它不仅是日本最大的城市,也是世界上最大的城市之一。日本过去的首都叫京都。不管是东京还是京都,或者是日本别的一些城市,都和我们的城市存在很大差异,那里没有摩天大楼,就连两层以上的建筑物都非常少,并且大多数的建筑物是用木头建造的。这是什么原因呢?因为即使到了现在,日本还是时常有地震发生,高大的建筑物很容易在地震中坍塌。在日本,小地震差不多每天都会有,强烈的地震每隔一段时

东京

间也会发生，木头房子很容易就能重建起来。但是也正是因为房子是木头建造的，所以如果在地震中打翻了灯和炉火，就会引起火灾，如果发生了火灾，上千栋房子就会被焚烧殆尽。然而，这都是很久之前的事情了，现在，日本人用他们的智慧发明了非常有效的抗震技术，高楼的抗震能力都在 10 级以上。因此，现在的东京出现了许多高度在 200 米以上的高楼大厦。

日本也有一部分房子是能够抗震的。这些房子没有建在地面上，而是在地下的水泥平台上建造的，这样一来，就能避免发生地震时建筑物在地基处裂开，就好比是一块松动的大石头躺在地上，即使发生了地震，它也不会断裂，只是摇晃一下而已。

二、日本的民居

日本用木头建造房屋，用纸做窗户，在地板上面铺草席。在日本，铺在地板上的草席不是根据地板的大小制作的，相反，地板的大小是按照草席来决定的。每一张草席都是同样的大小，房屋的大小都是根据草席的数量来进行设计的，有六张草席大小的房间，也有十张草席大小的房间。每一次进房间的时候，日本人都会先脱掉鞋子，只穿着袜子进去，这样做能够保持草席的干净整洁。日本人的袜子四趾是连在一起的和大脚趾分开，就像我们的连指手套一样。你一定不会穿着鞋子上床睡觉吧？同样的道理，日本人也从来不会穿着鞋子在草席上来回走动。

日本人的房间里不放椅子，每一个人都是席地而坐。如果我们长时间地坐在地上，会觉得不舒服。但是日本人却偏偏喜欢在地上坐着，在火车站的时候，我曾见过日本人放着凳子不坐，却盘着腿坐在地上。我不知道这是为什么，在美国，有一些女孩子也习惯盘踞着双腿坐在凳子上，但是从来没见过男孩子这样坐，可能小女孩都和日本人比较像吧。日本人

有趣的坐姿

家里面的桌腿都比较短，大概只有几英寸那么高，吃饭的时候，每个人都会在前面放置一张这样的桌子，把食物放在桌子上。每个人都跪坐在地上吃饭。日本人的房间里也没有床，睡觉的时候就躺在草席上面，和服当被子，木头当枕头。

中国古代也有正坐的传统，有踞坐、箕踞、蹲踞和趺坐等，其中箕踞和蹲踞是不礼貌的方式，踞坐是最庄重的姿势。古代没有发明椅子的时候，人们就这样坐在榻上，促膝而谈就是这样来的，等胡床演变成椅子，在宋代开始流行起来后，人们就很少正坐了，因为那样很不舒服。

日本人在某一方面和大象很像。你知道是哪方面吗？我们在前面介绍泰国的时候讲到，大象每天最少要洗一次澡才肯干活。日本人也常常洗澡。以前的时候，中国人很少洗澡，他们认为日本人身上肯定是太脏了，所以才要勤洗澡。日本人喜欢洗澡并不足为怪。但是让人不解的是，家里的人洗澡的时候居然用同一盆水，一人洗完以后另外一个接着洗，中间连水都不换。浴盆的形状就像是个大木桶被锯掉了上面一半似的，在浴盆里只能坐不能躺。洗澡用的水都比较热，这样可以让毛孔张开，洗澡的人在浴盆里泡上一会儿再爬出来，用力把自己擦干。

三、两个日本人用一根木棍抬着一个桶

我看不出来桶里面装的是什么，但我十分确定里面有活鱼。日本人几乎不吃肉，因为国内像牛、羊、猪等可以吃的动物非常少，再加上日本人信仰佛教，佛教徒都不吃肉。不过，日本人会吃很多的鱼，因为他们并不觉得鱼是肉类的食物。日本大概是世界上捕鱼和吃鱼最多的国家，甚至比挪威——这个专门出产鱼类的国家还要多。由于日本是一个岛国，周围全是海，任何时候都能捕到许多鱼。鱼贩们把鱼装在盛水的木桶里，让鱼活着，通过这种方式维持鱼肉的新鲜度。

四、种着水稻的水田

在日本，水稻是最主要的食物，茶是最主要的饮料。日本人饮茶的时候既不加糖也不加奶。日本茶社和茶园众多，茶社和茶园里面给客人倒茶的女服务员叫艺伎，这些艺伎还会通过唱歌、跳舞、弹奏乐器来娱乐顾客。她们弹的琴和班卓琴很相像（又叫五弦琴，过去经常出现在传统非裔美国人的音乐里，在19世纪的走唱秀中也有这种琴，现在经常是弹奏乡村音乐的时候才会用。——译者注）。

还有一封信，上面画了一道很高的木门，这是日本的"鸟居"，"鸟居"的意思就是"鸟儿休息的地方"。日本的鸟居很常见，既有独立的也有排成一排的，这些门都是很神圣的，因为它们经常用以通往寺庙或神殿。

还有一张这样的图画，上面画了一个很大的石头灯笼。在日本，石灯笼多出现在寺庙和花园里。石灯笼发出的光并不明亮，它通常都是做装饰用的。日本看重的是石灯笼的装饰作用。日本人还设立了灯笼节，当然，灯笼节上的灯笼就是我们常见的那种纸糊的灯笼。

还有一张图，图上画了三只用木头雕制而成的猴子，这三只猴子在日光社——一个很大的神社里。一只猴子用爪子捂着耳朵，还有一只猴子用爪子捂着嘴，第三只猴子用爪子捂着眼，这幅画的意思是"对于那些罪恶的东西，要做到不听、不说、不看"。

五、在一幢建筑物内，有两个肥胖的男人面对着面半蹲着，四周有上千人围着他们。

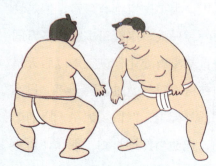

这两个肥胖的男人像是在摔跤一样

这两个肥胖的男人像是在摔跤一样。我们在前面介绍过，美国和西班牙的全民活动分别是橄榄球和斗牛，摔跤也是一样，这是一项日本的全民运动。这种摔跤主要分为两种：相扑和柔道。其中相扑就如同图画上画的那样，参加相扑的人都是体重能达到几百磅的人。和我们观看棒球比赛或者足球比赛一样，相扑比赛也有很多的观众。比赛时，参赛的两名摔跤手像两只庞大的牛蛙一样，面对面蹲伏着身子，大多数的时间都是维持这样的姿势，双方都在等待一个能抓住对方的机会。在美国人眼里，这种摔跤没有任何的活力，因为几乎全部的时间都花费在等待上，一旦一方被另一方抓住，也就意味着比赛结束了。而"**柔道**"就不同了，那是一种很需要技巧的运动，哪怕一个身材瘦小的人，只要他能掌握其中的窍门儿，就可以抓住对方的手、胳膊或者是腿，就算对方是比自己还高大强壮的人，也能被摔倒在地上，之后快速地扭脱他的关节，让对手没有办

柔道的发展

　　柔道起源于日本柔术，它的创始人是嘉纳治五郎。柔道是在1882年改良古柔术形成的一套运动。柔道的技可以分为投技、寝技和当身技。柔道还被分成了十段，用白、黄、橙、绿、蓝、啡、黑、红白和红标记不同的等级。如今柔道还是一项奥运会比赛项目。

法反抗。我在日本的时候，看到许多的学校都会教学生学习柔道，学生们两两一组，练习柔道里会用到的各种技巧和移动的速度。

　　相扑和柔道都是日本很古老的运动项目。现在，日本在向别的国家学习时，还学会了棒球等新的运动项目。和美国一样，日本人对棒球也很有兴趣，每场棒球赛都会吸引很多的观众前来观看。

　　最后一封信里是一张日本天皇的照片。以前很多国家都有皇帝，但是现在这些国家体制发生了变化，总统成了国家的领导人。尽管日本在很多方面都进行了大力的改革，但是在这一方面却一直都没有变化，甚至是以后天皇也可能一直都存在。现在这个天皇的家族治理日本已经超过了两千年。日本在第二次世界大战失败后，在其他国家允许的基础上，保留了天皇。以前的时候，日本人都觉得天皇是神圣不可侵犯的，把他当作神。到了现在，日本人对天皇依然很恭敬，但已经不再那么尊崇他了。

第64章

人造山峰
Man-Made Mountainside

众所周知，世界上有七个大洲。亚洲是最大的大陆。

非洲仅次于亚洲，列居第二大洲。

非洲阻挡了西方人去亚洲的通道，因此经常被认为是"挡道"的大陆。每个人都想绕过非洲，不想来到非洲的陆地上。在非洲大陆沿岸，一些船只翻船之后，几乎没有人能生存下来，这些逝去的生命向人们诉说非洲丛林里的野生动物和蛮横残暴的黑人。非洲也经常被人们称为"黑暗大陆"，外面的人对这片陆地知之甚少，也不想知道。在非洲大陆紧挨地中海的边缘地带，那里生活着白人。那片区域以南有一片宽广的沙漠，没有人

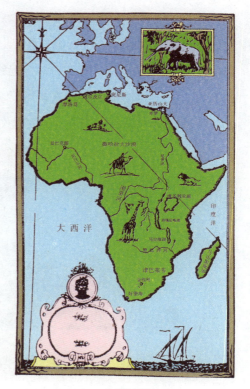

非洲地图

陈列在博物馆里的埃及国王，工作人员在扫地的时候会把他挪开

敢横穿这片沙漠，在沙漠的南面生活着黑人和野生动物。在距离亚洲和红海很近的地方，有一个国家，居住在这里的都是白种人，数千年里这里一直被国王统治着，国王可以一手遮天。这个国家就是埃及。

你有没有见过100岁的人呢？我曾见过5 000岁的人，那是一个已经被风干了的真人，他曾经是埃及非常厉害的国王。他不想在死后化为尘土，因为这样的话，他就无法在世界末日的时候获得重生。他命令人们，在他去世之后，一定要用药水浸泡他的尸体，然后用布包裹起来，在上面盖一座庞大的石山，以此来避免别人接触和随意挪动他的尸体。当他还在世的时候，就命人修造了一座石山。事实上，人们都不知道自己死后是什么样子，那位受万民敬仰的埃及国王，如今已经成为一具木乃伊，被人陈放在一座博物馆里。管理博物馆的工作人员时常会扫扫木乃伊上的灰尘，扫地的时候，就把木乃伊挪到一边。现在，在博物馆里有很多埃及国王的木乃伊。

那些石山就是世界上七大奇迹之一的**金字塔**。过去，埃及的国王在世的时候就会建造好金字塔，这样死后就把它当作陵墓。所有的国王都希望自己的金字塔比之前的国王建造的金字塔更大更好。有一位叫作胡夫的国王，修建了世界上最大的金字塔。胡夫早

金字塔

在耶稣诞生前三千年就已经过世了。传说，这座金字塔是胡夫命一万人花费了十年的时间才修建好的。

刚开始的时候，金字塔的表层是用石头堆砌成的平滑的倾斜墙体，后来当地有人挪用金字塔上的石头来修建别的建筑物，所以，如今金字塔的表层已经凹凸不平了，你甚至可以脚踩石头攀爬到金字塔的顶部。胡夫金字塔与其他的金字塔一样，都是用石头修建的，中间有一块狭小的空间，是用来存放国王的尸体和他在世时使用的东西的。以前埃及人认为，人死之后就像是进入了一种长眠的状态，等到世界末日到来的时候，沉睡的人就会醒过来得到重生。因此，在下葬的时候，人们都会在死者身边放置一些家具和他们在世时用过的物品，这样的话，当他们重生之后还能继续使用这些东西。胡夫下令，等他死后，要用石头堵住通往里面放置木乃伊的通道，封口要做得天衣无缝，以防有人进去偷走他的尸体。然而，令人意想不到的是，后来还是有人进去了，他的尸体和陪葬的所有东西全部被盗。要是胡夫真的会获得重生，那么到时候他一定找不到自己的身体了。

神圣的甲虫

以前，埃及人对神话中的神灵和动物都非常崇敬。人们把公牛和甲虫看作神圣的动物，还特意制造了它们的木乃伊。如今，90%的埃及人都信仰伊斯兰教，他们不再修建金字塔，而是建造好看的清真寺。

埃及人认为甲虫将食物卷成球和太阳神每天转换生死、巡视天空的行为很相似，因此把甲虫当作重生和天球的象征，并制作圣甲虫护身符，埃及还有一位凯布利的圣甲虫神灵。国王和一些政府也会把他们的印章雕刻成甲虫的模样。

一座狮身人面像就矗立在这些金字塔的一旁。那是一座非常大的用石头制成的雕像，身体被雕刻成狮子，头部则是埃及曾经的一位国王。在古希腊神话中，有一个长着翅膀的狮身女怪，她有着狮子一般的身躯，却长着一个女人的脑袋。女怪在路边坐着，让来往的路人猜谜语："什么东西早上的时候有四条腿，中午的时候只有两

埃及的狮身人面像和金字塔

条腿，到了晚上就又变成了三条腿？"要是路人猜不出来的话，女怪就会把他一口吃掉。后来，终于有人猜对了："是人，人幼年时期就好比是一天的早晨，那个时候手脚并用，因此是四条腿；长大后就好比到了一天的中午，那个时候是用两条腿走路；等到老了，这就好比是到了一天的晚上，这个时候需要有一根拐棍做支撑，所以是三条腿。"希腊神话中的狮身人面是女的，而埃及的狮身人面是一个男的，他不会让人们猜谜语，埃及人奉他为太阳神。

尼罗河是埃及唯一一条相对来说大一些的河流，金字塔和狮身人面像都位于它的河畔。你听说过"鳄鱼的眼泪"这个传说吗？鳄鱼生活在尼罗河里，是一种体形很大的动物。古代的埃及人说，鳄鱼在吃埃及小男孩的时候会落泪，看起来非常伤心。后来，"鳄鱼的眼泪"用来形容那些哭得虚情假意的人。尼罗河的支流流入地中海。支流之间的土地看起来很像三角形，因此被称为"三角洲"。过去，人们经常会根据事物的形状给新东西命名。

埃及北部地区几乎从不下雨，而南部地区到了夏天雨水会非常充足。倘

尼罗河

若雨水过量，尼罗河的河水就会溢出来，将河岸冲垮，淹没农田和村庄，只留下洪水中携带的泥土。留下的这些泥土含有充足的养分和水分，所以，当洪水退去之后，埃及人就在这样的土壤上种植小麦和上等的棉花。过去，尼罗河年年都会泛滥一次，其余的时候水位都很低，人们不得不走到河岸下面取水。阿斯旺地处尼罗河的上游，后来埃及人在那里修建了一座很大的水坝。水坝的作用是蓄水，这样就形成了一个大湖。现在，尼罗河的下游地区也不再有洪水发生了。当下游需要用水的时候，人们就打开水坝的闸门放水。阿斯旺大坝在修建的过程中，淹没了一座十分恢宏的古老的神庙，因为这座神庙没有办法移走。

或许你有一位叫亚历克的小伙伴吧！接下来，我要说的这个人也叫亚历克。他是两千多年前的一位希腊国王，全名是**亚历山大**。他在尼罗河的入海

亚历山大的传奇一生

亚历山大的老师是著名的哲学家亚里士多德。亚历山大在20岁时被推举为国王，30岁时创立的马其顿帝国已是历史上最强大的帝国之一。他一生没有遭遇失败，是公认的军事统帅天才。遗憾的是在32岁那年亚历山大英年早逝，其帝国很快就分裂了。

口创建了一座城市，这座城市也和他的名字一样被命名为亚历山大。亚历山大在两千多年前就逝世了，但是亚历山大城作为埃及的重要港口，却依然存在。从亚历山大城顺着河流一路向北走，会来到开罗。开罗不仅是埃及最大的城市，还是非洲最大的城市。当飞机在开罗经过时，如果你向下俯视，就会发现大多数的埃及人都是伊斯兰教徒，并非基督教徒。因为途经基督教城市的上空时，你能看见教堂尖尖的顶部，但是途经开罗的时候，你看到的是形状像碟子一样的圆顶，还有形状像蜡烛一样的光塔。埃及有很多好看的清真寺，这些寺庙在世界上也是出了名的漂亮。

第65章

强盗的土地和荒芜的沙漠
The Land of Bandits and the Desert

由直布罗陀渡过几英里的海峡便可以到非洲的另外一个国家，它就是摩洛哥，摩尔人就居住在这里。尽管两地只有几英里之差，不过许多方面却截然不同。直布罗陀基本上所有的人都信仰基督教，他们讲英语，服装也与我们相同。有一天，吃过早饭以后，我便从直布罗陀乘坐小船出发，中午就抵达海峡对面的摩洛哥了。摩洛哥基本上人人都信仰伊斯兰教，他们把一条像床单一样的衣服穿在身上，讲阿拉伯语。在这里，我好像是在马戏团里观看杂耍表演一样。

在我动身之前，一个朋友告诉我，有一个叫穆罕默德的导游会在码头上等我。当船靠近码头的时候，我看见码头上站满了穿白色长袍的摩尔人。一上岸，我便开始喊："穆罕默德！这里有叫穆罕默德的导游吗？"

我的话音刚落下，便马上看见在码头上的每个人好像都在朝我靠近，并且还摆着手说："我就是穆罕默德。"我的朋友忘记了告诉我，伊斯兰教徒都喜欢用先知穆罕默德的名字，为自己的孩子取一个一样的名字。"穆罕默德"这个名字在摩洛哥的普遍性和"约翰"在纽约差不多。

我一直以来的看法都是，所有的摩尔人无异于海盗和强盗，我不敢找人当导游，于是就独自一人在狭窄的街道上闲逛。一路上，我总会被身旁的人挤来挤去，这些人眼睛红肿，浑身上下脏兮兮的，看起来并不好相处。我还见到过几次麻风病患者，一看见他们我便赶紧走得远远的。看到这些人，你很难想到那些一度征服了西班牙的摩尔人就是他们的祖先。那些摩尔人在哥伦布还未出生之前，就将西班牙处于自己的统治之下，并在西班牙的格拉纳达修建了恢宏大气的**阿尔汗布拉宫**。

阿尔汗布拉宫

摩洛哥境内一个叫作非斯的城市也在我的行程之中。由于当地还没有修建铁路，我只好向美国驻摩洛哥的领事求助，让他们帮我雇用导游、仆人以及驴子。领事就是一国官员被派遣到其他国来帮助身处异国的本国人解决问题的人。他说："你是不可以去非斯的，美国禁止自己的公民到非斯。非斯强盗横行，美国人一旦出现在那里，便会成为强盗抓捕的对象。"

我问道："如果我不带钱，总允许了吧？"

"不可以，那些强盗要的不是你的钱，"他说，"他们就是想要你这个人。只要你一被绑架，他们便会往美国寄一封信，向美国政府发出警告，假如不拿钱赎人，便会杀死人质。提醒美国公民不去非斯是美国政府的责任。"

阿拉伯的一名强盗

之后，我也没去成非斯，非斯有一种看起来像是一个倒放着的花盆的红色帽子，这是我对非斯仅有的了解，曾经土耳其人戴的就是这种帽子。

你听过《家，甜美的家！》这首歌吗？一位想念故乡的美国领事创作出了这首歌曲。他曾任突尼斯领事一职，突尼斯曾经也是海盗频频现身的国家。在有过摩洛哥一行后，我终于理解他能写出这样的一首歌的原因了。

沙漠存在于每个大陆，或大或小。撒哈拉沙漠地处摩洛哥以南，它是世界上最大的沙漠。撒哈拉沙漠横跨非洲大陆，从非洲的最东端延伸至最西端，它的面积要比整个美国还大。沙漠里或是布满岩石，或是飞扬着干燥的沙土，大多数地方是无法生长任何植物的。有水的地方少之又少，即使有的地方有水，水量也非常少。海枣树生长在那里，也

撒哈拉沙漠

有人居住在那里，我们把这些地区叫作绿洲。有一些面积较大的绿洲，长和宽都能达到几十英里。骆驼是人们在绿洲之间穿行的工具，沙漠中既没有道路，也没有指示牌，就像在海上航行一样，指南针和星星是人们判断方向的唯一依据。和海洋一样，沙漠也在时刻发生变化。一阵强风过后，就有新的沙丘或者沙谷形成。再刮过一阵风以后，原先是沙丘的地方也许已是沙谷了，而原先是沙谷的地方则很有可能就变成了沙丘。沙暴是沙漠中常出现的特别可怕的现象，大风经常会持续很长一段时间，遇到沙暴时的旅客被沙子活埋的可能性非常大。在很多年之后，这些被活埋的人早已变成根根白骨，沙子

被大风吹走，白骨便会显露出来。经过的人看到后会感到十分恐惧，因为他们知道自己随时都有可能碰上这样的危险而葬身其中。

在很久以前，上一个冰河时期，那时的撒哈拉气候还比较湿润，后来由于地球轴心发生偏移，降雨减少，长期受干热信风（当地称哈马丹风）作用，最终形成了沙漠。如今是世界上最大的沙漠，有 940 万平方千米的面积。

在沙漠里常常会出现一种情形，明明眼前有一片湖水，但就是摸不到，这就是海市蜃楼。这是因为沙漠表层和上层温差导致空气密度不一样，通过折射现象而形成的幻象。在海边也常常可以看到海市蜃楼，不同的是，沙漠中的海市蜃楼是倒影，海边的是正影。

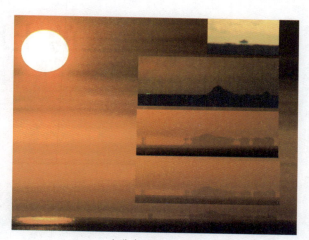

沙漠中的海市蜃楼

沙漠中有一些绿洲

337

第章

黑人的土地
The Black Land

　　如果想从撒哈拉沙漠的最北端到达最南端，只有两种方式：一种是骑骆驼，另一种是坐飞机。假如要想骑骆驼，大概需要走上两个月，一路上都没有公路和铁路。有一个叫廷巴克图的地方就在沙漠南部的边缘地带。在美国，假如有人说"像从卡拉马祖到廷巴克图一样"，意思就是距离特别遥远。卡拉马祖位于美国的密歇根州，而廷巴克图则位于非洲。旅行队往往从廷巴克图启程，穿过撒哈拉沙漠最后抵达地中海沿岸的国家。那些来自地中海沿岸国家的旅行队也把廷巴克图作为旅行的终点站。

　　在撒哈拉沙漠中，降雨是非常少的，然而，在撒哈拉沙漠的南部有一个叫苏丹的国家，雨水却十分充足。"苏丹"就是"黑人的土地"的意思。

　　在我们小的时候，经常说白人是上帝在白天的时候创造的，黑人则是在晚上的时候创造的。还有一些人说白人被晒黑后就变成了黑人，黑人生活的地方非常热，他们被晒黑后就无法再恢复到原来的样子了。

　　尼日尔河是苏丹一条很大的河流。在尼日尔河流淌过的土地上，土壤都特别肥沃，尼日尔河最终流入几内亚湾。有很多的小国家分布在几内亚湾的边缘，它们都属于欧洲国家，只有一个除外。

　　这个国家就叫利比里亚，位于几内亚湾的角落中。利比里亚如同是缩小版的美国，实际上，利比里亚本就是模仿美国建立的。区别之处在于，利比里亚人全部是黑人。下面，我将跟你说说利比里亚是如何模仿美国的。

　　在美国成立之初，白人想让一些人帮自己干农活以及做一些其他的工作。海盗们看准了这一商机，许多生活在非洲沿岸的黑人被他们抓到美国，卖给白人成为奴隶。就像过去地中海的海盗们抢劫途经的船只，让船上的白人做他们的奴隶一样。曾经那些被卖到美国做奴隶的非洲黑人，大部分都是现在美国黑人的祖先。之后，许多人都觉得这些远离故土被卖为奴隶的黑人们十分悲惨，他们应该回到自己的家乡。等到总统门罗上任，他颁布了一系列政策，使一部分黑人恢复了自由，那些想回家的黑人也被船运回了他们的家乡。俗话说得好，"金窝银窝不如自己的狗窝"，对黑人而言，回归家乡是他们的愿望，哪怕家乡只是野生的丛林。他们回去以后，便建立了一个叫利比里亚的小小国家，也就是"自由的土地"的意思。首都则叫作蒙罗维亚，是按照门罗总统的名字来命名的，他们还根据美国的一些大城市的名字来为自己国家的村子起名。在利比里亚，有两个村子分别叫作纽约和费城，只有几百人各自生活在这两个村子里。这些黑人并没有打算忘掉自己曾做过奴隶的地方，相反，他们开始模仿并向那个地方学习。

利比里亚乡间的一处湖光景色

　　再向南走便到了赤道的地方，之前我们也讲过，在地球上到北极和南极距离一样的地方就是赤道。刚果河是非洲的第二大河流，并流经赤道。非洲气候十分炎热，一年之中没有哪个月份是不下雨的，因此植物的生长速度非常快，野草长得有屋子那么高，藤条、树木和一些其他植物都长得特别茂盛，并形成了大片路途难行的丛林。这里同南美洲的热带雨林——地球上另一片赤道附近的地区非常相似。

　　在一百年以前，那片土地对人们来说几乎是陌生的，人们对此了解甚少。那里的自然环境也并不适宜白人生活，而且特别危险。之前，当地的许多黑人都以人肉为食，被发现的白人会被杀死，并被吃掉。生活在湿地和丛林的白人会很容易发烧。在那里还有一种叫舌蝇的很小的蝇类，人一旦被咬便会患上嗜睡的疾病，睡着后就不会再醒过来。即便可以躲过这些伤害，许多生活在那里的野生动物也在威胁着人们的生命。之后，有一个叫**大卫·利文斯通**的苏格兰小男孩。他小时候并没有和我们有什么不同，一直到了 10 岁，他便没有办法再上学了，于是到一家棉纺厂工作。他每天都要干 14 小时的活，从早上 6 点开始，一直到晚

大卫·利文斯通

上 8 点结束。那个时候他仅有 10 岁。白天，他就那样辛辛苦苦地干活，晚上回到家以后也不会休息闲着。吃过晚饭，他便将书本拿出来专心学习，一直到在书本上趴着睡着了。利文斯通一直以来的愿望就是帮助身染重病和生活艰难的人，他想为世界贡献一份自己的力量。功夫不负有心人，通过努力学习，他最终成为一名医生。那时，他认为最需要帮助的是中国人，同时他们也需要基督教。因此他准备去中国，为了传教，他还成为一位牧师。但是后来他被派往的并不是中国，而是非洲。

　　那个时候，许多人都断言他一定会死，也许会死于致命的舌蝇的咬伤，

也许是因喝了那里的水发烧致死，又也许会被凶猛的野兽吃掉。他说："假如真的会死，那如何死又有什么区别？总有那么一天我是会死的，不过在死之前我希望可以做一些好事。"就这样他便毫不犹豫地去非洲了。

三十年来，他有时会回苏格兰待上一段时间，接着便又回到非洲，最后他消失在人们的视野当中。有许多人断定他已经死了，可还有一些人认为他依然活着，因此，一名叫斯坦利的记者被派去找他。斯坦利到了非洲的西海岸，那里的许多黑人是听不懂英语的，他用手势很费力地问黑人是否见过一个白人。大多数黑人都表示没有见过，毕竟三十年的时间已经很长了，大多当时活着的人如今都已经不在了。最后，有一些黑人用简单的英语对斯坦利说，他们曾听父亲提到过这样一个白人，他向东边的方向去了，说的同时还指向了那个方向。因此，斯坦利便一直向东走，过了很久以后，他到了一个叫"坦噶尼喀湖"的湖边。在他到达湖边时，一位白人老人走过来迎接他。斯坦利便说："利文斯通医生应该就是你吧？"这就像在火车站接人一样，假如对方有非常明显的特征，就可以一眼认出来。那位老先生就是利文斯通，斯坦利想劝他一起回去。

利文斯通说："不，这里有我的工作。这里的黑人需要我的帮助，我要让他们相信上帝，还要医治他们身体上的病痛。我希望自己死后可以葬在英国。"于是，斯坦利就只好一个人回去了。

利文斯通逝世在两年后，只有几个黑人陪伴在他的身边。当时他正在地上跪着祈祷，一直都没起来，等他的小仆人发现的时候他已经死了。他受到了当地全体黑人的爱戴，得知利文斯通希望在死后可以在英国安葬，在对利文斯通的遗体进行了防腐处理后，就有几个黑人用担架抬着他的遗体，花费了两个月的时间，整整走了800英里，最终到了

斯坦利和利文斯通的会见　他们认为利文斯通早就死了

海岸边。在那里他们努力用手势请求一艘路过的船将利文斯通的遗体带回英国。之后，人们将他的遗体安葬在威斯敏斯特教堂，与很多著名的大人物长眠在一起。

黑人十分爱戴利文斯通，无论他说什么，黑人都会照做不误。他的名字好像有一种魔力。许多的黑人在他的布道之下信奉了基督教，并不再吃人。

为黑人自由做出巨大贡献的还有美国总统林肯，南方的奴隶主贪得无厌，想要把奴隶制扩展到全国，于是引起约翰·布朗起义，不久后获选总统的林肯也想废除奴隶制，遭到南方奴隶主的反对，于是发生了战争。幸运的是，正义的一方获得了胜利。

过去，阿拉伯有一位首领，将黑人当成野兽，用铁链把抓到的黑人锁起来，并将其贩卖到别的国家去做奴隶。在利文斯通和黑人几年的努力之下，这种状况终于结束了。这只是利文斯通所作的众多贡献当中的一个。

利文斯通还绘制了一部分非洲地区的地图，这部分地区之前是不为人知

废除奴隶制的战争

的，这是利文斯通所做的另一个贡献。世界上最大的瀑布是利文斯通发现的，这个瀑布无论是从高度上还是宽度上都要比尼亚加拉瀑布多出一倍，而且在20英里以外就可以听到水声。当时，在距离瀑布非常远的地方，利文斯通就听到了巨大的水声，于是他便问当地的黑人那是什么声音。当地的黑人称瀑布为"会发声的水雾"，之后这个瀑布便被利文斯通命名为"**维多利亚瀑布**"，因为在那个时候，英国女王正是维多利亚女王。维多利亚瀑布在赞比

维多利亚瀑布

维多利亚瀑布又名莫西奥图尼亚瀑布，它地处于赞比亚和津巴布韦相接的地方、非洲赞比西河中游。维多利亚瀑布作为世界著名瀑布奇观之一，宽5 500多英尺，其最高处达355英尺。1855年欧洲探险家大卫·利文斯通在旅途中发现了它，并用女王维多利亚为其命名。1989年，维多利亚瀑布被列入了《世界遗产名录》。

西河上，在河流的北部还有一个名为维多利亚湖的湖泊，这里就是尼罗河的源头。在耶稣诞生三四千年以前，埃及人便知道尼罗河的存在，不过尼罗河的源头在哪里却无人知晓，他们都以为天堂才是尼罗河的源头。

第67章

动物的乐园
The Animal Paradise

你去过动物园或者马戏团吗？假如你在一个动物园里住着，而且动物们都没有被关在笼子里，那你将会是什么感觉呢？非洲赤道两边的区域就像是这样的动物园。

狮子

狮子属于大型的猫科动物，在"野猫"里是最凶猛的。在所有的动物里，狮子是最让人害怕的，即使是被关在动物园的笼子中，它的吼声也会使人不寒而栗。差不多所有的动物都害怕狮子，而狮子什么动物都不害怕。大多数的野生动物都会一直处于警惕状态，以防沦为天敌的食物，但狮子根本就不需要担心来自天敌的威胁，还可以想睡就睡。

以前，在我小的时候，父亲对我说，假如想要活捉鸟的话，需要把一点盐撒在鸟的尾巴上。之后，我才知道这样做根本不奏效，如果用这种方法来抓狮子，那更是不可能的。假如猎人想要捕捉活狮子将其卖到动物园或者马戏团，那一定要用陷阱。猎人会在地上挖一个大坑，用树枝和嫩叶覆盖在上面，这样陷阱就做成了。当狮子掉进陷阱以后，只要用一张结实的网便能将它抓住。假如猎人想要将狮子猎杀的话，那便要在水塘附近藏起来，等着狮子过来喝水时将其杀死，另外，还可以猎杀一些其他动物作为诱饵，把它们放到狮子要去喝水的路上，就像钓鱼的时候你也会用虫子做诱饵一样。有一种动物常常被作为诱饵，那就是斑马，斑马特别温和乖顺，对人不会有一点伤害，它们看起来就像是身上带有条纹的小马一样。它们身上的条纹就像是高高的草在光的照射下投下来的阴影，因此它们可以以此伪装自身不被天敌发现。只要将诱饵扔在路上，另外一些食肉动物也会跑过去，这就需要想办法把那些动物吓跑了。鬣狗就是很有可能会来的一种动物。鬣狗的叫声非常奇怪，听起来如同人的笑声一样，不过，一般情况下它们发出叫声是因为生气了。鬣狗因为胆小，通常都是寻找死的动物作为食物，并不敢捕捉活的动物。整个丛林中胆子最小的动物或许就是它们了。

对于生活在丛林中的动物们而言，它们不是杀死别的动物，就是被别的动物杀死，要么就是迅速地逃跑。那里是没有警察叔叔来维持秩序的。

什么动物是丛林中最勇敢的呢？是猴子，并不是狮子。

狮子只要一发出吼声，丛林中的动物便立刻拔腿就跑，但最后才逃的总是猴子。躲着等待捕杀狮子的猎人只须观察一下不同动物的反应，便可以知道狮子在不在附近。根据一窜而逃的鬣狗，猎人可以判断狮子一定还在很远的地方，因为一听到狮吼，胆小的鬣狗总是第一个逃跑。接下来，猎人会看见其他动物一个个逃跑，猴子总是最后才被看到。只要一看到猴子经过，猎人便知道狮子一定非常近了。猴子是不会被猎人猎杀的，确切来说，是猎人舍不得猎杀猴子。猴子看起来特别像小孩，在受伤时，它会像小孩一样哭，

如果有子弹射入，它会同人一样用手将子弹抠出来。看见这样的情景，不管哪个猎人都狠不下心再猎杀猴子了。

　　有一些动物只吃植物，不食肉，其中有一种动物就是**长颈鹿**。长颈鹿长着长长的脖子、长长的腿，脖子可以够得到的树叶和嫩枝是它的食物。在想喝水或者想吃地面上的草时，长颈鹿一定要把四条腿伸开，将身子低低地俯下，看起来就像一个大写的字母 A 一样，只有这样它才可以喝到水。

　　几乎所有的动物都会发声，也许这是动物们自己的语言。叫声各种各样，可谓是一应俱全。有汪汪的叫声，有哞哞的叫声，有咯咯的叫声，有咩咩的叫声，有喵喵的叫声，有嘎嘎的叫声，有呱呱的叫声，有嘶嘶的叫声，有哼哼的叫声，有咆哮的叫声，有咕噜的叫声，有尖叫的叫声，有吼叫的叫声，有啁啾的叫声，有啼叫的叫声，有哀叫的叫声，有像大笑的叫声，有像唱歌的叫声等等。整个丛林里唯一不会发出声音的动物就是长颈鹿。

　　在丛林的河里生活着一种叫河马的动物，虽然叫作"河马"，但是看起来却更像是体型庞大的肥猪。河马像猪一样，喜爱在湿泥里滚来滚去。当河马休息的时候，若是露在水面上的只有背部，看起来就像是一块巨大的岩石，又犹如一艘只露出一部分的潜艇。

　　还有一种叫犀牛的动物，它长得又大又笨拙。假如举办一场"选丑比赛"，那冠军一定非犀牛莫属。犀牛有着短短的腿，鼻子上长着一个或者两个角，皮非常厚，猎人的枪是无法射穿它的皮的。在打猎的时候，犀牛的肚子是猎人的攻击部位，不过犀牛的腿那么短，想打到肚子也并不是那么容易。

假如有人的脸皮非常厚，跟他说了很久还是一如既往，我们便会说他"脸皮厚得像犀牛皮似的"。我有一根非常奇怪的棍子，它是可以弯曲的。我经常让别人猜它是用什么材料做的，许多人都会说是用"角"或者"硬橡胶"做的，实际上它是用犀牛皮做成的。

犀牛

犀牛是体型最大、最强壮的陆生动物之一，同时它也是到目前为止的第二大陆地动物。犀牛早在大约五千六百万年前就已经出现。目前人类所知的犀牛分为黑犀牛、白犀牛、印度犀牛、苏门答腊犀牛、爪哇犀牛五种，其中黑犀牛和白犀牛还是非洲的义务消防员，它们只要一看到火苗就会马上将其扑灭。

犀牛的视力是非常差的，它的小眼睛好像什么都看不见一样，假如是人的话，那它就需要戴上一副眼镜了。当然，犀牛是不可能戴眼镜的，不过有一个好朋友——犀鸟，会来当它的"眼睛"。犀鸟经常落在犀牛的背上，为犀牛指引方向，还会在犀牛可能遭遇危险时加以提醒。

我国，有一句话叫"心有灵犀一点通"，说的就是犀牛。《山海经》中这样记载，有一种牛，头上有角，角上有白纹贯穿，能够产生灵异的感应。当然事实上犀牛并没有像古人所说的那样神奇。

非洲的大象要比印度的大象还要大。

印度人捕捉大象时，都是活捉的。

非洲人往往都是射杀**大象**的。

印度人在抓住大象以后，便会驯服大象，让它帮自己干活。

非洲人是为了获得象

大象

牙而射杀大象的，有一些象牙有 10 英尺长。

如今的象牙生意没有过去那么好做了，其实对大象而言这是一件好事。之后人们发明了一种用棉花和其他材料制作人造象牙的方法，实际上，它就是一种特殊的塑料。相比真正的象牙，这种材料更便宜，在许多时候要比象牙更好用。象牙会随着时间而发黄，但是这种材料是不会的。

事实上，当地的黑人才是非洲大陆上最奇怪的动物。在我们眼中，他们对美的看法是特别好笑的。当然，在他们眼中，我们的想法也特别好笑。他们觉得白人整个人都是惨白惨白的，看起来如同病人一般，一点都不健康，而黑人的肤色才是健康的肤色。我们的女性在耳朵上戴耳环，而他们的女性却在鼻子上戴环，叫作鼻环，她们觉得鼻环比耳环更好看。有一些随身携带别针的猎人，黑人便会向猎人要别针，然后将要到的别针别在自己的鼻子上。在他们看来，普通的耳环

一个非洲土著，他感觉自己非常时髦

都不够大。他们还会把洞打在耳朵和嘴唇上，慢慢地，这些洞越弄越大，甚至有的洞能穿过一只手。然后，他们会在洞里放一些木块之类的东西。我们的女性会将头发扎成一束，而他们的女性则会将头发扎成顶髻，还会在上面涂抹上鲜血，将头发粘牢。

白人曾在非洲安装电报线，刚装好一些，黑人就会把它们全部偷走。电线被黑人做成手镯，他们在自己的手臂上和腿上戴满了手镯。他们觉得这样会显得非常时尚、聪明，而且富有。

也许，你听过这样一个故事，有一个小男孩是个孤儿，在小气的阿姨家借住，阿姨常常不给他吃的东西，于是他只好自己跑到外面靠吃虫子来填饱肚子。非洲人就喜爱吃虫子，不过并不是因为他们没有吃的东西。蚂蚁和蝗虫都在他们吃的范围之列，有的时候生吃，有的时候则烤着吃。有一样东西是黑人和白人共同喜欢的，它便是西瓜，我们这里吃到的西瓜刚开始就是在

非洲种植的。

打手鼓是非洲人最钟情的音乐形式。顾名思义，手鼓就是用手掌和拳头来击打的一种鼓。非洲人只要一打手鼓就能连续打上几个小时，在他们听来，最动听的音乐莫过于手鼓发出的"砰砰"声了。在几英里以外都可以听到手鼓的声音，黑人可以通过打手鼓来向自己的邻居传递信息。

打手鼓是非洲人最钟情的音乐形式

第68章

彩虹的尽头
The End of the Rainbow

过去，有人常说有一大盆金子在彩虹的尽头，当然，直到今天也没有人找到过。在前面我们讲过，历史上，有人把手头的工作丢到一边，离开家乡远去淘金，希望可以在一夜之间暴富。

彩虹的尽头
听说有一大盆金子在彩虹的尽头

虽然钱币不是由金子做成的，但金子却可以在全世界作为货币来用，那是因为钱币太小，也非常容易丢失。

南非拥有世界上最大的金矿。在南非有一个叫**约翰内斯堡**的城市，全世界超过一半的金子都产自这个城市的附近。

金子有"金属之王"的称号，尽管白金价格更贵，但是金子的用途非常多，不仅能作为货币，还能制作成装饰品，而且大多数人都认为黄金要比白金

更好看。纯金上都标有24K的标记，纯金质地柔软，非常易于磨损，因此在制作饰品时往往会掺入其他金属，以增加硬度。最好的戒指和珠宝都是18K的，其中黄金占四分之三，剩下的四分之一则是另外一种金属。你可以看一下自己的戒指或者手表，有的上面会印着"18K"或者"14K"的字样。

有些金子在被挖掘出来的时候，便是一小块一小块的，这种金子被叫作天然金块。大多数金子是和岩石混在一起的，根本就看不出来。只能先将岩石磨成粉末，再从粉末里将金子分离出来。

约翰内斯堡

作为南非共和国最大的城市，约翰内斯堡原本只是一个探矿站。后来人们在这里发现了金矿，并进行开采，于是约翰内斯堡逐渐发展成为地处南非经济中枢区和世界最大金矿区的中心城市。约翰内斯堡附近的240千米范围有多达60多处金矿，其周围的矿业城市也有很多。

在美国，几乎每个家庭都有一件来自南非的东西，这件东西非常小，不过却非常贵。你是不是能猜到是什么东西？它便是母亲结婚戒指上的钻石。在南非，有一个地方叫金伯利，全世界几乎所有的钻石都产自那里。在当地有一种蓝色的黏土，钻石就是在这种黏土里被发现的，而这种黏土常常存在于曾经是火山的地方。

钻石和石墨是同素异形体，简单来说，它们是由同一种物质构成的，就是碳元素。但是为什么它们看起来丝毫不像呢？其实，这就好比玩积木，有人用积木垒成了球，有人把积木垒成了正方体。

最开始是生活在南非的荷兰人发现了钻石矿，原来金伯利大多数钻石都

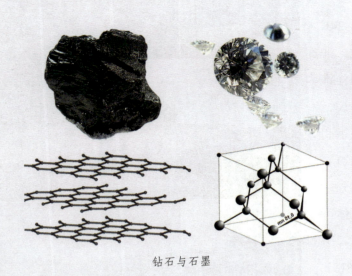

钻石与石墨

会被运送到荷兰的阿姆斯特丹进行打磨。如今大部分钻石都在当地打磨，打磨好以后再将其运送到别的国家。

钻石和煤炭的组成成分是相同的，如果将它扔进火中便会被烧成煤炭。有时候，煤炭被人们称为"黑色钻石"。如果将钻石对着光，便能看到有些发出的光是纯白色的，有些发出的光是白中带蓝的或者白中带黄的。最珍贵的钻石是可以发出纯白色光的钻石。

至今为止，人类发现的最大的钻石如同我的拳头那么大，被叫作"库利南钻石"。这颗钻石简直是太大了，不适合被单独做成一件珠宝，于是便被分成了两半，单独进行打磨。之后人们又发现了一颗大小仅次于"库利南钻石"的钻石，被称为"大莫卧儿"。曾有小偷偷走了这颗钻石，但小偷不敢将这颗钻石原封不动地卖掉。因为世界上就一颗这样的钻石，一旦拿出来肯定会被人发现，就像我们在前面讲过的"蒙娜丽莎"的画像一样。"大莫卧儿"在被偷以后，就没有再出现过了，人们猜测一定是小偷将这颗钻石分成了几颗小钻石卖掉了。

钻石矿上的工人几乎全是黑人，而钻石矿的主人特别谨小慎微，以防黑人把任何钻石拿走。钻石矿被高高的栅栏围着，而且巡逻者会在周围一直走来走去。晚上，工人是不允许回家的，一旦进到里面就一定会住上三四个月。当回家的时候，便有人像监狱中的牢头似的，让工人们将衣服脱掉，认真地检查他们的头发、耳朵和嘴巴，看看里面是不是藏有钻石。即便是一颗极小的钻石，对黑人而言，那也是一笔非常可观的财富了。许多钻石在金伯利被挖掘了出来。钻石矿的主人觉得，假如将这些钻石都拿出来卖，那么钻石一定会因为太多而变得普通平常了，同样也会变得不值钱。价值数百万美元的钻石会被他们囤积起来，一直等到有人给出个好价钱的时候再出手。

原来，有一个叫塞西尔•罗得斯的（Cecil Rhodes）英国人来到南非疗养身体，当时正遇上南非发现了钻石，于是他一夜暴富，不仅把身体养好了，而且还成了富翁。非洲有一块地区叫罗得西亚（Rhodesia），就是按照他的名字来命名的。罗得斯去世时留下了一大笔遗产，其中一部分被用来资助世界各地的优秀男孩去英国的牛津大学完成学业。人们将这些男孩称作"罗得斯奖学金获得者"。

在塞西尔•罗得斯生前，他还想修建一条铁路，贯通非洲南北，从北部的开罗一直到南部的开普敦。在他去世以后，这条铁路的大部分已修建完毕，被称为"开罗—开普敦铁路"，但是直到今天这条铁路还在继续修建中。在去世之前，罗得斯嘱咐他的朋友将他死后的尸体安葬在非洲一座高山的山顶上，而不是将其送回英国安葬。因为那座山非常高，他说这样的话整个世界就都在他眼中了。

比勒陀利亚是南非的首都，但看起来就像一座英国的城市。开普敦是南非最主要的城市，但看起来也和英国的城市极为相似。大概在一百年以前，这些城市都还是野生丛林，野蛮的黑人居住在这里。

假如你是集邮爱好者，也许听

比勒陀利亚

毛里求斯邮票

毛里求斯邮票的初版是维多利亚女王的侧面像。制作这枚邮票的工人伯纳特是一位手表制造工，在奉命连日赶造邮票时错把 Post Paid（邮资已付）刻成了 Post Office（邮政局），因此人们把这个邮票称为"毛里求斯'邮局'票"。由于这种邮票存世量少，所以成为著名的珍贵的邮票。

说过一枚叫"**毛里求斯**"的著名邮票。这枚邮票被一个集邮爱好者花了 20 000 美元买了下来。那么多钱都足以买一栋房子了，而他却只是买了一张邮票，将它放在集邮夹里面。他花这么多的钱来买一张邮票到底是为什么呢？实际上，他只是想告诉别人他有其他人没有的东西。毛里求斯是位于非洲东部沿海附近的小岛。还有很多其他岛屿分布在非洲大陆的附近，而马达加斯加岛是其中最大的岛屿，毛里求斯只是其中一个较小的岛屿。其中还有一个小岛，叫作桑给巴尔岛。一种叫丁香的香料就产自桑给巴尔岛，你的母亲在调制云莓、腌菜和火腿的时候都会用这种香料。丁香看起来犹如燃烧过的小火柴头，你一定猜不出那到底是什么，实际上，它们就是开在丁香树上的小丁香花。

第69章

财富之地
The Land of Wealth

你是否想过家呢？假如没有，那你一定是没有出过远门吧？就算是出过远门，待的时间也一定不会很久吧？设想一下，假如你在地球的另一端住着，离你的父亲母亲、兄弟姐妹和好朋友都很远，每隔五年或者十年才可以回家一次，或者一直都没有办法回家，那你会有怎样的感觉呢？你一定会想家的。英国人是特别热爱自己的家园的，也比其他人容易思念家乡，不过有一些英国人曾离开家乡去了特别遥远的地方安家。

在地球上，有一个特别特别大的岛屿，大到被叫作大陆，它距离英国非常远。过去从英国出发坐船到达这个岛上，需要花费五六个月的时间。即使到了今天坐船也要耗时一个多月。那个时候，黑人是岛上唯一的居住者，之后英国人登上了这片岛屿，并在此建造起了大城市，如今英国人依旧统治着整个岛屿。这个岛屿便是**澳大利亚**，它的含义是"南部的土地"。美国在赤道以北，而澳大利亚则在赤道以南。当澳大利亚是严寒冬季的时候，我们这里正是炎炎夏日；相反，当那里是夏天的时候，我们这里则在过冬。澳大利亚距离英国很远很远，英国人将那里作为关押囚犯的场所。囚犯一旦被关到那个岛上，便再也没有办法逃脱了，也无法再去伤害别人。很多当时被囚禁

澳大利亚

到澳大利亚的人，后来能回到英国的寥寥无几。一些人因为过度思念家乡而死，无论怎样，人总是有感情的，即使是罪犯也不例外，他们也会思念自己的家乡。

　　没过多久，英国人便发现了澳大利亚在其他方面的诸多好处。在澳大利亚的中部地区有一片沙漠，金矿就埋藏在这片沙漠中。金子好像有一种魔力，即使是在沙漠中，即使万分危险，英国的很多青年还是争先赶往澳大利亚去淘金了，他们渴望能够带回一笔巨大的财富。但是后来，他们发现挖掘金子需要耗费很高的成本，最后到手的利益并不十分可观。不过，他们一直都怀有一个发财梦，一种方法行不通，就换另外一种方法。澳大利亚的南部地区是一片辽阔的草原，很适合蓄养牛羊。那个时候，澳大利亚是没有牛羊的，于是一些牛羊被从遥远的英国运来，但是来自英国的牛羊却不吃当地的草。英国人细心研究得出结论，是因为澳大利亚的草的问题。即使在这个时候，英国人也没有放弃。那时的英国人抱着这样一种信念："最初没有成功，就再尝试一次，如果还是没有成功，那就接着再试一次，肯定有一天会成功的。"
于是，他们再次回到英国，将适合牛羊口味的草籽带到澳大利亚，并在那里
种植。最终，英国人经过锲而不舍的努力取得了成功。从英国带来的草籽种
出来的草长得非常好，因此牛羊养殖成为英国人的又一种"金矿"，许多英
国人都从中发了大财，而这在之前他们想都没想过。在澳大利亚生长的绵羊
有着长而顺滑的皮毛，这里的绵羊毛是世界上最好的羊毛。于是，羊毛被他
们剪下来，出售给英国和别的国家。如今，世界上羊毛产量最大的国家就是
澳大利亚，那里的牛群同样长势很好，现如今很多国家都从澳大利亚进口大
量冷冻的牛肉和羊肉。

　　一切都在朝着好的方向发展，但是在不久后，一件令人匪夷所思的事
情发生了。有一个英国人去澳大利亚的时候，带去了一对宠物兔子。之后
这对宠物兔子逃走了，接着便有很多的小兔子开始不断繁殖。和牛羊一样，
草也是兔子最爱的食物，而且兔子的繁殖速度要比牛羊快得多。没过多久，
澳大利亚绵羊的数量就大大不敌兔子的数量了。数百万只的兔子把许多草
都吃光了，这导致一些地方的绵羊已经无草可吃了，而兔子的繁殖却依旧
在继续。无计可施，人们只好开始捕杀兔子，可是一百万只兔子被杀了，
好几百万只的兔子又出生了。这与《圣经》中记载的埃及突发的一场瘟疫
极为相像。栅栏被人们在全国范围内搭建起
来，但还是会有一些兔子钻进栅栏，于是人
们又在里边搭了一层栅栏。到今天，兔子还
是澳大利亚人捕杀的对象，兔肉被做成罐头
卖给英国人。兔皮也被卖掉，婴儿睡袋就是
用兔皮做成的。不管怎样，当地的人都没有
办法将兔子消灭掉，也许他们永远都无法摆
脱掉这些小东西了。

　　澳大利亚本土的动物都特别奇怪，有一种
叫袋鼠的动物，和人差不多高。就像站起来要

袋鼠

东西吃的狗一样，只凭两条后腿，袋鼠就可以站立。袋鼠有时会坐在两条腿和尾巴上，就像是坐在一张三角凳上一样，它的尾巴这时就是"第三条腿"。袋鼠的前腿很短，基本上是没用的，它跑的时候并不是用四条腿，跳的时候也是只用两条后腿，袋鼠一下就能跳很远。袋鼠母亲的肚子前面有一个袋子，袋子里面藏着小袋鼠，它是小袋鼠的小窝兼摇篮。

海牛

　　海牛是一种海洋哺乳动物，大多食草。海牛看起来像鲸一样，它们的后肢已经退化，前肢看起来像鳍，尾巴呈圆形。由于雌性海牛在水面怀抱幼崽哺乳，所以人们通常会误把海牛当作美人鱼。

去澳大利亚的船员回来都说，他们看见过生活在澳大利亚海中的美丽女孩。她腰部以上是美丽女孩的样子，而腰部以下却是一条鱼。这种生物被他们称为"美人鱼"。也许，你们读过《美人鱼》的童话故事吧？实际上，在澳大利亚西部的沿海确实有美人鱼。美人鱼在海中生活，孩子被她们抱在怀里。远远看去，船员会觉得美人鱼非常美丽，但靠近看的话，美人鱼并不好看，和你在童话故事里看见的完全不同。其实，美人鱼就是一种动物，叫作海牛。怎么样？你在知道真相后是否有一点失望呀？

　　澳大利亚的土著居民被称为丛林居民。他们不通文字，既不识数，也不会写自己的名字，更看不懂书。寻找食物是他们唯一懂的事情。他们几乎是不穿衣服的，只是将颜料画到自己身上。还用贝壳边缘来摩擦皮肤，这样皮肤上就会有一个个的肿块隆起来，之后便把黏土抹到肿块上。肿块越多，他们便觉得越美。

"**回力镖**"是丛林居民的一种非常奇怪的玩具。这种回力镖状如新月，由木头制成。回力镖被他们扔出去以后，会在空中不停地打转，如果扔得好的话，它便会飞回扔的人手里。我收藏了几个回力镖，以前有个朋友跟我开玩笑说："据说你会扔袋鼠？"我说："扔袋鼠？就是丛林居民也不可能做到啊！"

回力镖

回力镖的历史可以追溯到 3 万年前，现今发现最早的回力镖就是在波兰喀尔巴阡山脉发现的猛犸象牙回力镖。它因澳大利亚原住民的使用而出名，如今已成为欧美地区的体育项目，并且，美国人把"啃老族"也戏称为"回力镖族"。

墨尔本曾是澳大利亚的首都，之后堪培拉成为首都，它是一座新建造的城市。堪培拉所有的一切都是井然有序的，城市被规划得非常好，街道干净而有条理，同华盛顿一样也建有国会大厦，房屋很齐整。在城市建好以后，人们便搬到城市中居住了。**悉尼**也是澳大利亚的一个重要的城市。

悉尼

　　悉尼也有一座奇特的建筑，它看起来既像花瓣，又像贝壳，又像风帆，这座建筑就是悉尼歌剧院。悉尼歌剧院是一座艺术殿堂，它是由丹麦设计师耗费 14 年才建成的，有很多国王、总统都来这里参观呢！

　　新西兰是世界上最为舒适怡人的国家，它就位于澳大利亚的东南边。也许，你还记得之前我们讲过，在丹麦有一个叫西兰岛的岛屿，欧洲最适宜居住的国家就是丹麦。新西兰的名字和西兰岛的名字非常像。新西兰由两个大岛组成，并且两个岛的形状都与意大利很像，看起来如同颠倒的靴子一样。在地图上，新西兰就在澳大利亚的不远处。实际上，从澳大利亚乘船出发，需要花费四五天的时间才可以抵达新西兰。生活在新西兰北部地区的是土著居民毛利人。毛利人与澳大利亚的丛林居民是完全不同的。尽管毛利人曾经是食人族，不过他们却特别聪明，许多东西都是从白人那里学到的。有一些毛利人还受过非常好的教育，在新西兰议会中占有一席之地。

新西兰的首都惠灵顿

第**70**章

食人族的岛屿
The Island of the Man

　　食人族是什么样的，我猜你应该知道吧？食人族很野蛮，他们相互残杀，并以被杀死的人的肉为食。在太平洋的一个小岛上就曾居住着食人族。地球上最大、最宽也最深的海洋就是太平洋。大西洋上基本是没有岛屿的，如果你坐船经过大西洋的话，基本上是看不到岛屿的影子的。而南太平洋地区却有几千个岛屿，你在船上就能看见许许多多的岛屿。大多数岛屿的面积都非常小，画到地图上就是一些小点，还有一些小岛甚至在地图上都找不到。

　　假如可以把太平洋里的水像放掉浴缸里的水一样放完的话，你便会看见太平洋的底部不是一片平坦，而是有几千座山坐落在那里。这些山以前都是火山，如今全部被海水淹没了。我们看到的小岛就是山峰顶部露出水面的地方。一种名叫珊瑚丛的小动物就生活在小岛附近的温暖的海域里。在前面我们说过，佛罗里达州便是由许许多多的珊瑚虫的骨头堆积而成的。珊瑚虫的骨头不断地堆积，最后露出水面，成环状围绕在山峰的周围。这样的岛屿被我们称为珊瑚岛。

　　有些珊瑚岛上居住着褐色皮肤的人，他们曾经也是食人族。有些珊瑚岛上是没有人居住的。所有的珊瑚岛上都生长着一种叫作椰子树的植物，

这种植物为岛上的土著居民提供了吃的、喝的、穿的、住的以及用的。

椰子树长得很高，所有的树叶都长在树干的顶部，椰子就长在这些树叶的中间。

椰子大概有婴儿的脑袋那么大。在椰子的外面长有一层壳，将壳剥去，里面的果实便会露出来。椰子看上去非常奇怪，如同长着两只眼睛和一张嘴巴，还有粗糙的褐色头发。白色的果肉就在那层褐色"头发"的壳里面，而果肉里面才是如同牛奶似的椰子汁。椰子肉就是当地人的主食，椰子汁就是饮料。对他们而言，椰子就等同于面包和牛奶。椰子的"头发"能被做成绳子、丝线和布料。所有能用棉花、丝绸或者羊毛制作成的东西都可以用椰子的"头发"来做。椰子

椰子的用处

椰子是一种热带地区的大型植物，椰子的用途很广泛，它的汁可以喝，肉可以吃。椰肉还能提炼出椰子油，这种油具有很好的防晒效果，不过不适合食用。影视作品中的马蹄声是敲击椰子壳配出来的。人们为了偷懒，还训练了猕猴去摘椰子呢。

壳能被做成杯子、碟子和别的器皿。椰子叶能被做成当地人穿的短裙。椰子叶还是建造屋顶的材料。用几根柱子作为支撑，在柱子上搭上椰子叶，再加上地板，一间当地的房子就盖好了。这样的房子没有墙壁，地板在距离地面几英尺高的地方。

土著部落会互相残杀，并把杀死的敌人的肉吃掉。一直以来，有很多基督教牧师来到野蛮人生活的岛屿传教，告知那里的土著居民吃人是不对的。刚开始，牧师会被那些食人族吃掉，但之后很多食人族都开始信奉基督教，并改掉了吃人的习俗。牧师觉得土著妇女衣着太过暴露，于是就为她们做了一种又长又宽的罩衣。出门时，土著妇女会穿好罩衣，但在家里或者爬到树上找食物的

时候便会将裙摆绕到脖子上。随着白人来到这些岛屿上，许多疾病也被带到了岛上，以前岛上是没有这些疾病的，感染了这些疾病的土著居民中，很多人都病死了。就算是患上了麻疹这样的病，也会给土著居民带来死亡。

土著居民没钱，也从不想要钱，因为在岛上不需要买什么东西，他们的生活特别简单。他们饿了就会爬到椰子树上摘椰子吃，也不用干活。当地的椰子树大部分都是倾斜的，很容易就可以爬上去。我见过一些小男孩一转眼就从地上爬到椰子树上了，就好比你们上滑梯似的。

第一个探索这些岛屿的人是一位船长，他叫库克，是个英国人。关于这些岛屿，他还写下了许多文字，人们还按照库克船长的名字来命名了其中一座岛屿。

之后，白人发现椰子肉在本国价格不菲，于是便对这些岛屿开始产生了兴趣，还让土著居民帮他们干活摘椰子。钱对土著居民而言并没有什么意义，所以让他们干活是不需要付钱的。就算有一天付给了他们 1 000 美元，他们对此也不会感兴趣。价值几美分的珠子就能让土著居民们欣然干活了。土著居民特别喜欢首饰，白人一般只会把一些玻璃珠子给他们，偶尔也会给他们留声机来娱乐一下。切碎的椰子肉被称为干椰子仁，这种干椰子仁用途众多，但主要用于榨取椰子油。椰子油能制作成肥皂和黄油。

在这些岛屿上基本是没有过往的船只停靠的，就算是要停靠，最大的几个岛屿还有可能。有许多讲述船员遭遇翻船经历的故事，船只因撞到珊瑚礁而翻船，船员只好游到岛上求生。在一些无人居住的小岛上，船员只能靠自己来生存。一些船员也许在岛上生活了许多年，才被路过的船只带回家。

很多岛屿非常小，根本就没有名字，只有一部分群岛是有名字的。比如，所罗门群岛，发现这些岛屿的人希望在岛上可以挖掘出财宝，变得像**所罗门王**一样富有；库克群岛就是按照库克船长的名字来命名的，还有萨摩亚群岛与斐济群岛。一些位于太平洋的岛屿是属于美国的。

菲律宾是太平洋里最大的群岛，以前也是属于美国的，如今它是一个独立的国家。菲律宾距离中国较近，菲律宾人长得也和中国人非常像，夏威夷群岛位于太平洋中间地段的附近，至今依然属于美国。我们平常吃的菠萝大多都是产自夏威夷的，夏威夷的首府就是火奴鲁鲁（或者叫檀香山），有一些出色的游泳运动员便来自这里。当地的人大部

采用椰子油制作而成的肥皂

分时间都是待在水中，小孩子不仅可以如同小鱼般熟练地游泳，甚至还可以站在木板上冲浪。也许，你听说过尤克里里琴吧？尤克里里琴就是夏威夷的一种乐器。只要游客一到火奴鲁鲁，当地的人便会将花环戴到游客的头上，以此来表示热情的欢迎。当游客离开的时候，花环则会被当地的人扔到水中，寓意是欢迎游客可以再次到来。"Aloha"是夏威夷人常说的一句话，它的意思可以是"你好""欢迎""再见"以及"愿上帝保佑你"等等。

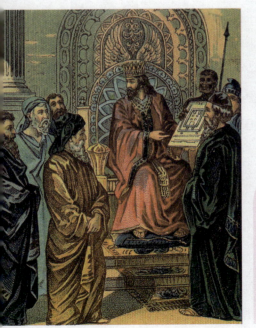

所罗门王

所罗门是以色列联合王国的第三代国王，他的父亲是大卫王。《圣经》中记载，他有无与伦比的智慧，为此，示巴女王还带着金银财宝拜谒过他。他在耶路撒冷建造了第一圣殿，然而他还是背弃了上帝，娶了多位公主为妻，最终导致在他死后，以色列被分裂成了以色列王国和犹太王国。

第71章

旅途结束
The End of the Journey

　　在经过漫长的环球之旅后，我们终于能回家了。所有的人对家的感觉基本上都是相同的。不管是爱斯基摩人还是西藏人，不管是在冰天雪地中还是在椰子树下，家都是我们出生和成长的地方。

　　我认识一位老船长，他出海差不多已经有 50 年了。环游整个世界也已经有好几次了，自蓬塔阿雷纳斯至阿尔汉格尔斯克，世界上的每一个港口都有他留下的足迹。他可以讲 12 种语言，登上过每一片大陆，航行过每一个海洋，也见识过各种各样的事物。整整 12 年的时间里，他一直都期盼在未来的某一天可以真正地"安定下来"，可以回家。我从未见过有人回家的时候会像他那样高兴，实际上，他的家就在马里兰州南边的一个小村子里。

　　一年以后，在纽约，我又遇到了他。我也从未见过有人会像他一样高兴，他穿得非常正式，还将一朵花别在纽扣孔里，像是要结婚的新郎一样。我好奇地问他："你这是要到哪里去呀？"他兴奋地说："去航海啊，12 点便要启程了，我又可以去环游世界了！"他高兴得就差在街上跳水手常跳的角笛舞了。

　　我对他说："再见了，本以为你这次会在家里安定下来呢。""家，就是让人歇脚的地方。"他一边说，一边高兴地向我挥手告别。